KB141696

현대 일본의
소비 사회

yeon
doo

현대 일본의
소비 사회

일본인들은
어떻게 소비 사회를
살고 있는가

사다카네 히데유키 지음
남상욱 옮김

제2장
소비 사회의 탄력, 커뮤니케이션으로서 소비

————

제3장
사적 소비의 전개—내가 사는 장소/신체라는 환상

———————

제4장
여러 가지 한계

제5장
소비 사회를 살아갈 권리

———

이 책은 우리 사회의 가능성과 한계를 다시 한번 되물어보기 위해 쓰였습니다. 우리는 매일 소비를 거듭하면서 살고 있습니다. 소비가 그렇게 우리를 끌어당기는 것은 그것이 단순히 재화나 서비스를 손에 넣는 경제적인 '교환' 수단에 머물지 않고, 다른 수단으로는 이룰 수 없는 바람이나 욕망을 채우는, 만인에게 열려 있는 사회적 수단이기 때문입니다.

　단 이러한 소비에도 현대 사회에서는 한계가 있습니다. '격차'나 '지구 환경 파괴'라는 문제가 커지고 있기 때문입니다. 그렇다면 어떻게 하면 좋을까요. 소비에 의존하지 않는 사회를 목표로 삼는 길도 있겠습니다만, 제가 보기에는 그 시도는 이미 최근 100년의 역사 속에서 약점을 노출하고 있습니다. 소비에 의존하지 않고 재화나 서비스를 배분하기 위해서는 그것을 강제하는 국가의 힘을 확대하는 것이 필요합니다만, 그것이 많은 비극이나 분쟁의 증대로 이어졌음은 부정할 수 없는 사실이라고 생각합니다.

그게 아니라 ① 소비가 이제까지 축적해온 달성을 진중하게 평가하면서 ② 소비를 확대해 계속해 나가는 길을 찾는 편이 중요합니다. 그러한 문제의식 하에 이 책은 쓰였습니다.

이 책의 특징으로서 하나 강조하자면 소비를 우리가 우리임을 실현하고 또는 확장하는 수단(또는 힘='권력')으로서 간주한다는 점입니다. 이미 존재하는(그렇다고 생각하는) 개인의 인권이나 권리를, 소비가 지킨다고 말하고 싶은 것은 아닙니다. 오히려 우리는 돈을 매개로 어리석은 것이나 몹쓸 짓을 실행하고, 그럼으로써 경우에 따라서 내 자신으로 존재하기를 바꾸려는 유혹조차 받습니다. 하지만 그 결과 새로운 인간의 존재 양식이 모색됨과 동시에 다양성이 실현되었으며, 무수한 무명의 사람이 소비를 거듭함으로써 열어왔던 이 '역사의 현재'를, 설령 여러 유보 사항이 있더라도 본질적으로는 이 책은 중시하고 싶습니다.

지금 '이 사회'라고 말했습니다만, 이 책에서 그것은 일의적으로는 최근 일본 사회를 의미합니다. 일본 사회는 최근 30년 동안 불황에 허덕이며 좋지 않은 사건을 경험해왔습니다. 그러한 상황에서도 사람들은 착실하게 구매 활동을 거듭했고, 그것이 이전보다 조금은 다양한 사회를 만들어내는 힘이 되었다고 저는 믿습니다. '당신은 현재를 경멸할 권리가 없다'고 일찍이 샤를 보들레르(와 그것을 인용한 미셸 푸코)는 말했습니다만, 저도 제 자신이 살아온 이 사회의 경험을 근본적으로는 경멸하고 싶지는 않습니다.

물론 그것은 한국 사회의 경험과는 다릅니다. 적어도 IMF 금융 위기 이후 한국 사회가 경험해온 것은 일본과는 다른 미증유의 경제 성장과 국제화며, 또 그에 따른 빈부 격차의 확대와 사람에 따라 크게 다른 자유의 다양화일 것입니다. 어떤 사람들에게는 국가를 넘어 글로벌 차원에서 활약하는 힘이 부여되었고, 다른 사람들에게는 정해진 직업이나 충분한 재산을 가질 수 없다고 하는 '자유'가 허용됩니다. 그러한 사회 속에서 소비가 가진 의의를 강조하는 것은 일종의 '오해'를 불러일으킬 것으로 예측됩니다. 내가 옹호하고 싶은 것은 드라마 〈나의 아저씨〉에서 이지안(이지은)에게도 부여된 사회를 살아가는 작은 존엄입니다만, 독자에 따라서는 실은 그게 아니라 〈이태원 클라쓰〉의 조이서(김다미)가 누리는 특권적 자유를 확대해야 한다는 주장으로 받아들여질지도 모르겠습니다.

일찍이 일본 작가 나카가미 겐지中上健次는 일본과 한국의 관계를 '거울'의 비유를 사용해 설명했습니다. 두 나라의 경계를 넘을 때 우선 실감하는 것은 압도적 공통성입니다. 일종의 문화적 가까움만이 아니라 제2차 세계대전 후에 국제 질서 속에 놓인 지위의 가까움 때문에 일본 사회와 한국 사회는 분명 친밀한 것으로 느껴집니다. 그러나 바로 그 때문에 이질성에 당혹스럽다고 나카가미는 말합니다. 좌우 반전된 거울 속 세계처럼 당연히 그래야 할 뭔가가 다른 것은, 사전에 차이를 상정하는 나라에 대해 느끼는 것 이상으로 환멸 혹은 동경을 낳기 쉬운 것입니다.

일본과 한국의 이러한 이질성에 대해서는 매우 주의할 필요가 있습니다. 일본과 한국 사이에는 결코 공약公約할 수 없는 역사적 경험이 있고 이해의 대립도 있습니다.

바로 그 때문에 본질적으로는 잘 모르는 '한국 사회'를 향해 이 책을 내보이는 것이 두렵습니다. 다만 제 능력의 한계 때문에 어디까지나 '일본 사회'를 대상으로 삼으면서도 이 책에서 생각하고 싶었던 것은 우리의 '사회'의 역사와 미래에 대해서이기도 합니다. 국가가 자의적으로 정하는 행정 기구의 틀을 넘어 충돌과 대립을 겪으면서도 우리가 사는 이 '사회'의 미래에 대해 생각하는 것. 그러한 '사회' 속에서도 혹은 그러한 '사회' 속에서야말로 저는 이 책에서 쓴 주장은 중요하다고 생각합니다. 국가는 종종 멋대로 도덕이나 규범을 강제합니다. '일본인이라면', '한국인이라면' 이래야 한다는 주장이 그러합니다만, 그것을 넘어 사람들이 자유롭게 행동할 권리야말로 다음 시대에 우리가 획득해야 할 것은 아닐까요. 일본인이 한류 드라마를 보고 감동하고, 한국인이 일본 애니메이션을 보고 용기를 얻는 '사회'를 다양하게 실현해가야 한다고 생각합니다.

단 그것은 교류를 증대하거나 경제적 거래를 반복하는 것만으로는 좀처럼 실현할 수 없습니다. 그를 위해 본질적으로 중요한 것은 국가를 넘는 소비의 권리가 리얼하고 실질적으로 보장되어야 하는 것 아닐까요. 일본이나 한국 혹은 중국이나 미국으로 이동해도 일정의 소비 권리가 인정되는 '사회'. 그것을 지탱하는 장치로서 예컨대 국제적 기본 소득 권리가 인정될 필요가 있습니다. 어디에 있어도 일정한 소비의 자유가 보장된다면 태어난 나라에 예속될 필요는 없어지고, 결과로서 근대에 탄생된 '운명공동체'로서 존재하는 국민 국가라는 장치를 상당 부분 탈구할 수 있을 것으로 생각합니다.

꿈 같은 얘기라고 생각될지도 모르겠습니다. 분명 일정 부분 그렇고, 나는 여기서 이것을 언젠가 실현되길 원하는 하나의 꿈으로서 말하고 있습니다. 그렇지만 다른 나라에서도 기본적 인권은 존중된다는 생각도 역사적으로는 분명 말도 되지 않는 꿈이었습니다. 그것이 현재에는 (예컨대 전쟁이라는) 많은 예외는 있더라도 받아들여지고 있습니다. 앞으로 그것을 실질화하고, 국가에 의존하지 않는 경제적 자유와 평등을 어떻게 실현할 것인가, 이 문제는 우리의 '사회'를 만들어내기 위해 이제부터 큰 과제가 될 것으로 생각합니다.

그렇지만 물론 저는 이 책의 논의를 최종적 해답으로 제시할 생각은 없습니다. 이 책은 오히려 이 '사회'의 현재와 미래를 함께 생각하자는 요청입니다. 바꿔 말하자면 이 책은 경제적 자유에 의해 장래 실현되었으면 하는 것을, 미리 사고의 자유에 의해 지금 여기서 작성해가려는 시도로서 작성되었습니다. 연령, 젠더, 그리고 국가에 예속되지 않는 '사회'를 실현하는 것은 어디까지 가능할까요.

그것을 함께 생각하고 싶어 하시는 분이 계신다면 이 책이 쓰인 의의가 있겠고, 바로 그런 이유로 꼭 제게 말을 걸어주시길 바랍니다. 그리고 이번에 그것을 위한 기회를 주고, 결코 읽기 쉽다고는 할 수 없는 내 일본어를 번역해주신 남상욱 씨에게 진심으로 감사드립니다.

사다카네 히데유키貞包英之

지금 왜 소비 사회에 대해 생각해야 할까?

그 대답은 일단 자명한 것으로 보인다. 우리는 매일 소비를 거듭하면서 산다. 책을 사고, 레스토랑에 가며, 아파트를 산다고 하는 직접적 소비만이 아니다. 수도꼭지를 비틀고 불을 켠다고 하는, 실은 요금이 발생하지만, 그다지 의식되지 않는 소비도 있다. 나아가 텔레비전을 보고, 넷을 이용할 때의 '광고'나 '과금' 등의 형태로 다른 누군가가 행하는 지급에 편승한 간접적 '소비'도 포함하면 우리가 구매 활동에 관련되지 않는 날은 없다고 해도 과언은 아니다.

그런데 이렇게 당연하게 반복되는 소비, 또 그러한 행위의 축적으로 만들어진 소비 사회에 대한 비판이 최근 거세다.

첫째 소비 사회가 비난 받는 것은 그것이 소득의 '격차'와 깊게 관련되어 성립되었다고 여겨지기 때문이다. 어떤 상품을 살 수 있는 사람도 있고, 살 수 없는 사람도 있다. 그것을 결정하는 것은 분명 보유하는 돈의 양이지만, 소비 사회는 그러한 화폐 보유에 관련된 '격차'를 전제로 유지되고, 또 그 확대를 조장한다는 의심을 받는다.

그래서 바로 그 때문에 소비, 그리고 소비 사회는 비판 받는다. 격차를 가능한 줄이고 소비와 관련된 '불평등'이 생겨나지 않도록 하기 위해 복지 국가를 확대하고 육아나 교육 등의 기초적 서비스(기본 자산이나 기본 서비스)[1]를 충실하게 만드는 것이나 궁극적으로는 '평등'한 배분을 실현하기 위한 코뮤니즘이 제창된다. 소비 사회는 소득의 '격차'를 전제로 성립되는 사회로 간주되었고, 그 때문에 그러한 사회 혹은 그것을 지탱하는 자본주의 변혁이 목표가 되었다.

그렇지만 사회 체제 그 자체를 바꾸는 것은 매우 곤란하다. 따라서 그 대신 개인이 가능한 범위에서 소비 방식을 바꾸자고 말하는 사람도 많다. 이 경우 타인의 눈을 의식한 '불필요'한(하다고 보이는) 소비를 줄이고 자신에 어울리는, 정말로 좋다고 여기는 것, 나아가 구체적 형태를 취하지 않는 경험에 돈을 쓰는 것이 중요하다는 자기 계발적 주장이 이뤄진다.

예컨대 미우라 아쓰시三浦展는 사물의 진정한 가치나 사람

---

1 기본 자산이나 기본 서비스에 관해서는 다음 책을 참조함. 井手英策, 『幸福の増税論—財政はだれのために』, 岩波書店, 2018, 宮本太郎, 『貧困·介護·育児の政治—ベージックアセットの福祉国家へ』, 朝日新聞社, 2021.

과의 관계를 중시하는 소비를 '제4의 소비'로서 치켜세운다.[2] 브랜드 상품이 아닌 언뜻 보기에 소박하지만, 만든 사람의 숨결이 살아 있는 식기나 옷을 사고, 여행이나 음악 감상 등의 체험을 즐기는 것. 이러한 소비는 통속적으로 그저 사물에서 체험이나 감정을 중시하는 비-사물로의 가치관 전환이라고 주장된다. 하지만 금전적 또는 시간적 코스트가 오히려 크다는 의미에서 본다면 그것으로는 분명히 사회적 '격차' 그 자체를 줄일 수는 없다. 하지만 설사 그렇다 치더라도 '격차'에 기반을 둔 과시 행위로부터 마치 구매 활동이 분리되는 양 꾸밀 수는 있다. 즉 그럼으로써 소비를 나쁜 자본주의적 활동으로부터 면책하려는 시도가 이뤄지는 것이다.

한편 '격차'에 근거하는 것만이 아니라 환경을 파괴한다는 점에서도 최근 들어 소비나 소비 사회는 강하게 비난 받고 있다. 대량 생산된 상품을 차례로 소비하는 행위가 환경에 과부하가 된다는 점은 분명 누구도 부정할 수 없다. 이 책에서도 나중에 자세히 보게 되겠지만, 특히 일찍이 후진국으로 여겨진 나라들이 속속 대량 생산, 대량 소비에 가세하는 가운데 이산화탄소 배출 증가에 따른 온난화 위험이 임박했음은 부정할 수 없다.

따라서 소비 사회를 극복하려는 방법이 모색되고 있다. 첫째는 이 역시 개인적으로 대처하는 방법으로, 환경에 부담이 높은 상품을 피하고 친환경(이라고 여겨지는) 상품을 사는 것이 권장된다. '윤리적 소비'나 '친환경 소비'로 일컬어지는 이러한 소비는 하이브리드 자동차 구입이나 에코백 사용 등의 형태로, 지금은 분명 일정의 시민권을 획득하고 있다.

한편 급진적으로 사회 구조 그 자체를 재편하는 방법도 있다. 막대한 소비가 반복됨으로써 성립하는 현재의 경제 구조와 지구 환경 보호는 정말로 양립할 수 있을까. 그것을 가능하다고 보는 사람도 있다. 국가의 적극적 개입에 의해 기술 혁신을 촉진하고, 나아가 생산과 소비에 대한 규제를 강화함으로써 경제 발전과 지구 환경 유지가 양립할 수 있다는 낙관적 전망도 있다.

그와는 별도로 근본적으로 사회 구조를 근저에서 다시 만들어야 한다고 주장하는 자도 있다. 이 경우 소비 사회 나아가 그것을 낳는 자본주의 그 자체의 극복을 주장한다. 사이토 고헤이斎藤幸平의 『인류세의 '자본론'』이 그 전형이다.[3] 지구 환경을 보호하기 위해 자본주의를 넘어야 한다고 하며, 그 수단으로서 앞서 격차 철폐 논의에서와 마찬가지로 코뮤니즘에 대한 기대가 모아지는 것이다.

이렇게 〈그림1〉로 정리한 대로 현재 소비 사회의 극복이 활발히 논의되고 있다. 나중에 확인하겠지만, 버블 팽창이 보였던 1990년대 초반까지는 소비 사회는 새로운 사회의 도래를 고하

2   三浦展,「第四の消費ーつながりを生み出す社会へ』, 朝日新聞社, 2012.

3   斎藤幸平, 『人新世の「資本論」』, 集英社, 2020. (김영현 옮김, 『지속 불가능의 자본주의』, 다다서재, 2021.)

는 긍정적 현상으로 언급되는 경우가 많았다. 하지만 2000년대에는 '격차사회론'이 유행하고, 게다가 그후 지구 환경 위기가 임박하자 소비 사회는 극복해야 할 악의 근원으로 비난 받게 되었던 것이다.

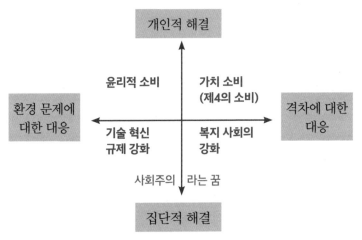

그림1 소비 사회의 전형적 '극복' 방법

이러한 사실 확인 그 자체에는 분명 경청해야 할 부분이 있다. 실제로 나중에 상세하게 확인하듯이 격차 확대와 지구 환경 파괴가 현대 사회의 큰 문제임은 부정하기 힘들다. 현재 밝혀진 바에 따르면 더욱 많은 소비를 촉진하는 자본주의가 빈부의 차를 확대하고 지구 환경에 막대한 피해를 입히고 있음은 사실로서 받아들일 수밖에 없다.

그러나 그렇다고 소비 사회를 악의 근원이라고 바로 단정 내려서는 안 된다. 그 이유는 크게 나눠 두 가지다.

첫 번째 이유는 사람들이 사실상 소비 사회를 여전히 매일 매일 선택하고 계속해서 받아들이고 있다는 점이다. 소비 사회에 대한 비판이 커진 지 이미 많은 세월이 지났다. 하지만 많은 이가 소비에 질리고 흥미를 잃어버렸다고는 전혀 생각되지 않는다. 이 책에서 확인하듯이 소비에 쓰는 금액은 분명 불황 속에서 줄어들었다고 할 수 있지만, 다른 한편으로 디플레이션이 진행되면서 이에 대응하는 구매 활동도 활발해진 것이다.

물론 다른 한편으로 지금은 윤리적 소비의 유행 파도를 타고, 친환경적임을 주장하는 세제나 식품도 증가하고 있다. 단 이러한 변화가 소비 사회 전체를 바꿨는지에 대해서는 의문의 여지가 있다. 예컨대 이 책에서 나중에 '리바운드 효과'로서 확인하게 되듯이 친환경 상품의 구매는 추가적 소비를 위한 알리바이가 되는 경우가 있다. 하이브리드 자동차나 전기 자동차를 새롭게 제조하면 가솔린 자동차를 계속해서 타는 것보다도 에너지가 들 뿐 아니라 그것을 사서 안심하고 많이 사용함으로써 이산화탄소 배출량을 늘리는 경우조차 있음이 확인되고 있다.

효과가 불확실함에도 차례로 다른 대상이 인기를 끌게 된다고 하는 의미에서는, 오히려 이러한 극복의 시도 그 자체가 소비 사회의 유행(패션)이었을 가능성이 높다. 친환경 상품만이 아니라 '로하스LOHAS[4]'나 '공유', '정중한 생활', '미니멀리스트'적 생활 등 새로운 붐이 일어나며 신규 소비의 대상이 소개되었다. 그러나 사회 총체를 바꾸려는 징후도 없는 채로 그들은 새롭게 나타나는 붐으로 교체되어 갔다. 그러한 의미에서 이러한 붐은 타인에게 자신의 도덕적, 감성적 '올바름'을 과시하는 모드로서 소비 사회를 연명하는 것에 복무해온 것은 아닌가 하는 합리적 의문을 낳는다.

이렇게 여러 논자가 비난했음에도 소비 사회가 사람들에게 받아들여져 왔다고 하는 **사실상**의 문제뿐 아니라 소비 사회를 극복한다고 하는 제안이 '바람직한 사회를 약속하는가'라는 **권리상**의 문제도 있다. 소비 사회에 대한 비판은 사람들이 똑같은 도덕적 관심을 가지고, 평등하게 사는 미래를 그려 보여준다. 그러나 그러한 사회가 소비 사회보다 정말로 바람직한 것인지에 대해서는 진중하게 음미해두어야 한다.

실제로 이 책은 소비 사회가 그 근본에서 실현하는 다양성이나 자유를 매우 소중하게 생각한다. 돈을 가지고 있는 한 우리는 이 사회 속에서 자신이 원하는 것을 뭐든지 마음대로 사는 것이 인정된다. 소비가 약속하는 이러한 구체적 자유를 과소 평가해서는 안 된다. 그것이 무엇보다도 이 사회에서는 다양성의 근거가 되고 있기 때문이다. 술을 마시거나 도박을 하는 등 설령 어리석은 짓이라고 타인이 판단하더라도 이 사회에서는 자신의 바라는 것을 관철할 수 있고, 그것을 근거로 우리는 그것이 '나' 자신임을 구체적으로 용인 받을 수 있다.

그렇지만 소비 사회를 극복하자고 선전하는 시도들은 이러한 자유나 다양성의 소중함에 대해서 충분한 배려를 기울여오지 않았다. 평등이나 환경 보호를 실현하기 위해서는 다소 국가에 의한 규제나 강제를 피할 수 없지만, 그것이 소비 사회에서 공기처럼 받아들여지는 자유나 다양성을 파괴하는 위험성에 대해서는 그다지 진지하게 고려해오지 않았던 것이다.

물론 나중에 보듯이 경제적 공평성과 환경적 지속가능성을 무시해도 좋다고 이 책은 주장하지 않는다. 반대로 그것은 대단히 큰 문제로서 논해지게 된다. 그것은 그러한 문제와 소비 사회에서 경험된 자유와 다양성을 어떻게 접목할 것인가가 이 책의 소중한 과제기 때문이다. 일부 논자의 눈으로 본다면 우리가 마음에 드는 곳에 살고, 맘대로 요리를 먹고, 취미 오락을 즐기는 것이 그렇다 할 의미도 없는 제멋대로의 행동으로 보일지도 모른다. 그러나 그러한 작은 즐거움이야말로 일상을 살아가는 데에 있어 프라이드와 존엄을 지탱하는 중요한 요소가 된다. 애초에 우리는 그러한 자유를 전제로 소비 사회의 옳고 그름에 대해 논하는 것조차 가능하며, 이 책의 관점에서 본다면 그것을 무시하고 현재 또는 미래 사회에 대해 생각하는 쪽이 오히려 위험하다.

4　(역주) LOHAS : Lifestyles of Health and Sustainability의 약자로, 개인의 건강만이 아니라 지구 환경 보호를 중시한 지속 가능한 생활 양식을 의미함.

따라서 이 책은 현재의 소비 사회가 가진 가능성을 구체적으로 밝히는 것을 목표로 한다. 다양한 선택지를 만들고 그것을 자신의 취향에 따라 선택하기를 촉진해온 이 사회의 깊이에 대해 이 책은 '소비사회론'이라는 입장에서 조명하고 싶은 것이다.

단 이제까지의 '소비사회론' 그 자체도, 내가 나임에 있어 내 마음대로이며 그렇게 하기 쉽다는 점에 대해서는 충분히 주목해왔다고는 말할 수 없다. 소비 사회는 20세기 동안의 자본주의 발전을 전제로, 대량으로 사물과 기호를 공급하고 그 소비를 반쯤 강제하는 시스템으로서 이해되는 것이 태반이었다.

이에 대해 이 책은 소비 사회가 20세기 자본주의의 단순한 발전사로서 수습할 수 없는 고유의 역사를 가짐을 밝히고자 한다. 예컨대 일본에서는 적어도 근세 이래 화폐가 널리 퍼짐에 따라 수많은 사람이 소비를 거듭해옴으로써 사람이 무엇을 원하고, 무엇을 손에 넣을 수 있는지가 중층적으로 탐구되었다. 그런 사람들의 집단적 시행착오의 축적은 다양한 상품의 제공을 촉진했을 뿐 아니라 소비에서 사람들이 선택할 수 있는 가능성의 깊이를 착실하게 넓혀온 것이다.

이제까지의 '소비사회론'은 소비를 자명한 현상으로 가정할 뿐 이렇게 소비 사회가 역사적으로 만들어낸 자유와 다양성의 소중함에 대해서는 충분하게 밝혀왔다고는 할 수 없다. 그러나 소비가 무엇을 실현해왔는지를 알지 않고서는 그것이 무엇인지에 대해 규명할 수 없다.

바로 그런 이유로 이 책은 우선 제1장에서는 자본주의 시스템으로 환원할 수 없는 소비 사회 고유의 역사에 대해서 밝히고자 시도한다. 일본에서 소비가 거듭되는 것으로 어떤 욕망이 긍정되고 확장되었는가. 그에 대한 탐구를 통해 소비란 혹은 소비 사회란 무엇인지에 대해, 다시 한번 해석해보고 싶은 것이다.

　　그렇게 얻어진 지식을 바탕으로 제2장, 제3장에서는 현대 행해지는 소비의 존재 양식을 직접적으로 분석한다. 현대 일본에서는 경제 불황인데도 소비는 생활 속에 커다란 역할을 하고 있다. 제2장에서는 왜 소비 사회가 경제 불황을 넘어 전개되어왔는지, 거기서 행해지는 '똑똑한' 소비나 최근 급속도로 확대되는 정보 소비, 나아가 그것을 지탱하는 '폐기'와 관련된 게임 등의 관점에서 고찰한다.

　　그러한 게임 속에서 타자와 경합하고, 무엇인가를 제시하는 표현으로써 소비는 거듭되고 있다. 단 소비는 단순히 그러한 커뮤니케이션 수단에 멈추지 않는다. 소비에는 자기 자신과 관련된 탐욕스러운 탐구라는 측면이 있고, 그와 관련해 특히 최근에는 신체를 대상으로 한 소비 활동이 활발하게 추구되고 있다. 그에 따라 현대 사회에서는 다양한 미美나 쾌적성을 고르게 되어 있으며, 이러한 달성을 제3장에서는 오타쿠적 소비나 주택 소비, 드럭 스토어의 융성 등을 예로 들어 분석한다.

　　이처럼 이 책은 소비가 무엇을 우리 사회에 실현해왔는지, 또 계속해서 실현하는지를 분석함으로써 소비 사회의 매력과 그 가능성을 그려낸다. 물론 소비 사회가 완전한 사회라고 주장하고 싶은 건 아니다. 이미 언급했듯이 소비 사회는 현재, 특히 '격차 확대'와 '환경 파괴'라는 두 가지 큰 문제를 안고 있다. 그것들은 소비 사회의 존속조차 흔드는 리스크가 되고 있다. 소비 사회의 이점을 인정하기 때문에 반대로 그렇다면 이러한 문제가 어떠한 것이며, 그에 대해 현재 어떻게 대처하는지에 대해 밝힐 필요가 있다.

이를 위한 작업이 제4장에서 이뤄진다. 단 현재 행해지는 대책의 대부분은 소비 사회를 과소 평가함으로써 문제를 해결하기보다는 문제를 만들고 있는 경우가 많다. 그 대신에 소비 사회가 이뤄낸 달성을 충분히 배려하면서 위기에 대처하는 방식에 대해 진지하게 생각할 필요가 있다. 이를 위해 이 책이 제5장에서 주목하는 것이 기본 소득이라는 수단이다. 조건 없이 현금을 부여하는 이 방식에 대해서는 이제까지 많은 논의가 있었다. 그러나 소비 사회를 존속하기 위해 중요한 기본 소득의 역할에 관해서는 이제까지 충분히 강조되었다고 할 수는 없다. 이에 대해 이 책은 소비 사회가 여전히 필요하다면 그것을 유지하기 위해 기본 소득이 필수 불가결한 수단이 된다고 주장한다.

이상에서 이 책은 소비 사회가 현재만이 아니라 미래에도 커다란 역할을 담당한다고 주장한다. 바로 그 때문에 그것이 어떠한 가능성을 가지고, 그러나 동시에 극복해야 할 어떤 문제를 안고 있는지에 대해 가능한 구체적으로 생각하려 했다. 마구잡이 비판은 당파적으로 자신의 주장을 강조하는 것으로 끝날 뿐이다. 소비 사회가 무엇인지에 대해 안 후에 우리가 무엇을 바라고, 무엇을 실현할 수 있는지, 즉 지금 소비 사회에서 우리에게 주어진 권리(=소비 사회의 권리)에 대해 우선은 구체적으로 조사할 필요가 있다. 소비 사회에 갖춰진 특유의 이점이나 가능성을 깊이 알고 더더욱 활용할 수 있다면 우리는 더욱 풍요롭고 다양한 생활을 실현할 수 있을 것이다.

단 이 책은 소비 사회를 마냥 긍정하는 것도 아니다. 소비 사회가 격차나 환경 파괴라는 한계를 가지고 있음은 오늘날 누구의 눈으로 봐도 명백하다. 그렇다면 소비 사회를 맹목적으로 받아들일 것이 아니라 그 한계를 인정한 후에 그것을 시정할 구조나 수단에 대해 겁내지 말고 생각할 필요가 있다. 이렇게 소비 사회에 대해 무엇을 바랄 수 있는지(= 소비 사회에 대한 권리)를 음미해가는 것이 이 책 전체의 과제다.

소비 사회에 대해 생각하는 것을 시대착오적이고 보수적인 시도로 간주하는 사람이 있을지도 모른다. 하지만 소비 사회에 대해 아는 것은 우리가 사는 기반을 사고하는 것이라는 의미에서 문자 그대로 급진적이며 근원적인 과제다. 소비 사회를 위협하는 위기는 그 가능성과 마찬가지로 현재 크게 팽배해 있다. 그것을 이대로 방치해둔다면 소비 사회는 조만간 계속되기 힘들어지고 말 것이다. 따라서 소비 사회의 좋고 나쁨을 동시에 파악한 후 그중 무엇이 소중하고, 무엇이 어떻게 바꿔야 하는지에 대

해 그 토대로부터 진중하게, 그러나 또 되도록 서둘러 생각하지
않으면 안 된다.

제1장

소비 사회는
어떻게 탄생했는가?

1. 소비 사회라는 '이상'

평등이라는 이상

우리 사회가 어디로 향해 가야 하는지에 대한 명확한 이미지를 얼마만큼 사람들이 가지고 있는 것일까. 1980년대 말부터 페미니즘에 대해 활발하게 발언하는 정치철학자 낸시 프레이저는 사회가 어떻게 존재해야 하는지에 관해 "우리는 눈가리개를 하고 비행하고 있다."[1]고 말했다. 프레이저가 여기서 특히 한탄하고 있는 것은 '포스트 사회주의'적 상황 속에서 젠더의 공평함을 실현하기 위한 시나리오가 상실되었다는 것에 대해서이지만, 질문은 더욱 확장될 수 있다. 사회가 어때야 하고, 그리고 그것이 어떻게 실현해야 하는가에 관해 명확한 이상을 가지고 있는 사람 쪽이 지금은 적은 건 아닐까. 많은 사람은 지금 그것이 존재한다는 이유로 이 사회를 긍정하든가 혹은 반대로 같은 이유로 그것을 마구 비판하고 있을 뿐으로 보인다.

옛날부터 상황은 마찬가지라고 생각하는 사람도 있을지 모른다. 많은 사람이 그래야 할 사회에 대해 열심히 말하고 그것을 원해서 싸웠던 시대도 있었다. 그러나 한 가지 명확한 것은 그 반동으로 현대에는 사회의 행방에 대해 관심을 갖는 사람이 적어졌다는 사실이다.

돌이켜보면 20세기 전반부터 중반에 걸쳐 세계에 힘을 발휘한 것은 '평등'이라는 이상이었다. 많은 사람이 필요한 사람들에게 부와 권리가 평등하게 분배되기를 기대했고, 그것을 위해 많은 피를 흘리기도 했다.

이러한 '평등'이라는 이상이 강한 힘을 발휘한 것은 그 시대에 자본주의의 거대한 성장이 있었기 때문일 것이다. 그에 따라 자본가와 노동자 사이에는 선이 그어지고, 경제적 차이는 확대되어 갔다. 예컨대 토마 피케티는 서구나 일본에서 1940년 무렵까지는 부자와 그렇지 않은 자 사이에 격차가 컸음을 입증했다.[2] 피케티는 상위 1퍼센트의 소득이 총소득 중에 점유하는 비율을 부의 편중 지표로서 주로 이용하고 있다. 그 비율은 미국이나 영국, 프랑스, 일본 등에서는 20퍼센트 전후로, 그후의 시대와 비교하면 높

---

1 N·프레이저(仲正昌樹訳), 『中断された正義—「ポスト社会主義的」条件をめぐる批判的省察』, お茶の水書房, 2003, p.4. (Nancy Fraser, *Justice Interruptus : Critical Reflections on the "Postsocialist" Condition*, Routledge, 1996.)

2 T·피케티(山形浩生, 守岡桜, 森本正史訳), 『21世紀の資本』, みすず書房, 2014. (토마 피케티, 장경덕 외 옮김, 『21세기 자본』, 글항아리, 2014.)

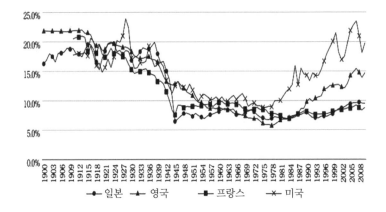

그림2 상위 1퍼센트 소득 비율
(http://piketty.pse.ens.fr/en/capital21c2에 의해 작성)

게 유지되고 있었다(그림2).

상위 1퍼센트 사람이 1퍼센트의 몫을 얻는 완전히 이상적 사회에 비한다면, 대략 20퍼센트의 '불평등'이 보인다고 할 수 있지만, 이러한 부의 편중은 앞선 시대부터 서서히 확대되어왔다고 추측된다. 사료의 한계 때문에 이 경우는 소득이 아니라 총재산에 점하는 비율이 제시되고 있다. 피케티는 미국이나 영국 또 프랑스에서는 20세기에 이르는 100년 동안 부의 편재도偏在度가 증가했음을 확인해준다(그림3).

이러한 불평등 증대의 원인은 크게 보면 자본주의의 발달이었다. 바로 그 때문에 20세기 전반에는 자본주의 사회가 낳은 불평등을 시정할 것이 요구되었다. 노력한 보람이 있어 그 목표는 일

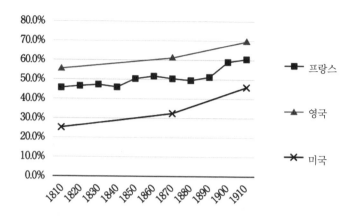

그림3 상위 1퍼센트 소득 비율
(http://piketty.pse.ens.fr/en/capital21c2에 의해 작성)

정 부분 달성되었다. 한편으로 '평등'에 대한 기대는 공산주의적
이상을 추구해 러시아혁명을 대표로 하는 변혁을 세계적으로 일
으켰다. 다른 한편으로 그것은 한 국가 안의 사람이 평등하게 사
는 것을 요구하는 내셔널리즘적 열광으로 이어졌고, 그것이 국민
국가적 정치 체제를 사실상 세계 표준으로 삼는 것과 동시에 많은
지역에서 사회보장제도 등의 복지를 정비하는 추진력이 되었다.

　단 이와 같은 정치적 개혁에 부작용도 동반되었음을 놓쳐서
는 안 된다. 원래 '평등'을 인위적으로 달성하는 것은 쉽지 않다.
소득만이 아니라 연령이나 건강 상태, 용모 등 사람 사이에는 갖
가지 차이가 존재한다. 그 때문에 '평등'을 실현하기 위해서는 무
엇을 기준으로 어떠한 방식으로 실현할 것인지를 누군가가 정해

야 하며, 그 결과 20세기에는 국가 혹은 실질적으로는 그것을 움직이는 정치가와 관료에 막대한 힘(=권력)이 부여되었다. 갖가지 이해관계를 조정한 후에 재분배를 위한 결단이 국가에 요구되어 갔던 것이다.

그러나 동시에 이러한 요청은 커다란 위험을 내포하는 것이었다. 예컨대 경제학자 프리드리히 하이에크는 평등한 소득의 추구나 복지 요구는 국가 권력 확대를 촉진해 결국은 파시즘으로 이어진다고 경고했다.[3] 과장된 말로 보일지도 모르지만, 20세기에 시장을 규제하고 사람들의 생활을 관리하는 미시 권력이 강해져 간 것은 인정할 필요가 있다. 나아가 그에 대항하기 위해 다른 국가도 힘을 갑절로 강화해갔다. 그 결과 거대한 폭력과 파국이 세계에 연쇄적으로 일어났음은, 제2차 세계대전과 그후 반복된 전란에 대해 아는 사람들에게는 부정하기 힘든 사실이다.

자유라는 이상

이러한 종말론적 광경에 직면해 질려버린 사람들이 20세기 후반에 내건 이상이야말로 '자유'였다고 할 수 있다. 규제를 되도록 철폐하고 시장의 효율적 배분으로 좀더 좋은 사회가 실현된다고 기대하는 것. 물론 '평등'이라는 이상이 완전히 방기될 리는 없다. 단 실질적 '평등'이 아니라 형식적 기회의 평등만으로도 일단은 충분하다고 여겨졌다. 그것만으로는 빈부의 차는 해소되지 않을지

도 모른다. 하지만 그 차이는 노력의 정당한 결과로 보였고, 재도
전하는 기회가 보장되기만 한다면 특별한 문제는 없다고 여겨졌
던 것이다.

이러한 '자유'라는 이상은 21세기에도 여전히 정치적 또한
이상적으로 의심하기 힘든 풍토를 형성한다. 절대적 '평등'이 사
회의 일반적 요구가 되는 일은 드물고, 형식적 평등을 근거로 한
개인의 자유가 강조된다. 특히 1970년대 무렵부터 세계적으로 활
성화된 신자유주의적 이상은 시장 속 자유의 추구를 중시했고, 그
것이 지금은 일본을 포함해 많은 나라에서 공기처럼 자연스러운
정치적 토대가 되어 있다.

그렇지만 다른 한편으로는 신자유주의를 중심으로 한 자유
추구에 시니컬한 역효과가 있었던 것도 간과할 수 없다. '자유'라
는 이념은 형식적으로는 되도록 통제하지 않은 '작은 정부'를 요
구한다. 단 현실적으로는 그러한 시도는 많은 국가를 살찌우는 것
으로 이어졌다. 고령화 사회의 도래와 더불어 지출 증대가 요구
되어 실제로는 '정부'를 '크'게 해야 했기 때문만은 아니다. 문제
는 '자유'의 전제 조건이면서 그 목적으로도 여겨진 경제 발전이
국가의 명령에 순종할 것을 사람들에게 요구했다는 점이다. 경제

---

3   F·A·ハイエク(西山千明訳), 『隷属への道』, 春秋社, 1992. (프리드리히 하
이에크, 김이석 옮김, 『노예의 길』, 자유기업원, 2018.)

발전을 위해 국가는 전략적 규제 완화나 자원의 배분과 관련되어 우선 사람들이 국가의 결정에 따르도록 강하게 요청한다. 덧붙여 많은 국가가 경제 발전을 목표로 삼는 가운데 경쟁에서 승리하기 위해 더욱 큰 결정권이 요구되었다. 그 결과 아이러니하게도 신자유주의적인 정치적 지향의 고양은 국가 권력의 연쇄적 확대를 초래하고 만 것이다.

이러한 모순이 예컨대 일본에서는 코로나 팬데믹 대응에서 자주 관찰되었다. 분명 일본에서는 국가가 코로나 팬데믹에 대해 강한 힘을 행사하지 않았던 것이 종종 '민주주의'와 '자유'의 승리로서 칭송되었다. 법적 미숙함도 있어 실현할 수 있었던 것은 고작 음식점이나 소매점, 오락 시설의 영업 단축 요청에 머물렀고, 다른 나라처럼 강력한 도시 봉쇄를 일본은 취할 수 없었다.

단 다른 한편으로 이러한 '무력함'이 경제적 힘의 확대라는 신자유주의적 국가의 목표를 어디까지나 추인하는 것이었음을 놓쳐서는 안 된다. 단순히 무력했기 때문이 아니라 경제 발전을 밀어붙인다는 강한 의향 하에서 일본국은 외출 금지나 비대면 근무의 강제라는 다른 나라에서는 흔히 볼 수 있었던 도시 봉쇄를 거부했던 것은 아닐까. 그 반증으로서 감염이나 사망자의 증가를 받아들이는 것조차 강제되었다는 의미에서, 이것은 국가의 무력함이 아니라 오히려 일본인들을 죽도록 방치한 국가 권력의 강력한 발동으로 봐야 할 것이다.

그러한 권력의 잔인함을 잘 드러내는 것이 2021년의 올림픽

강행이었다. 감염 증가가 명확한 단계에서 자민당이 이끄는 국가에 의해 개최된 올림픽에 국가의 '무력함'을 보는 것은 도저히 불가능하다. 글로벌한 사회 속에서 국위를 떨치고, 그것을 경제 발전으로 이어가기 위해서는 '다소'의 사망자가 나와도 관계없다고 하는 권력에 의한 급발진이 그곳에서 이뤄졌고, 그 힘은 많은 사람이 의문을 느끼면서도 실질적으로는 이에 저항할 수 없을 만큼 강력한 것이었다.

나와 다양성이라는 이상

이제까지의 논의를 크게 보면 20세기의 사회 이념은 '평등'에서 '자유'로 변했다고도 할 수 있다. 양자의 배후에 있었던 것은 어떤 경우도 자본주의의 거대한 성장에 어떻게 대응할 것인가라는 과제다. '평등'이라는 이념 속에는 자본주의 영향의 시정이 목표가 되었고, '자유'라는 이념에서는 자본주의적 발전을 더욱 갈망했다고 하는 의미에서, 일단은 완전히 정반대의 목표가 수립되었다고 보일지도 모른다. 단 양자는 ① 시대의 자본주의 성장에 대응해 요청되었다고 하는 조건에서만이 아니라 ② 국가 권력의 확대를 불러왔다는 결과에서도 공통되고 있다. '평등' 혹은 '자유'라는 이상의 이름 하에 자본주의 발전을 컨트롤하는 것이 각각의 방법으로 목표가 되었고, 그것을 행하는 주체로서 국가의 힘이 강해진 것이다.

이러한 의미에서 크게 보면 20세기의 이상은 단적으로 내가 '나'로서 존재하는 것을 허락하지 않고, 오히려 그것을 통제하고 관리하는 것과 결부되어왔다고 할 수 있다. '국가란 무엇인가'라는 복잡한 논의에 일부러 올라탈 생각은 없지만, 국가 기능의 하나로써 우리의 바람이나 행동을 컨트롤하는 것이 포함되어 있다는 것은 강조해두는 편이 좋겠다. '자유'라는 이상조차 국가가 주도하는 '합리적'인 경제 발전의 시나리오를 받아들이는 것을 전제로 추구되어온 것이며, 그 프레임을 벗어난 사적 선택은 어디까지나 자기 책임의 결과로서 '벌'을 받아들이는 조건에서 허락되어온 것에 지나지 않는다.

이러한 20세기의 이상에 대해 이 책은 이제부터의 새로운 이상으로서 개개인이 구체적으로 실현하는 '사'적 선택, 나아가 그것이 가능하게 만드는 '다양성'을 제시하고 싶다. 애초에 20세기의 '평등'이나 '자유'라는 이상이 국가와 강하게 결부되어온 것은 크게 보면 자본주의를 각각 원하는 형태로 컨트롤하기 위해서였다. 억제하든 더 나은 성장을 목표로 삼든 자본주의를 자신이 바라는 방향으로 제어하는 장치로서 국가가 이용되어온 것이다.

이러한 경향에 대해 이 책은 자본주의가 품고 있는 가능성 그 자체를 정면에서 옹호하고자 시도한다. 이제부터 보게 되겠지만, 원래 자본주의는 단순히 경제 활동의 형식적 자유, 즉 시장 속의 이윤 확대를 촉진하는 것에만 머무르지 않는다. 역사적으로 보면 자본주의에는 합리적 또 이익중심적 경제 활동에 수렴되지 않는 다양한 사회 활동을, 오히려 확대하는 '과승함'이 포함되어 있다. 그것이 질서를 재편하고 갱신하는 위험성을 내재했다는 바로 그 이유 때문에 국가는 자본주의를 규제하려고 해왔던 것이다. 그에 대해 이 책은 자본주의 측에 일부러 서서, 그것이 촉진하는 사적 선택이나 다양성의 확대를 이 사회의 '이념'으로서 오히려 적극적으로 옹호하고 싶은 것이다.

소비란 무엇인가

그렇다면 왜 자본주의를 사적 선택이나 다양성의 근거로 볼 수 있을까. 이 경우에 중요한 것은 소비 사회 또는 단적으로는 '소비'라는 시점이다. 서문에서도 언급했지만, 이제까지 소비 사회는 차례로 새로운 물건(사물)이나 기호를 보내고, 그것의 구매를 추구하는 시스템으로서 해석되는 경우가 많았다. 그 탓에 소비 사회는 생활을 풍요롭게 하는 것으로 평가 받음과 동시에 사람들을 속박하는 것으로서 종종 비난 받아왔다. 생산된 상품은 소비되어야 하고, 바로 그 때문에 이 시스템은 사람들에게 구매를 강제한다고 여겨진다. 그 결과 우리는 본래의 자신의 욕망을 상실한다고, 즉 '소외' 된다고 비난 받아온 것이다.

분명 이러한 견해가 완전히 틀렸다고는 말할 수 없다. 이 사회에서는 수도꼭지를 비틀면 뜨거운 물이 흐르고, 컴퓨터 화면을 바라보면 좋아하는 화면을 유튜브로 볼 수 있다. 그 배후에 있는 것은 사물이나 기호(≒정보)를 차례로 낳고 갱신해가는 자본주의 시스템이다. 그것이 되도록 많은 사물을 파는 것을 목표로 삼고, 바로 그 때문에 다양한 광고를 전개하면서 우리에게 매일 그것을 구매하도록 압력을 가하고 있음은 확실히 부정하기 힘들다.

그렇지만 사물이 풍부해지고 그 구매가 원해지는 것만이 소비 사회의 본질은 아니다. 그것은 오히려 이른바 '생산 사회'의 일반적 특징이며, 실제로 소비 사회에만 풍부한 사물이 있는 것은 아니다. 예컨대 마르크스가 주장한 공산주의에서도 '필요에 응해' 사물이 주어지는 사회, 그러한 의미에서 적어도 일정 수준에서 '풍부'한 물질적 생활을 보낼 수 있는 사회가 꿈꿔졌던 것이다.

그러한 공산주의적 사회가 정말로 실현 가능한지에 대해서는 분명 논의할 여지가 있다. 단 다른 한편으로 자본주의 '이후'의 사회가 아니라 그 '이전'에 이미 '풍요로'운 사회가 있었다고 주장하는 자도 있다. 예컨대 문화인류학자 마셜 살린스는 화폐를 충분히 알지 못하는 수렵 채집 사회는 다른 선택 가능한 재화가 없고, 바로 그러한 이유로 결핍도 모르기 때문에 오히려 풍요로웠다고 한다.[4]

그렇다면 적어도 물질적 '풍요로움'만을 소비 사회의 특징으로 간주할 수는 없다. 많은 사회가 적어도 일정의 역사적, 경제적 상황 속에서 각각의 '풍요로움'을 추구하고 또 향유해왔던 것이며, 그러한 사회와 소비 사회를 구별하기 위해서는 '풍요로움'만이 아니라 이 사회에서 매일 반복되는 '소비'에 주목하는 편이 낫다.

그러면 소비란 무엇인가. 그 최대의 특징은 돈을 내면 자유롭게 물건을 고르고 손에 넣을 수 있다는 데에 있다. 예컨대 소비와 마찬가지로 무엇인가를 받는(= '증여') 경우에도 사물 소유권의 이전이 함께 이뤄지지만, 그때 우리는 무엇을 원하는지를 스스로 자유롭게 결정할 수 있는 건 아니다. 또 화폐를 개입하지 않는 물물 '교환'에서도 부자유는 일부 완화될 뿐이다. 구체적으로 무엇을 가지고 있는가에 따라 얻을 수 있는 것은 상당히 제한되어 버리기 때문이다.

한편 '소비'에서는 무엇을 얼마만큼 손에 넣을 수 있는지가 당사자에 의해 어디까지나 자유롭게 결정된다. 가격에 맞는 돈을 지급하면 좋아하는 것을 손에 넣고 그후에는 맘대로 사용하는 것이 인정된다. 그것을 허락하지 않는, 마지못해하는 강제적 상품 구매는 원래 통상적 의미에서는 '소비'로 불리지 않는다.

물론 법적 제한은 있으며 위험한 사물이나 인도에 반하는 물건을 사는 것은 통상 금지되어 있다. 단 그것은 어디까지나 공식적 얘기며, 마약이나 성적 상품 등 법을 넘는 비공식적 거래가 종종 벌어지는 것도 잘 알려진 사실이다. 양도 가능한 것이라면 돈

---

4   M·サーリンズ(山内昶訳), 『石器時代の経済学』, 法政大学出版局, 1984. (마셜 살린스, 방충환 옮김, 『석기 시대 경제학』, 한울아카데미, 2014.)

만 모으면 살 수 있다는 가능성이 만인에게 열려 있고, 거래가 대중적으로 확대되는 경우에는 예컨대 대마가 세계적으로 해금되어 가고 있듯이 법제도가 오히려 변할 수도 있다.

그렇다면 무엇이 소비의 이러한 자유 선택을 가능하게 만드는 것일까? 그 중심에 있는 것은 화폐다. 화폐의 본질은 우리가 소속하는 공동체나 문화로부터 거리를 두면서 다양한 상품 중에서 무엇인가를 선택하는 것을 가능하도록 만든다. 물론 광고나 타인의 의견에 따라 구매욕이 생기는 경우도 있으며, 소비의 선택이 무의식이나 소비자의 출신이나 받은 교육, 소속하는 계급에 의해 좌우되는 경우도 있다. 그렇지만 그래도 화폐가 그러한 구조적 결정이나 강제력을 적어도 일정 부분 상대화하는 힘을 가지고 있는 것도 잊어서는 안 된다. 화폐는 그것을 소유하는 자에게 어떤 상품을 살 것인지 또는 애초에 살 것인지 말 것인지 하는 임의의 선택을 허용하며, 그러한 조건 하에서 화폐는 화폐로서 통용된다. 그렇지 않다면 그것은 금방 교환 증서 같은 종류의 것으로 전락하고 말 것이다.

이러한 화폐의 힘을 구체적으로 증명하는 행위야말로 소비라고 할 수 있다. 소비에 의해, 화폐가 가진 선택의 자유는 구체적으로 실증되는 것이다. 이러한 의미에서 소비의 자유는 미리 존재한다고 여겨지는 '개인individual'이나 '인격person'에 의해 지탱되는 것은 아니다. 사회에 늘 이미 비대칭적으로 흩어져 있는 화폐야말로 직접적으로 소비의 자유를 보장하며, 그것이 오히려 자본주의 사회에서는 '개인'이나 '인격'의 구체적 자유를 가능하게 만드는 것이다.

마찬가지로 소비를 국가에 의해 정해진 권리로 간주할 수도 없다. 일찍이 존 스튜어트 밀은 누구든 '타인의 행복을 뺏거나 행복을 추구하는 타인의 노력을 방해하지 않은 한 자기 자신의 행복을 자기만의 방법으로 추구하'[5]는 것을 허용하는 법적, 정치적 권리를 주장했다. 그 주장이 일정 부분 옳다 하더라도 정치적 권리가 지켜지기만 하면 곧바로 구체적 자유가 보장되는 것은 아니다. 현대 사회에서는 화폐야말로 타자의 생각이나 이제까지의 일관성조차 신경쓰지 않고, 개인의 희망을 관철하기 위한 구체적 근거가 되기 때문이다.

그것을 확인하기 위해서는 예컨대 정치적 권리가 보장되고 있더라도 '사'적으로 소비할 수 없는 사회를 상상해보면 된다. 그러한 사회에서는 관례나 관습으로부터 벗어나 행동하는 것은 어렵고, 때로는 그것이 목숨을 건 행위가 되기조차 한다. 한편 현대 사회에는 알코올 과다 섭취나 성적 소비 등 타인의 눈에는 파괴적으로 보이거나 도덕에 반한다고 간주되는 소비도 있다. 그 추구조차도 일종의 '우행권愚行權'으로서 일정 부분 허용되는 것이다.

5　J·S·ミル(山岡洋一訳), 『自由論』, 光文社, 2006, pp.36~37. (존 슈튜어트 밀, 박홍규 옮김, 『자유론』, 문예출판사, 2022.)

이러한 의미에서는 소비의 매력은 '풍요로움'을 보장하는 것 이상으로, 맘대로 돈을 쓰고 배고파지는 것, 즉 '가난'과 '어리석음'을 허용하는 것에 있다고도 말할 수 있다. 이 책이 적어도 현재 상상력의 범위에서 소비 사회를 상당히 바람직한 부류의 사회로 간주하는 것은 이러한 자유 때문이다. 분명 물질적으로 '풍요'롭게 사는 것은 소중하며, 또한 누군가와 함께 어떤 가치를 공유하는 것도 그런대로 의미가 있을 것이다. 그러나 그것들이 보장되더라도 사적 선택이 단적으로 허용되지 않는 사회가 살아갈 가치가 있는 것이라고는 필자는 도저히 믿을 수 없다. 그것은 그러한 사회가 내가 나로서 있을 수 있다는 것, 즉 '다양성'을 허용하지 않기 때문이다. 다른 한편으로 사적 소비가 반복되는 소비 사회는 다양성을 오히려 재촉하고 확대한다. 소비는 타인의 눈으로부터는 설사 '어리석'게 보이더라도 사적으로 선택하고 그럼으로써 계속해서 내가 나일 수 있는 것을 가능하게 만드는 구체적 근거가 되기 때문이다.

이 책이 소비 사회와 그것을 등떠미는 자본주의를 옹호하는 것도 그 때문이다. 단지 주의해야 할 것은 여기서 말하는 자본주의가 이제까지 상정되어온 경제적 합리주의의 프레임 속에 머물러 있지 않다는 점이다. 예컨대 소비자가 고가 물건이나 반대로 가치가 없는 것에 집착하고 유용한 물건 대신 무용한 물건에 집착하는 것은 일상적으로 흔히 있는 일이다. 그러한 '어리석'은 행위를 하나의 예로 들어 소비 또는 소비라는 관점에서 보는 자본주의는, 오히려 경제적 합리성으로부터 벗어나는 다양한 태도를 확대해왔다. 이러한 다양성이 사람을 종속하게 해 컨트롤하는 데에 있어 성가신 장해가 되기 때문에 국가도 자본주의에 대립해 그것을 어떻게든 규제하려고 해왔던 것이다.

2. 20세기 소비사회론

역사로서 소비 사회

따라서 이 책은 소비 사회를 성급하게 부정하는 시도에 반대하고, 반대로 그것이 실현하는 '사적 선택'과 '다양성'이야말로 지켜야 할, 또 더욱 추구해야 할 이상이라고 주장한다. 사적 자유를 구체적으로 확대하는 사회로서 소비 사회 이상의 것은 이제까지 알려지지 않았고, 또한 가까운 장래에 그것이 출현할 것이라고 생각하기 어렵다. 따라서 우리는 적어도 현재의 상상력에서는 적어도 소비 사회를 진지하게 검토할 가치가 있는 것으로서 고려해야 한다.

물론 현재 유토피아는 존재하지 않고, 소비 사회에 다양한 문제가 있음도 곧바로 덧붙여야겠다. 소비 사회가 전능한 해결책이 되지 않고, 여전히 국가 간의 대립이나 격차의 확대, 다양한 차별 등 많은 문제를 남겨두고 있으며, 또한 기후 변동이라는 어려운 문제는 더욱 커지고 있다.

이러한 문제에 대해서는 제4장, 제5장에서 상세하게 검토하겠지만, 애초에 문제가 발생한 원인 중 하나는 소비 사회가 역사적으로 만들어져온 사회로서 존재하기 때문이다. 어떠한 사적 소비가 받아들여지고 사회적으로 허용되었는지는 이제까지 어떤 소비의 선택이 축적되어왔는지에 의해 그 방향이 정해졌다. 바로 그 때문에 역사를 무시하고 현재 사적 소비의 형식적 자유를 지나치게 강변해도 의미는 없다. 소비 사회는 어디까지나 고유의 역사 속에서 구체적 자유를 우리에게 촉구하기 때문이며, 다른 한편으로 그것에 근거한 특유의 과제나 제약도 있다.

그러나 소비 사회의 이러한 역사적 존재 양식에 대해 이제까지 그다지 진지하게 검토되지 않았다. 소비 사회는 자본주의의 발전을 보완하는 새로운 단계 혹은 그 때문에 오히려 마지막에 나타나는 역사 밖의 유토피아적 시스템으로서 평가되는 것이 종종 있어왔던 것이다.

이러한 견해를 지탱해온 것은 주로 마르크스주의, 나아가 그 강한 영향을 받아 성립한 레귤라시옹 학파를 대표로 하는 포스트마르크스주의적 견해다.[1] 마르크스는 자본주의는 기하급수적으로 생산을 확대해간다고 봤다. 그러나 그러한 생산된 상품이 어떻

---

1 다음 책들을 참조함. R·보와이에(清水耕一), 『レギュラシオン―成長と危機の経済学』, ミネルヴァ書房, 1992, A·리피에츠(若森章孝監訳,若森文子訳), 『レギュラシオンの社会理論』, 青木書店, 2002. 山田鋭夫, 『増補新版レギュラシオン·アプローチ―21世紀の経済学』, 藤原書店, 1994.

게 소비되는가에 대해서는 그다지 이야기하지 않았다. 그것을 보완하려고 후세의 논자들은 종종 마르크스가 말해야 했다고 생각한 것을 장황하게 덧붙여왔던 것이다.

그때 강조된 것이 자본주의 하에서는 상품이 너무 많이 만들어지는 경향이 있고, 그 탓에 종종 사물이 남는다고 하는 '과잉 생산'에 빠진다고 하는 문제다. 만들어진 상품이 누군가에게 소비됨으로써 자본주의는 계속된다. 그러면 누가 소비하는가? 자본을 소유하는 자본가는 적어도 얻은 이윤의 대부분을 소비를 위해 쓰지 않는다. 통상 자본가는 그 이윤을 투자에 돌려 확대 재생산을 한층 더 지향하는 자로 정의되기 때문이다. 한편 노동자에게도 소비를 확대할 여유는 없다. 마르크스주의적 관점을 따르자면 자본주의는 그 경쟁 과정에서 임금을 줄이고 그 결과 노동자는 더욱 궁핍해질 터이기 때문이다. 이렇게 자본가와 노동자도 생산된 상품을 충분히 사는 주체가 되지 않는다면 자본주의는 분명 빠르게 막다른 지점에 도달해버렸을 것이라고 생각된다.

자본주의의 연명

그러나 여러가지 문제는 있더라도 자본주의는 적어도 현재에 이르기까지 계속되고 있다. 그 모순을 설명하기 위해 몇 개의 해석이 이제까지 제시되었다. 자본주의적 체제는 ① 제국주의적 침략 하에 식민지에 상품을 강매하거나[2] ② 생산된 상품의 가격을 인하

해 상품의 판매를 계속하거나 ③ 노동자의 임금을 올려 상품을 사
도록 만드는 것으로 연명된다고 해석되어왔던 것이다.

하지만 해석 ①은 20세기에는 자본주의의 '외부'가 감소해
갔다고 하는 사실과 제대로 맞아떨어지지 않는다. 19세기에는
대량 생산된 상품을 식민지에 강매함으로써 자본주의는 여전히
발전할 수 있다고 확실하게 여겨졌다. 그러나 20세기에 자본주
의가 좀더 확장되자 이러한 해석은 적용하기 어려워졌다. 패권
다툼이 격화되어 식민지가 '희소'해졌기 때문만은 아니다. 식민
지 자신이 자본주의화되어 독립하는 경향이 커짐으로써 대량 생
산된 상품을 받아들이는 것이 아니라 오히려 싼 값의 상품을 대
량으로 제공하는 '과잉 생산'이라는 문제의 일부가 되었기 때문
이다.

확실히 자본주의화되지 않는 곳이 여전히 선진국 내외에 널
리 존재함은 인정해야 한다. 이 세계에서는 노예적 노동이나 폭력
적 수탈이 계속해서 행해지고 있고 그것이 적어도 이윤을 낳는 하
나의 원천이 되고 있다. 그렇지만 그것이 20세기 이래 거대화해진
자본주의의 주된 엔진이 되었다고 보는 것은 역시 가능하지 않다.

한편 ②의 상품 가격을 내리는 방법은 일상적으로 관찰되

---

2 이러한 견해를 대표하는 것으로서는 다음 책을 참조함. R·루크센블르크(
長谷部文雄 訳), 『資本蓄積論』(上·中·下), 岩波書店, 1934. (로자 룩셈부
르크, 황선길 옮김, 『자본의 축적』 1, 2, 지만지, 2013.)

는 현상임과 동시에 고전적인 마르크스주의적 견해에도 일정 부분 통하고 있다. 과잉 생산에 따른 구매력의 상대적 부족은 상품의 가격을 낮춤으로써 대처할 수 있다는 것이다. 실제로 20세기 말 이래로 일본에서는 디플레이션이 진행되었고, 그것이 경제 불황에 따른 구매력 부족을 어떻게든 보완해온 것도 사실이라 할 수 있다. 단 물가 억제는 기업이 이익을 올리는 것을 어렵게 함으로써 총체로서 구매력을 더욱 축소하게 해 그 때문에 장기화되면 자본주의의 존속—단 나중에 보듯이 그것은 소비 사회의 존속과는 반드시 일치하지 않는다—을 위협하게 된다. 역설적으로 고전적 마르크스주의에게는 그것이 희망이 되었다. 경제 공황은 한층 더한 불경기와 노동자의 궁핍을 불러옴으로써 혁명과 공산주의로의 길을 연다고, 적어도 일부에게는 기대되었던 것이다.

하지만 많은 나라에서는 이러한 시나리오는 달성되지 않았다. 20세기에 자본주의는 더욱 번영했고, 그와 함께 노동자가 취하는 몫도 오히려 증가하게 되었다. 예컨대 앞에서 본 피케티의 분석에서도 총소득에서 상위 1퍼센트 자의 몫은 1940년대부터 1970년대 말까지는 일본, 영국, 프랑스, 미국에서 모두 하강했고, 반대로 말하면 노동자가 다수를 점할 터인 나머지 99퍼센트의 몫은 증가했던 것이다(그림2).

20세기 중반 이래로 자본주의는 이제까지는 없었던 풍요로움을 대중에게 가져다주었다. 이와 같은 사태를 설명하기에는 ③의 노동자가 소비자로 변했다고 하는 견해 쪽이 좀더 타당하겠다. 자본가 몫의 상대적 감소는 단기적으로 보면 전쟁에 따른 파괴의 영향이 컸다 하더라도 그것이 그후 세계적으로 확대해간 것에 대해서는 노동자 이익의 몫이 실질적으로 커진 효과임을 부정할 수 없다. 예컨대 프랑스에서 탄생한 경제학파인 레귤라시옹 학파는 기계에 의한 대량 생산이나 노동자의 철저한 관리를 행하면서 그 성장을 노동자에게 환원하는 방식이 제2차 세계대전 후에 세계적으로 확대됨으로써 노동자의 임금을 끌어올렸다고 설명하고 있다.

레귤라시옹 학파는 이렇게 새롭게 지구를 뒤덮기 시작한 경제적 트렌드를 미국 자동차회사 포드의 생산 방식을 예로 들며 포디즘이라고 부른다. 포드는 1908년 발매 이래 1927년까지 별다른 모델 체인지 없이 T형 포드를 그대로 계속해서 판매했다. 그것을 전제로 규격화나 대량 생산 체제의 정비도 추진되었던 덕분에 T형 포드의 판매 가격도 850달러 전후에서 260달러까지 내려갔다. 중요한 것은 그러한 생산성 향상에 병행해 노동자의 임금도 올랐다는 것이다. 그때까지 자동차 같은 공업 제품을 생산하는 공장에서 일하는 자들이 스스로 만든 상품의 완성품을 구매하는 것은 쉽지 않았다. 그러나 헨리 포드 자신이 "일용품을 만드는 노동자가 자신이 만든 것을 살 수 없다면 진정한 번영은 있을 수 없다. 한 기업의 종업원은 그 기업을 떠받치는 대중의 일부다."[3]고 말하고 있듯이 생산성 향상에 맞춰 많은 임금이 지급됨으로써 노동자가 자동차를 살 수도 있게 된 것이다.

높은 임금이 지급된 것은 경영적 목적이나 자선적 의도 때문만이 아니라 혹독한 노동 탓에 노동자가 정착하기 힘들었기 때문이라는 지적도 분명 있다.[4] 노동자를 벨트 컨베이어의 부품으로 여기는, 대규모 생산에 따른 노동의 가혹함에 대처하기 위해서는 높은 임금을 지급할 수밖에 없게 된 것이다.

단 그래도 여전히 포드가 생산성 상승에 맞춰 이익의 많은 부분을 노동자에게 돌리는 시스템을 만들어냈다는 것 자체의 의미는 부정할 수 없다. 노동자를 자기 회사의 고객으로 바꾼 포드를 롤모델로 한 시스템은 20세기 중반에는 한층 일반화됨으로써 선진국을 중심으로 높은 경제 성장률이 달성되었다. 덕분에 노동자는 생활하기 위해 노동을 반복하기만 하는 사람은 아니게 되었다. 노동자는 모은 돈을 기반으로 활발하게 소비함으로써 자본주의 재생산의 명운을 쥐는 집단으로 변모했고, 그와 더불어 자본주의가 불가피하게 안고 있었던 '과잉 생산'이라는 문제도 회피되었다고 해석되어온 것이다.

소비자의 주체화

단 좀더 많은 임금이 주어지자마자 곧바로 노동자가 왕성하게 소비하기 시작했다고 볼 수는 없다. 노동자가 활발한 소비 주체가 되기 위해서는 일정의 사회적 장치나 시스템이 이론적으로도, 실제에서도 필요했다.

예컨대 미국 경제학자 존 케네스 갤브레이스는 소비 수요를 환기하는 데 광고가 큰 역할을 담당했음을 강조했다.[5] 갤브레이스에 따르면 자본주의 하에서는 많은 자금이 광고에 투하됨으로써 소비가 촉진된다. 원래대로라면 일어나지 않았을 '낭비'적 소비가 광고 주도로 거듭되었다는 것이다. 이에 맞춰 마찬가지로 냉전 하에서 제한 없이 지출된 군사비가 미국 자본주의를 쓸데없이 확장했다고 갤브레이스는 비판한 것이다.

단 프랑스 사회학자 장 보드리야르에 따르면 이러한 광고 효과는 어디까지나 한정적인 것에 머문다.[6] 노동자를 소비자로 만드는 장치는 보이기 힘든 형태로, 하지만 한층 강하게 가동된다고 보드리야르는 주장한다. 그때 주목한 것이 대량 상품이 만드는 복잡한 관계성 그 자체. 대량으로 생산된 다양한 상품이 상호 관계를 맺음으로써 상품은 그 '차이'에 따라 각각 특유의 의미를 띠

3　ヘンリー·フォード(竹村健一訳), 『藁のハンドル』, 中央公論社, 2002, p.134.

4　H.ブレイヴァマン(富沢賢治訳), 『労働と独占資本: 20世紀における労働の衰退』, 岩波書店, 1978, p.168.

5　J.K. ガルブレイス(鈴木哲太郎訳), 『ゆたかな社会: 決定版』, 岩波書店, 2006. (John Kenneth Galbraith, *The Affluent Society*, Houghton Mifflin, 1958.)

6　J·ボードリヤール(今村仁司, 塚原史訳), 『消費社会の神話と構造 新装版』, 紀伊國屋書店, 2015. (장 보드리야르, 이상률 옮김, 『소비의 사회 : 그 신화와 구조』, 문예출판사, 2015.)

는 '기호'로서 출현한다. 그것을 활용해 자신의 취미 기호나 계급, 사회에 대한 태도나 의견 등을 표현하기 위해 사람들은 제한 없이 구매 활동을 반복한다는 것이다.

보드리야르는 그렇게 소비를 사회에서 전개되는 커뮤니케이션의 하나로서 해석했다. 우리는 날마다 말이라는 기호를 사용해 커뮤니케이션을 거듭하고, 또 현대에는 SNS를 중심으로 하는 디지털 커뮤니케이션의 장도 확장되고 있다. 보드리야르 식으로 본다면 20세기의 대량 상품 소비는 이러한 커뮤니케이션 장의 확대에 선행하는 형태로 대중에게 만연했다. 우리는 다양하게 존재하는 상품을 선택해 구매함으로써 사회적 지위나 취미 기호를 경쟁하고, 나아가 자신의 사고, 감정, 타자에 대한 애착, 누구 편에 서고, 누구 편에 서고 싶지 않은지 등을 세상 사람들에 대해 표현한다. 바로 그 때문에 소비에는 끝이 없다. 말하는 것이나 쓰는 것에 충분히 만족하고 커뮤니케이션을 그만두는 사람이 거의 없듯이 — 침묵하는 것조차 하나의 커뮤니케이션이 된다 — 소비라는 커뮤니케이션도 늘 전하기에 충분치 않다는 불만을 남기며, 바로 그 때문에 끝없이 재개된다고 보드리야르는 본 것이다.

이러한 의미에서는 20세기의 노동자를 소비로 몰고 간 요소로서 광고나 할부의 일반화, 신용 카드의 보급이라는 눈에 띄기 쉬운 장치에만 주목해서는 안 된다. 그것은 부분적 장치에 지나지 않으며 사람들을 소비로 몰고 간 것은 커뮤니케이션의 소용돌이 속에 그들을 끌어들인 대중 사회의 구조 그 자체였다고 말해야 할 것이다. 애초에 보드리야르는 소비가 단순히 물질적 필요성 때문에 또는 개인적 취미로서 이뤄지는 것은 아니라고 했다. 그러한 활동이 설사 행해지고 있는 듯이 보일지라도 그것은 사회적 실천으로서 소비와 분리되어 있다. 보드리야르에 따르면 소비란 알지 못하는 타자에게 무엇인가를 표현하고, 그 반복으로써 어떤 담론을 만들어내는, 어디까지나 사회적 행위다.

그렇다면 왜, 그리고 어떻게 이렇게 소비를 커뮤니케이션의 중요한 일부로서 편입하게 하는 사회(=보드리야르가 말하는 소비 사회)가 출현한 것일까. 보드리야르는 그것을 자본주의의 발전 단계에 호응해 형성된 것으로 보고 있다. 19세기에는 특히 '농촌 인구'에 대해 생산 증대를 위한 '훈련'이 거듭됨으로써 '노동자'가 탄생하는 한편, 20세기에는 상품을 사용한 사회적 커뮤니케이션의 '훈련'에 의해 '노동자'가 '소비자'로 변환되었다.[7] 그렇게 영향을 미친 권력 변화를 전제로 20세기에는 소비를 통한 커뮤니케이션이 일반화되기 시작했다는 것이다.

단 오해하지 말아야 할 것은 보드리야르가 그렇게 탄생한 소비자를, 단지 시스템에 수동적으로 순종하는 자로 간주한 것은 아니라는 점이다. 애초에 보드리야르 자신은 소비자를 광고에 속아

---

7 J·ボードリヤール(今村仁司, 塚原史訳), 『消費社会の神話と構造 新装版』紀伊國屋書店, 2015. (장 보드리야르, 이상률 옮김, 『소비의 사회 : 그 신화와 구조』, 문예출판사, 2015.)

순종하는 수동적인 자로 간주하는 갤브레이스의 논의 ― 나아가 소비를 주체적 부의 과시로 본 베블런의 논의[8]― 를 적대시함으로써 자신의 이론을 구축했다. 말하는 자가 문법에 따라 기계적으로 말한다고 간주할 수 없듯이 소비자도 상품이라는 기호를 관통하는 어떠한 룰을 따르면서도 어디까지나 주관적으로는 자발적으로 커뮤니케이션을 반복하는 '농등'적 주체로서 활동한다는 것이다.

　다만 한편으로는 소비자의 자율적 주체성이 강조된 것도 아니다. 중요한 것은 보드리야르 식으로 본다면 소비자가 주체적인가, 수동적인가 하는 대립은 환상에 지나지 않는다. 보드리야르가 밝힌 것은 그러한 주체 의식 이전에 소비라는 집단적 게임이 반복되는 현대 사회의 미스터리다. 특정 누군가에 대해서도 아닌, 모르는 집단에 대해 사람들은 소비를 통해 뭔가를 주장하고 뭔가를 계속해서 변명한다. 말없이 커뮤니케이션이 전개되고, 그것이 빠져나갈 구멍도 없이 집단을 끌어들여 가는, 이러한 비인칭적 장이 소비를 매개로 20세기 후반에 팽창했다는 점에 보드리야르는 놀라워한 것이다.

8　J·ボードリヤール(今村仁司, 塚原史訳), 『消費社会の神話と構造 新装版』, 紀伊國屋書店, 2015, pp.119~120.

3. 소비의 역사사회학적 탐구

자본주의의 외부

보드리야르는 앞서 봤듯이 소비를 사회학적으로 분석하는 툴을 고안함으로써 '소비사회론'의 후퇴할 수 없는 한 걸음을 내딛었다. 보드리야르는 경제학자처럼 화폐가 주어지면 곧바로 구매를 시작한다고 주장하며 사실상 소비를 무시하지도, 갤브레이스처럼 소비를 광고에 의해 조종 당하는 수동적 행위로 보지도 않았다. 보드리야르는 소비를 어디까지나 타자와의 공존 관계 속에서 전개되는 사회학적 실천이라고 처음 밝힌 것이다.

보드리야르의 이러한 사회학적 달성은 중요하지만, 그것만으로 소비란 무엇인가가 충분히 밝혀졌다고는 말할 수 없다. 최대 문제는 보드리야르의 이론이 여전히 현재를 자본주의의 위기와 그 극복의 시대로 간주하는 마르크스주의적 논의의 중력 안에 있다는 것이다.

앞서 확인했듯이 마르크스주의적 견해에 따르면 자본주의

는 과잉 생산과 함께 구매력 부족이라는 위기를 늘 안고 있다. 이에 대해 '소비사회론'은 20세기 중반 이래 현저해진 소비의 활성화에 의해 구매력 부족은 해소된다고 설명한다. 갤브레이스에 따르면 광고라는 마케팅 시스템, 보드리야르에 따르면 기호화한 상품을 이용한 커뮤니케이션 시스템에 의해 제한 없는 욕망이 만들어졌고, 그 덕에 과잉 생산이라는 위기는 순연되었다고 여겨졌다.

이러한 의미에서는 갤브레이스와 보드리야르는 소비 사회를 20세기 속 자본주의의 완성 형태로서 파악했다고 말할 수 있다. 마르크스주의가 공산주의를 자본주의의 모순들이 축적된 끝에 탄생하는 유토피아로 간주한 것에 대해 '소비사회론'은 그게 아니라 소비 사회야말로 그 모순을 해결했다고 주장한다. 즉 '소비사회론'은 소비 사회를 자본주의의 완성 형태로 간주하고 그럼으로써 마르크스주의자들이 꾼 공산주의라고 하는 '꿈'을 체제 측에서 보며 **올바른** '현실'로 치환한 것이다.

'소비사회론'이 그리는 이러한 도식에는 분명 일정의 타당성이 있다. 현대 소비 사회는 상품을 기계적으로 대량 생산하는, 이른바 포디즘적 생산을 여전히 일정한 토대로 삼고 있다. 거기에 덧붙여 갤브레이스나 보드리야르가 분석해낸 고도의 마케팅 시스템이나 상품을 기호화하는 커뮤니케이션 시스템으로 보완됨으로써 현대 사회가 유지되고 있음도 의심하기 어렵다.

결과로서 '풍요로운' 사회가 출현했다고 하는 리얼리티에 근거하여 '소비사회론'은 현상 긍정적인 이데올로기로서 찬양받아왔다. 그렇지만 이러한 견해를 고집하면 소비, 그리고 소비 사회란 무엇인가라는 물음은 마르크스주의적인 좁은 틀 속에 닫혀버리고 만다. 이 경우 소비 사회는 합리화된 시스템으로서 자본주의의 완성형에 지나지 않는 것으로 해석되고, 게다가 소비는 자본주의의 잉여를 받아들임으로써 그 재생산에 복무하는 기능적 보완 장치로 왜소화되고 만다.

역사로서 소비 사회

하지만 소비 사회나 소비는 정말로 합리적 시스템으로서의 자본주의의 프레임 안에 수렴되는 정도의 것에 지나지 않는 것일까. 예컨대 보드리야르 자신은 소비를 집단적 커뮤니케이션으로 봤지만, 그렇다면 애초에 소비는 반드시 자본주의의 20세기적인 성장을 기다린 후에 성장한 것이라고는 말할 수 없다. 대량 상품이 만들어지고 매일 갱신되어감으로써 이 커뮤니케이션은 분명 활성화되고 있다. 그러나 한편으로는 미디어 발달 이전부터 대화나 표정에 의한 커뮤니케이션이 계속해서 반복되어왔듯이 일정 화폐와 상품이 거기에 있으면 소비라는 커뮤니케이션도 적어도 국소적으로는 특유의 형태로 전개되어왔다고 생각할 수 있다.

나아가 다른 각도에서 중요한 것은 소비에는 앞서 본 사적 선택의 실현이라는 계기가 포함됐다는 점이다. 때로는 우행이나 광기로도 보이는 결말을 수반한다는 의미에서 이러한 소비는 합리성에 속박된 좁은 의미의 자본주의 프레임으로는 규명할 수 없다. 실제로 이제부터 확인하겠지만, 역사를 구체적으로 탐구해보면 개인적 쾌락이나 만족을 위해 많은 사람이 소비할 때 반드시 합리적이라고는 할 수 없는 선택을 반복해왔다는 사실이 부상한다. 그러한 의미에서 소비란 무엇인가에 대해 생각하기 위해서는 자본주의의 합리적인 발전사로 단순히 환원하지 않고, 소비에 의해 사람들이 무엇을 행했고, 그것이 사회를 어떻게 움직여왔는지에 대해 구체적으로 확인하지 않으면 안 된다.

이러한 문제의식 하에 소비가 일정의 넓이와 빈도로 반복되고 그 결과 일종의 구속력을 발휘하는 사회적 장을 이 책에서는 '소비 사회'로 부르고 싶다. 오해를 피하고자 덧붙이자면 이러한 정의는 소비 사회를 언제 어떠한 장소에서도 볼 수 있는 비역사적인 것으로 파악하려는 것은 아니다. 만약 그렇게 보이는 사람이 있다면 그것은 '역사'를 마르크스주의적으로 통시적이며 필연적으로 발전해가는 시스템으로서 좁게 이해하는 것에 지나지 않는다.

그러한 사고 방법 그 자체를 오히려 의심하고, 역사를 무수한 우연에 의해 성립하는 고유한 확장으로 간주할 필요가 있다. 그렇게 한다면 커뮤니케이션을 위해 또는 사적 욕망을 충족하기 위해 여러 기회를 잡아 소비를 거듭해온 집단으로서의 인간 모습이 떠오를 것이다. 그러한 실천이 잔해처럼 거듭해서 축적됨으로써 지탱되어왔다는 의미에서 소비 사회는 단순히 자본주의를 보완하는 20세기적 보완 장치로는 정리할 수 없다. 오히려 소비 사회는 그 자체로 시간과 공간을 횡단하면서 여러 장에서 특유의 형태를 취하면서 축적되어온 고유의 역사 또는 역사의 잔해로 보이게 될 것이다.

소비 사회의 '기원'

이러한 견해에 당혹스러워하는 사람도 있을지도 모른다. 하지만 필자만이 그렇게 주장하는 것은 아니다. 최근 소비 사회를 20세기에 나타난 자본주의의 완성 형태로서가 아니라 현대를 거슬러 올라가면 시대에 따라 여러 가지 형태로 나타나는 구체적 사회성으로 간주하는 연구가 역사학이나 역사사회학을 중심으로 다수 나타나고 있다.

예컨대 콜린 캠벨은 막스 베버가 『프로테스탄티즘의 윤리와 자본주의의 정신』에서 전개한 논의를 가상적假想敵으로 놓으면서 18세기에 향락주의적 소비 성향이 고양되었다는 사실이 자본주의 발달의 초석이 되었다고 논하고 있다.[1] 개인의 쾌락을 중

---

1 Colin Campbell, *The Romantic Ethic and the Spirit of Modern Consumerism*, BLackwell Pub, 1987.

시하는 낭만주의적 심성이 발흥하고 신규 발매된 상품에 대한 수요가 높아짐으로써 경제 활동이 활발해졌고, 그것을 바탕으로 자본주의도 성장했다는 것이다.

캠벨의 이러한 견해는 조금 추상적이고 형식적으로 보이지만, 좀더 구체적 사물에 초점을 맞춰 16~18세기에 이루어진 소비의 자각적 추구 고양을 밝힌 연구도 최근에는 적지 않다. 예컨대 조안 서스크는 16세기 영국에서 구두나 핀 같은 일용 생활 잡화에 대한 수요 상승이 보였고, 그것을 전제로 많은 기업이 발흥했다고 논하고 있다.[2] 그것이 훗날 산업혁명으로 이어졌다는 것이다. 그러한 견해는 닐 맥켄드릭, 존 브루어, J. H. 플럼에게도 공통된다.[3] 그들은 18세기 웨지우드 도자기의 수요 증가와 광고 산업의 확대, 원예식물이나 반려동물 등 여러 가지 오락 상품의 유행에 주목해 소비를 중심으로 한 일종의 사회적 확산이 영국에서 일어났다고 주장한다.

일상적 제품에만 관심이 쏠렸던 것은 아니다. 예컨대 데이비드 T 코트라이트는 증류된 술이나 강한 약물에 의한 중독을 원하는 심성이 17, 18세기에 생겼고, 그것이 감각적 쾌락을 가져다주는 다양한 물질이 소비되는 우리 시대의 전제조건이 되었다고 논했다.[4]

이들 연구를 참조하면 산업혁명 이래 자본주의 발달을 보완하는 20세기적 시스템으로서 소비 사회가 탄생했다고 간단하게 해석할 수는 없게 된다. 근대 자본주의 성장 이전에 사물에 대한 왕성한 수요가 광범위하게 사람들의 생활 속에 보였고, 그것이 반대로 생산혁명을 견인했다고 볼 수 있기 때문이다.

이러한 주장은 베르너 좀바르트의 『사치와 자본주의』[5]로 거슬러 올라간다. 1912년에 원서가 나온 이 책에서 좀바르트는 세기의 궁정 속의 향락적 소비와 그것과 관련된 새로운 연애 감각이나 감정의 출현이야말로 자본주의의 초석이 되었다고 주장한다. 그것을 먼 기원으로 삼아 최근에는 새로운 감각이나 감정 양식의 등장, 또한 그것과 관련된 소비의 전개를 자본주의 성장의 전제로 간주하는 연구가 활발하게 진행되고 있다.

2 J·サースク, (三好洋子訳), 『消費社会の誕生：近世イギリスの新規プロジェクト』, 東京大学出版会, 1998. (Joan Thirsk, *Economic Policy and Projects: Development of a Consumer Society in Early Modern England*, Clarendon Press, 1978.)

3 Neil McKendrick, John Brewer and J.H. Plumb, *The Birth of a Consumer Society : The Commercialization of Eighteenth-Century England*, Europa Publications Ltd, 1982.

4 David T. Courtwright, *Forces of Habit: Drugs and the Making of the Modern World*, Harvard University Press, 2002. (데이비드 T. 코트라이트, 이시은 옮김, 『중독의 시대 : 나쁜 습관은 어떻게 거대한 사업이 되었는가?』, 커넥팅, 2020.)

5 W·ゾンバルト(金森誠也訳), 『恋愛と贅沢と資本主義』, 講談社, 2000. (베르너 좀바르트, 이상률 옮김, 『사치와 자본주의』, 문예출판사, 2017.)

유곽의 소비

다만 소비사회론이라는 관점에서 본다면 앞서 언급한 연구에도 일정 한계가 있다. 그러한 연구는 기존의 마르크스주의적 견해를 갱신했다는 점에서 큰 의미가 있었지만, 한편으로는 그것을 단지 뒤집은 것에 머물러 있다. 생산이 먼저인가, 소비가 먼저인가라는 오래전부터 존재해왔던 대립이 후자를 강조해 그려진다. 하지만 그저 그것뿐이라면 소비를 어디까지나 생산 구조와의 관계 속에서 파악한 마르크스주의적 도식 자체는 아무런 손상도 입지 않은 채로 잔존하고 만다.

그게 아니라 소비와 생산의 관계 그 자체를 좀더 급진적으로 다시 물을 필요가 있다. 마르크스주의는 생산이 소비를 떠받친다고 주장하고, 최근 역사적 연구는 거꾸로 소비가 생산을 자극한다고 논한다. 그러나 정말로 소비는 생산과의 관계 속에서만 파악될 수 있는 것일까. 원래 소비는 화폐의 가능성을 구체화하는 실천으로서 화폐의 일정 보급 이래 오랜 기간에 걸쳐 반복되어왔다. 그러한 행위 속에서 독자적 행동 양식, 논리나 감성도 길러져왔다는 의미에서는 소비를 근대적 산업의 기원이나 그 결과로만 평가하기에는 한계가 있다. 오히려 생산과 독립해서 행해진 소비의 고유 논리와 역사, 그리고 그것이 사회에 가져온 영향에 대해 생각해봐야만 한다.

예컨대 필자는 그 한 가지 예로서 『소비의 유혹 유곽·백미·나팔꽃—18, 19세기 일본의 소비 역사사회학』[6]에서 17세기 이래 일본을 대상으로, 생산 그 자체와는 일정 거리를 두면서도 소비가 거듭되어왔고, 나아가 그것이 사회 질서를 크게 뒤흔들었음을 논했다.

화폐가 17세기에 서민 생활까지 영향을 미쳤음을 전제로 소비가 '사'적 욕망 추구의 기회로서 사람들에게 받아들여져 가는 양상을 거기서 일단 밝혔다. 그 시대 사람들에게 소비는 기존 사회 체제에 저항하거나 혹은 거기서 일시적 이탈을 꿈꾸는 소중한 기회가 되었고, 그것을 잘 표현했던 것이 예컨대 유곽의 번영이다.

16세기가 끝나갈 무렵부터 도시에는 직업적으로 매춘을 행하는 '상품'으로서 유녀를 모집한 유곽이 거대한 시설로서 나타났다. 일찍이 역참이나 항구에서 소규모 형태로 흩어져 행해졌던 매춘부와는 달리 유곽은 대도시의 일각에 정착하면서 수많은 여성을 모으고, 일정 기간 여러 가지 트레이닝을 시행함으로써 거대한 시스템으로서 매춘부의 장을 만들어갔던 것이다.

그러나 이러한 유곽의 형성과 그 시대 산업 기구의 전개 사이에는 그렇다 할 강한 연결이 보이지 않는다. 오히려 유곽은 그 시대에 확립됐던 가계家를 중심으로 한 권력 질서를 좀더 큰 전제

6　貞包英之, 『消費は誘惑する 遊廓·白米·変化朝顔 : 一八、一九世紀日本の消費の歴史社会学』, 青土社, 2015.

로 삼아 형성되었다. 유곽을 구성하는 각각의 유녀 집은 여러 가계로부터 식구를 줄이거나 부채를 처리하기 위해 보내진 여성들을 사들이고 잘 다듬으면서 유녀로 길렀다. 거기서 전개된 의례나 습속도 가계를 모방한 것이 많았다. 예컨대 미모와 교양을 겸비한 최고위의 유녀인 다유太夫의 행렬道中과 이를 검게 물들이는 풍습 등 유곽에는 가계의 결혼을 모방하는 습속이 많이 보인다. 유곽은 그렇게 혼인에 관련된 의례를 재연함으로써 아직 독립하지 못한 자제들이나 혹은 현실로는 가장으로서 살고 있지만, 그에 만족하지 못하는 무사나 상인에게 다시 한번 가계를 다시 살아보는 기회를 부여했던 것이다.

그렇지만 유곽은 가계 형성에 관련된 관습적 경험의 장으로 받아들여진 것만은 아니었다. 가계를 (재)경험하는 것은 매력적이고 또 그때 제공되는 성적 쾌락도 당연히 무시할 수 없다. 하지만 한편으로 유곽의 매력은 상품을 사적으로 사용하는 '소비'의 경험을 근본적 형식으로서 만든 점에 있다고 생각된다. 유곽에는 다수의 유녀가 모이고, 돈을 내면 손님은 자유롭게 희롱할 수 있었다. 즉 어디까지나 소비라는 형식을 전제로 손님은 유녀를 성적으로 희롱하고, 또 가계를 다시 사는 기회를 얻을 수 있었던 것이다.

나아가 유곽에는 돈만 있으면 비록 상인이더라도 무사를 제치고 동경하는 유녀를 독점할 수 있었다. 유곽은 화폐를 사용하는 그러한 '유희' 속에서 기존 사회적 질서를 극복하는 경험도 시켜줬고 따라서 유곽은 많은 사람에게 동경을 받음과 동시에 권력의 단속 대상도 되었다고 생각된다.

일례로서 지카마쓰 몬자에몬近松門左衛門[7]은 17세기 말 무렵부터 유곽을 무대로 유녀를 사던 경험을 통해 동반자살로 대표되는 가계의 질서조차 넘어서는 성애적 환상이 잉태되어가는 모습을 밝혔다. 지카마쓰가 반드시 사실을 그렸다고는 단언할 수는 없다. 하지만 지카마쓰는 그의 작품에서 유곽에서의 '유희'에 의해 가부장적 가계조차 넘어서는 성애의 판타지가 생긴다고 관객들을 유혹했고, 그것이 기존 질서에서 벗어나는 것이었기 때문에 예컨대 그 중심에 있었던 동반자살을 극화해 이야기로 만드는 것도 막부에 의해 규제된 것이다.

식물 세계의 유혹

유곽은 다른 상업적 장보다 앞서 사적 쾌락을 만끽하도록 유혹하는 소비의 장을 형성한다. 수많은 가계로부터 '매입'한 여성을 키우고 기예를 가르침으로써 시대의 산업 구조에 의존하지 않고도 유곽은 독자적으로 유녀라는 상품을 만들어낸다. 그렇게 골고루 갖춰진 성격이나 지위, 그리고 가격이 다른 다양한 유녀를 상대

---

7 (역주) 1653~1725. 에도 시대에 활약했던 조루리와 가부키 작가.

로 손님들은 가계나 막번 질서를 넘는 독자적 '유희'를 자신만의 감각으로 전개해갔다. 어디까지나 관계 속에서 성립한다는 의미에서 '성애性愛'는 혼자서는 어떻게 할 수 없는 것으로서 존재한다. 그러나 유곽에서 집단으로서 손님들은 손에 쥔 화폐로 가능한 것을 확인하려는 듯이 '성애'를 자신의 의지로 선택 가능한 대상으로 바꿔간 것이다.

그렇지만 상당한 돈이 드는 유곽의 '유희'가 부유한 상인이나 무사 계급, 그리고 남성 손님들에게 한정됐음도 사실이다. 체험할 수 있는 사람이 그렇게 한정됨으로써 유곽은 에도의 정치적 질서로부터 우여곡절을 겪으면서도 허용됐다고 말할 수 있다. 하지만 시간이 지남에 따라 그러한 한계를 넘어 일반 사람들에게 열린 소비의 장도 모습을 드러내게 된다.

그 좋은 예가 원예 시장이다. 17세기에 시작된 원예 붐도 분명 처음에는 정원을 갖춘 집을 가진 무사나 상인이 좋아하는 정원수를 주 대상으로 삼고 있었다. 그러나 18세기에는 작은 정원, 또는 골목길이나 좁은 실내에서도 기를 수 있는 화분용 작은 식물이 하층 서민까지도 유행해갔다. 식목일에 화분 식물을 파는 원예점이나 나팔꽃을 돌아다니며 파는 나팔꽃 장수가 도시 풍속으로서 정착하는 등 서민도 가볍게 살 수 있는 상품으로서 원예 식물은 유행이 되어간 것이다.

다만 쉽게 살 수 있다는 이유만으로 원예식물이 서민의 일상 생활에 뿌리를 내리게 된 것은 아니다. 중요한 것은 시장을 통해서만이 아니라 채집하고 손에 넣은 식물을 번식하게 하는 등의 방법으로 애호가가 다양한 식물을 손에 넣었다는 점이다. 그덕분에 그렇게 돈을 들이지 않고서도 애호가는 다른 누구도 가지고 있지 않은 감상물을 자기만의 것으로 가질 수 있었다. 그러한 '사유私有'의 매력이야말로 원예 유행의 근저에 있었다고 생각된다. 화분에 심은 1년초 나팔꽃 등의 식물이 거대한 붐이 되어간 것도, 분명 그것이 누구도 본 적이 없는 다양한 변종을 낳기쉬웠기 때문이었다.

원예 유행은 여전히 생산 구조와 고용도 빈약하고, 구매력이 충분하지 않았던 18세기 사회에 이렇게 다양한 사물 중에서자신만의 사물을 발견해 애완愛玩한다는 즐거움을 서민에게까지해방했다. 흥미로운 것은 이와 같은 현상이 일본에서만 보인 것은아니라는 점이다. 앞서 언급한 맥켄드릭 등도 주목했다. 17, 18세기에는 서양에서도 원예 식물을 중심으로 한 여러 식물이 붐이되었고, 식물도감이나 식물원도 유행하게 되었다.

일본의 원예 유행에는 17, 18세기에 이러한 서양의 식물에대한 열광을 토대로 삼고 있었던 부분도 컸다. 일본의 원예 식물유행은 신종의 수입이나 식물도감의 참조 등 서양으로부터의 직접적 영향을 받았던 것이다.

다만 식물에 대한 이 정도로 큰 집단적 열광을 설명하기 위해서는 상업적 자본의 글로벌적인 전개와 그와 비교할 경우 산업자본의 도달 지연이라고 하는, 사회 구조에 깊이 관련된 공통의 경험 쪽이 중요하다. 서양에서는 '발견'된 신세계로부터 여러 가지 식물이 운반되었고, 단순히 약이나 상업용 소재로서만이 아니라 관찰이나 육성의 대상으로서 활발하게 소비되어갔다. 즉 식물세계는 일본에서도 서양에서도 다양하고 풍요로운 '상품'을 낳는 모태가 되었고, 또한 시대의 산업 기관이 만들어낼 수 없는 다양하고 저렴한 상품을 소비할 기회를 구매력이 충분하지 않은 사람들에게까지 나눠주었던 것이다.

소비는 유혹한다

이제까지 봤듯이 일본에서 17세기 유곽의 성장이나 18세기 서민에게까지 미쳤던 원예식물의 전개는 소비가 산업 구조의 발달에 반드시 환원되지 않는 고유의 역사를 가지고 있음을 분명하게 보여준다. 대량 생산의 전개나 그에 응하는 광고·미디어의 범람, 나아가 노동자의 부유화가 20세기에 소비를 확대한 거대한 힘이 된 것은 확실하다. 하지만 그것과는 별도로 역사의 여러 가지 장에서 다양한 상품에 매료되고, 소비하는 경험을 축적한 수많은 사람이 있었다는 것도 알아둘 필요가 있다. 시장의 전개가 여전히 불충분함에도 혹은 반대로 바로 그 때문에 17, 18세기 사람들은 다양한 물건에 시선을 빼앗기고, 자신의 즐거움으로서 그것을 소비하는 데 열중해갔던 것이다.

이러한 소비의 모든 것이 도덕적으로 올바른 것이었다고는 당연히 말할 수 없다. 유곽에서 여성을 상품으로 취급한 것은 말할 것까지도 없고, 번식을 위해 대량으로 식물을 키우고, 선별해 폐기해간다고 하는 행위에도 생명을 가지고 장난 친다고 하는 의미에서 '잔혹함'이 포함되어 있다.

그래도 여전히 그러한 추구가 소비의 가능성 확대에 있어 가진 적극적 의의는 인정할 필요가 있다. 처음으로 서민 수준까지 침투한 화폐가 어떠한 힘을 가지고 있는지를 마치 확인하려는 듯 사람들은 '성애'나 기이한 모습의 식물을 자유롭게 소비해갔다. 그러한 집단적 경험이야말로 산업 구조 발전의 마중물이 되었을 뿐 아니라 우리가 지금 여전히 다양한 소비를 지속하는 것을 가능하게 만들고, 부추기는 구체적 근거가 되고 있는 것은 아닐까.

예컨대 현대 사회에서는 가정 생활이나 교육 시스템, 정치 시스템 속에서 개인의 사적 감성이나 취향을 완전히 부정하는 것은 어렵다. 좋아하는 의상을 입고 좋아하는 것을 먹고 쾌적하게 생활하는 것은 '소비자'의 자유로서 적어도 일반적으로는 받아들여지는 것이다. 그 배후에 있는 것은 뒷손가락질을 당하면서도 다양한 소비를 거듭해왔던 수많은 사람의 행동 집례集例다. 경우에 따라서는 국가나 공동체의 도덕을 위반해 그 때문에 명예나 목숨조차 위험에 노출되면서도 많은 소비가 반복되어왔다. 그것을 직·간접적 전제로 편향적 욕망을 사는 것이 우리에게는 어쨌든 허용된 것이다.

이러한 의미에서 소비 사회를 ① 자본주의가 낳은 과잉 생산을 흡수하는 보완적 시스템 또는 ② 사람들이 태어나면서부터 갖는 것으로 여겨지는 욕망이나 욕구를 전제로 만들어진 '자연'적 제도로 환원해서는 안 된다. 수많은 사람에 의해 화폐나 인생의 시간, 때로는 자신의 목숨을 걸면서 반복된 수많은 소비의 실천을 불가시한 깊이로 삼으며, 소비 사회는 어디까지나 역사의 파도에 모습을 드러내는 것이다.

물론 개개의 소비를 본다면 그것들이 종종 기대를 빗나가고 허무하게 끝난 것도 사실이다. 나중에 확인하듯이 소비가 무제한의 가치를 지닌 화폐를 내던져 유한한 사물로 바꾸는 행동인 이상, 늘 후회나 불만족이 남는 것이다.

하지만 설사 허무한 결과로 끝날 뿐이라 한들 반복되는 소비가 현재 우리의 소비 활동을 지탱하고, 정당화하고, 유혹해왔음을 잊지 말아야 한다. 과거에 축적된 소비는 그 자체로서는 아무것도 낳지 않고 역사의 어둠 속으로 사라져갔다. 그러나 바로 그 때문에 반복된 과거의 소비는 허무하게 썼던 열량의 몫만큼 우리 역시 무모하고 무의미한 소비에 발 벗고 나서기를, 늘 이미 다음 시대의 타자일 우리에게 유혹하는 것이다.

제2장

소비 사회의 탄력,
커뮤니케이션으로서 소비

1. '똑똑한' 소비

디플레이션의 도래

앞서 봤듯이 현재의 소비 사회를 사물의 대량 생산과 대량 소비를 촉발하는 자본주의의 완성 형태로서가 아니라 반복되는 소비가 또 다른 소비를 촉발하는 역사의 한 단면으로 파악할 필요가 있다. 과거 사람들에 의한 소비의 시행착오는 우리가 바라고 이루고 싶은 것의 가능성을 지탱함과 동시에 한정하는 조건으로서 날마다 소비가 확대되는 역사적 퍼스펙티브를 만들어내는 것이다.

따라서 소비 사회는 정부의 의향이나 경제 상황의 단기적 부침에 직접적으로는 좌우되지 않는 강인함과 탄력(리질리언스)을 지닌다. 분명 국가가 특정 상품을 제한하는―예컨대 최근 중국에서의 게임 규제 등―경우도 있으며, 경제 조건의 악화에 따라 소비가 단기적으로 침체하는 경우도 있다. 그렇지만 소비의 실천을 근본부터 틀어막는 것은 어렵다. 소비는 국가 제도나 단기적 경제 상황 이상으로 역사적 축적에 의해 지탱되고, 또 촉발되기 때문이다.

소비 사회의 이러한 탄력성을 확인할 수 있는 좋은 예가 역설적으로도 최근 일본 경제의 정체다. 1989년 12월 29일 3만 8,915엔을 찍은 닛케이 평균 주가는, 그것을 최고점으로 폭락하기 시작했다. 헤이세이平成라는 연호가 사용된 시대와 거의 동시에 시작된 이 경제 침체는 그후 일본 사회의 무거운 족쇄가 되었다. 그 이래 주가는 헤이세이가 끝난 2019년까지 이전의 2/3 수준에도 회복하지 못한 것이다.

그 결과 격차나 빈곤도 증대했다. 예컨대 지니계수―사회 불평등의 확대에 따라 상승하는 수치로 1을 최고치로 한다―는 헤이세이에 거의 계속해서 상승했음을 알 수 있다. 고령화가 진행되고 현역 세대가 줄어든 것도 분명 그 원인 중 하나이지만, 그것을 감안하더라도 이 시대에 풍요로운 세대와 그렇지 않은 세대의 차이가 확대되었다는 사실 그 자체는 부정할 수 없다. 이러한 격차 탓에 빈곤도 증대했다. 예컨대 모든 세대 소득의 중간치의 반도 미치지 않는 세대의 비율을 보여주는 '상대적 빈곤율'은 당초 13퍼센트 대에서 16퍼센트를 능가할 만큼 증가했고, 최근에는 조금 내려가긴 했어도 여전히 높은 수준을 유지한다(그림4).

일본 사회는 이렇게 1990년대부터 2010년대에 걸쳐 경제 격차가 확대되었고, 빈곤에 허덕이는 사람들의 비율도 증가했다. 이러한 가운데 전후 사회를 떠받쳐왔던 구조도 크게 흔들렸다.

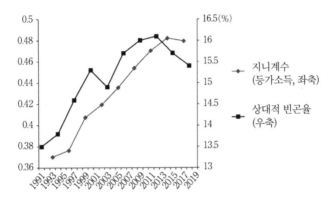

그림4 지니계수, 상대적 빈곤율(소득 재분배 조사, 국민 생활 기본 조사로부터 작성)

예컨대 고용 환경은 급변하여 비정규직 고용이 증가했다. 그 결과 충분히 임금을 받는 직장에 취직하기 힘들게 된 것이 하나의 원인이 되어 미혼율도 상승했고, 남성 고용자를 중심으로 가족을 꾸려나간다는 이제까지의 '상식'도 한정된 사람만이 달성할 수 있는 특권으로조차 여겨지기 시작했다.

이에 응하는 형태로 소비도 양적으로는 감소했다. 예컨대 소비 지출의 추이를 보여주는 소비 수준 지수는 버블 붕괴 이후 쭉 떨어지고 있다(그림5). 두 사람 이상의 세대에서 소비 수준 지수는 1992년 112.4로 최고치를 찍은 이후 거의 일관적으로 감소해 2016년에는 98.4까지 떨어졌다(2015년을 100으로 한다). 흥미로운 것은 소비의 비목에 따라 하락의 폭이 다르다는 점이다. 경제 침체 속에서 특히 줄어든 것이 '식료'와 '피복과 신발류' 비

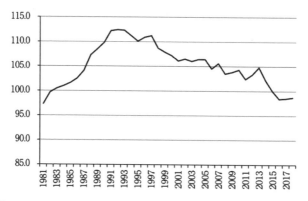

그림5 소비 수준 지수(세대 인원과 세대주의 연령 분포 조정 마침) 2인 이상의 세대 (가계 조사로부터 작성)

목으로, 1992년부터 2018년에 걸쳐 전자는 120.2에서 99.6으로, 후자는 191.2에서 93.8까지 급감했다. 버블기에 '잉여'로서 부풀어 올랐던 소비 영역은 '가난'의 확대 때문에 단숨에 쪼그라든 것이다.

이러한 변화에 발맞춰 사회를 이야기하는 모드로서 '소비사회론'도 쇠퇴했다. 일본에서는 1980년대부터 1990년대 초에 걸쳐 경제 호황에 힘입어 처음 '소비사회론'이 유행했다. 그것은 자본주의 사회의 변혁을 주장하는 좌파적 개혁 주장의 후퇴를 보완하는 형태로, 현재 사회를 긍정해가는 기능을 담당했다. 좀더 구체적으로 보면 당시의 '소비사회론'에 공통된 것은 ① 이미 상품이 대량으로, 그리고 포화될 정도로 생산되고 있고 ② 그것을 전제로 상품의 기능이나 취미의 다양화가 시작됐다고 보는 견해다.

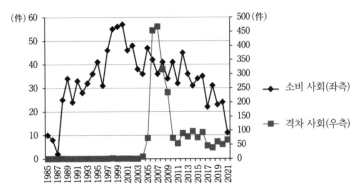

그림6 '소비 사회', '격차 사회'의 신문 기사 등장 횟수 (전국, 타이틀과 본문,
기쿠조2(聞蔵II:〈아사히신문사〉 데이터베이스로부터 작성))

그것이 (a) 대중이 '분중分衆' 또는 '소중小衆'으로서 수평 방향으로 분열된 결과인지[1] 혹은 (b) 위와 아래로 새로운 계급화가 진행된 결과인지에 대해서는 분명 견해가 나뉘었지만,[2] 소수자를 위한 새로운 선택이 생긴 것 자체는 '감성'을 높이고 '부드러운 개인주의'를 낳았다는 식으로 기본적으로는 긍정적으로 받아들여졌다.[3] 그러한 의미에서 '소비사회론'은 경제 호황 하에 있었던 사회 현실을 긍정하는 담론으로서 유행했다고 말할 수 있다. 하지만 바로 그 때문에 일본 경제가 정체함에 따라 그러한 내러티브는 사그라들었다. 실제로 『아사히신문』 기사의 타이틀이나 본문에서 '소비 사회'라는 말이 등장한 건수를 보면 2000년 전후를 피크로 감소했다(그림6).

대신 인기를 끈 것이 '격차사회론'이라는 담론이었다. 야마다 마사히로의 『희망 격차사회—패자 그룹의 절망감이 사회를 분열시킨다』[4]나 다치바나키 도시아키의 『격차사회—무엇이 문제이며 어떻게 풀 것인가』[5]의 출판을 계기로, 부자와 그렇지 않은 자 사이에 단절이 확대됐음을 시사하는 '격차 사회'라는 말이 2006년에 유행어 TOP 10에 들어가는 등 큰 붐이 되었다(그림 6). 그 유행은 비교적 빠르게 지나갔지만, 그것은 사멸한 것이라기보다도 좀더 하층 사람들의 곤란한 상황을 문제화하는 '빈곤' 담론에 먹힌 것으로 보인다(그림7). '격차' 이전에 애초에 만족스럽게 소비에 참여하기 힘든 사람들이 있다는 사실이, 일해도 충분히 돈을 모을 수 없는 워킹푸어나 가족을 돌보는 영 케어러Young Carer라는 문제를 대표로 반복되어 이야기된 것이다.

1   藤岡和賀夫, 『さよなら、大衆。 感性時代をどう読むか』, PHP研究所, 1984, 博報堂生活総合研究所, 『分衆の誕生: ニューピープルをつかむ市場戦略とは』, 日本経済新聞出版社, 1985.

2   小沢 雅子, 『新「階層消費」の時代—消費市場をとらえるニューコンセプト』, 日本経済新聞出版, 1985.

3   山崎正和, 『柔らかい個人主義の誕生—消費社会の美学』, 中央公論社, 1984.

4   최기성 옮김, 아침, 2010.←山田昌弘, 『希望格差社会—「負け組」の絶望が日本を引き裂く』, 筑摩書房, 2004.

5   남기훈 옮김, 세움과비움, 2013.←橘界俊詔, 『格差社会—何が問題なのか』, 岩波書店, 2006.

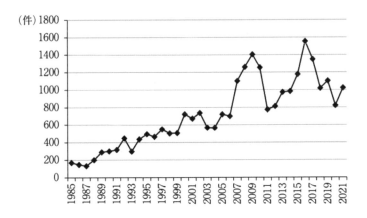

그림7 '빈곤'의 신문 기사 등장 횟수(전국, 타이틀과 본문, 기쿠조2
(聞蔵Ⅱ:〈아사히신문사〉 데이터베이스로부터 작성))

이러한 '격차사회론'과 '빈곤사회론'의 유행 속에서 1980년
대부터 1990년대 초에 걸쳐 칭송된 다양화는 사회의 계층적 분
단을 제시하는 것으로서 오히려 비판의 대상이 되어간다. 이러한
영향을 받아 '소비사회론'도 변질되어갔다. 서문에서 언급했듯이
기존의 소비 상황이 부정되어야 할 것으로 여겨짐과 동시에 그것
을 넘으려는 '제4의 소비'나 윤리적 소비 등 좀더 목적성을 가진
소비가 칭찬을 받게 되었다. '소비사회론'의 퇴조를 배경으로, 소
비는 현대 사회의 존재 양식을 바꾸는 사회 변혁적 측면을 가진
활동으로서 구출되게 된 것이다.

디플레이션의 게임

이러한 의미에서는 현재를 '포스트 소비 사회'라고 부르는 것도 분명 틀린 건 아니다.[6] 일찍이 '소비사회론'이 근거로 삼았던 버블 경제와는 분명 다른 상황이 적어도 담론장에서는 전개되기 때문이다.

다만 다른 한편으로는 담론 변화와 사회 변화는 그대로 일치할 리는 없다. 서문에서도 확인했듯이 애초에 비판적인 '소비사회론'의 등장은 거꾸로 소비 사회의 지속을 입증했을 가능성이 높다. 비판적 담론은 소비 사회의 거품을 거둬내면서 그것을 연명하는 모드로서 작동했던 것이며, 그러한 의미에서 담론의 유행이 역설적으로도 밝혀주는 것은 오히려 소비 사회의 확대라고도 말할 수 있다. 예컨대 현재 '빈곤'이 거론될 때도 생계를 유지하기 힘든 절대적 궁핍이 아니라 다른 사람과 비교해 충분히 소비할 수 없다는 '상대적 빈곤'이 문제시되는 경우가 많다. 소비를 즐겁게 행할 수 없는 것이 일종의 궁상窮狀으로서 사회에 호소된다는 상황은, 뒤집어 말하면 누구나 빼앗겨서는 안 되는 '권리'로서 소비가 사회에 깊게 뿌리내리고 있음을 오히려 밝혀준다.

이러한 의미에서는 '소비사회론'의 변질을 안일하게 소비 사회의 변화와 중첩하지 말고, 그러한 담론 변용의 배후에 소비

---

6 上野千鶴子, 辻井 喬, 『ポスト消費社会のゆくえ』, 文藝春秋, 2008.

사회가 구체적으로 어떻게 작동하는지를 좀더 진중하게 확인해 갈 필요가 있다. 원래 경제적인 수입의 차이 확대 그 자체가 소비 사회의 가동에 언제나 마이너스적으로 작용한다고는 말할 수 없다. 예컨대 보드리야르는 소비 게임을 활성화한다는 의미에서 소비 사회는 오히려 격차를 늘 필요로 한다고 말했다. 차이를 둘러싼 커뮤니케이션으로서 소비를 본다면 그것은 당연하다고 할 수 있다. 남녀 차, 연령, 학력, 지역 차 등 소비 가운데서 언급되는 차이 중에서도 경제적 차이는 종종 중요한 관심사가 된다. 그러한 의미에서 격차의 확대는 소비라는 커뮤니케이션을 활성화하긴 해도 방해한다고는 할 수 없기 때문이다.

물론 격차의 확대에 따른 빈곤의 증대가 소비 사회 지속에 나쁜 영향을 전혀 미치지 않을 리는 없다. 경제적 차이가 소비 게임의 중요한 엔진이 된다 한들 그것은 많은 사람이 소비에 참여할 수 있는 경우로 한정된다. 실제로 제4장에서 보듯이 빈곤의 확대는 확실히 최근 소비 사회의 지속을 위협하는 근본적 위기로서 부상하고 있다.

그렇지만 1990년대 이후 경제 침체가 총체로서 소비에 대한 관심 저하로 이어졌는지는, 그것과 분리해 검토해야 할 문제다. 분명 앞서 소비 수준 지수에서 확인했듯이 세대 당 소비를 위해 치르는 금액의 총량은 버블 붕괴 이후에 감소했다. 그러나 동시에 이러한 변화에 그것을 부정하는 역방향의 현상이 함께 일어난 것도 놓칠 수 없다.

그것이 디플레이션이라는 현상이다. 기억하는 사람도 많겠지만, 경제가 쇠퇴하는 가운데 1990년대 중반 이후 가격 인하 경쟁이 많은 분야에서 시작되었다. 맥도널드가 2000년에 햄버거를 65엔으로 인하했고, 다음해 요시노야가 규동의 가격을 400엔에서 280엔으로 내리는 등 외식 산업에서 먼저 가격 경쟁이 두드러졌다. 그것과 병행해 유니클로가 2000년대에 점포 수를 급격하게 늘렸고, 이어서 H&M이나 FOREVER21 같은 해외 체인점의 일본 진출이 활발해지는 등 저가 패스트 패션도 정착하게 된 것이다.

이러한 예들이 대표하듯이 물가의 연쇄적 하락이나 정체가 그 시대에는 계속되었다. 실제로 소비 물가 지수를 보면 1990년대에는 상승에 부정적 조짐이 보였고, 1998년 이후는 하락으로 전환되었다(그림8). 재화(≒사물)와 서비스(≒무형의 것)로 나눈다면, 특히 재화의 가격 저하가 1990년대 전반부터 두드러졌다. 이는 사물이 저가가 됨으로써 소비가 쉬워졌다는 것을—'사물モノ 소비에서 무형의 것コト 소비로'라는 종종 거론되는 도식에 반해—확인해준다.

기본적으로는 경기 악화에 의해 물가 하락이 일어났다고 말할 수 있지만, 다른 한편으로는 그것이 소득이 줄어든 사람들을 적지 않게 도와준 것도 간과할 수 없다. 수입의 감소는 앞서 봤듯이 양적으로는 확실히 소비 지출의 감소를 이끈다. 다만 이와 마찬가지로 소비 활동을 정체하게 했다고는 말할 수 없다. 사

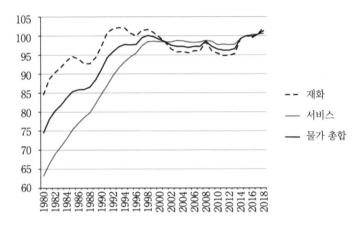

그림8 소비 물가 지수(소비 물가 지수로부터 작성)

용하는 돈의 감소는 상품의 가격 하락에 의해 부정되기 때문이 며, 예컨대 앞서 봤듯이 그 시대에 식비와 피복비에서의 소비 총 액은 특히 감소했지만, 그것은 패션 산업에서는 '의복' 전반, 식 료에 관해서는 특히 '햄버거'나 '규동' 등의 저가 체인점이 음식 가격을 낮춤으로써 적어도 부분적으로는 대상代償되어온 것이다 (그림9).

이러한 상황은 일반적으로는 소비 물가 지수(≒상품의 가 격)를 소비 수준 지수(≒구매력)로 나눈 수치로부터 확인할 수 있 다(그림10). 이 수치는 물가를 고려한 소비의 곤란함을 표현한 것 이라 할 수 있다. 우선 전체적으로 보면 확실히 대략 40년 동안에 수치가 크게 상승했음이 확인된다. 이것은 총체로서 소비의 상

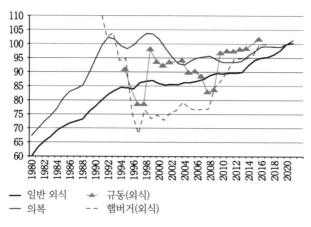

그림9 소비 물가 지수(소비 물가 지수로부터 작성)

황이 어려워졌음을 우선 표현하고 있고, 버블 붕괴 이후 소비 지출의 양이 매년 줄었다는 것에 주로 좌우된다. 단 흥미로운 것은 1990년대 말부터 2010년대 초까지 약 15년이라는 비교적 장기간에 그래프가 거의 수평을 유지했다는 것(1998년 0.921에 대해 2013년도 0.922)이다. 같은 시기에 소비 지수는 계속해서 떨어졌지만(그림5), 물가 하락이 그것을 보완함으로써 그래프가 정체되었다고 생각된다. 즉 물가의 계속되는 하락과 거의 균형을 맞춤으로써 이 시기 소비의 양적 감소가 메워진 것이다.[7]

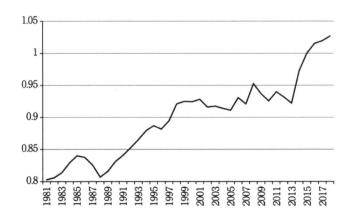

그림10 소비 물가 지수/소비 수준 지수(소비 물가 지수, 가계 조사로부터 작성)

100엔샵의 즐거움

1990년대 말부터 2010년대 초에 걸쳐 물가 하락이 구매력 감소를 대상했다. 이러한 현상의 중심에 있었던 것이 물건을 싼 값에 파는 디플레이션적 샵의 흥성이며, 그중에서도 100엔샵의 인기다.

100엔샵은 1990년대 후반에 단숨에 성장을 시작해 1996년에 322억 엔이었던 다이소를 운영한 다이소산업大創産業의 매출은 2000년에는 2,020억 엔까지 급성장했다. 같은 시기 Can☆Do는 31억 엔에서 207.3억 엔, Seira는 40.6억 엔에서 204억 엔까지 나란히 평균 6배 전후로 매출이 증가했다.[8] 100엔샵은 그렇게 1990년대 후반에 급성장해 슈퍼나 편의점, 드럭 스토어와 나란히 버블 붕괴 후 일본인이 일상적 상품을 구매하는 데 빼놓을 수 없는 점포로서 정착했던 것이다.

물론 그 이전에도 저가 정액으로 식기나 문구 등을 파는 가게가 없었던 것은 아니다. 미즈하라 다스쿠水原紹에 의하면 에도 시대에도 19몬文 균일로 상품을 팔았던 '19몬 점포'가 있었다고 하며, 또 1910년대부터 1920년대 초에 걸쳐서는 직접적 선조로서 10센錢 스토어나 백화점 매장 중에서도 10센 균일 코너가 일반화되었다고 한다.[9] 나아가 전후에는 트럭으로 각지를 돌아다니면서 B급 상품을 싼 가격으로 팔아치우는 이른바 '보따리 장수バッタ屋'가 다수 출현해 번성했다. 1977년에 개업한 다이소가 그랬듯이 적어도 초기 100엔샵의 대부분은 그러한 저가로 물건을 파는 가게를 모태로 삼아 만들어진 것이다.

다만 100엔샵에는 그러한 '보따리 장수'에게는 없는 특징

---

7 동시에 이 표는 ① 소비 생활에서 실질적 풍요로움이 실현된 것은 1980년대 후반의 불과 수년으로 한정되었다는 것, 또한 ② 2010년대 후반에 소비 생활은 급속하게 힘들어진 것을 제시한다. 전자의 기간이 짧았던 것은 주로 소비 수준 지표의 증가가 그다지 길지 않았음에도 물가 상승이 심했기 때문이며, 후자의 소비 생활 어려움은 아베 노믹스의 엔고 정책 속에서 디플레이션이 정체했음에도 구매력의 상승이 억제된 것에 주로 근거했다고 보인다.

8 アジア太平洋資料センター, 『徹底解剖100円ショップ―日常化するグローバリゼーション』, コモンズ, 2004. p.150.

9 水原紹, 「100円ショップ」, 『社会科学』第49巻第4号, pp.113~114.

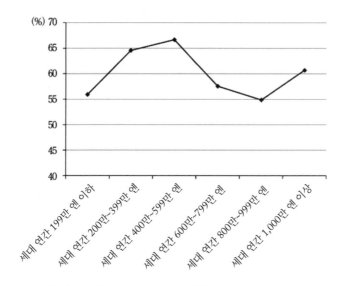

그림11 세대 연간 수입별 '100엔샵에 자주 간다' 비율

도 보인다. 100엔샵은 ① 100엔이라는 싼 값으로 통일함으로써 판매하기 쉽고, 또 사기 쉽도록 만든 것에 더해 ② 질 높은 상품을 다수 구비하는 데에 힘을 쏟았다. 예컨대 다이소의 창업자 야노 히로타케矢野博丈는 '상품의 원가율을 높이는 동시에 다른 가게보다도 2배, 3배의 상품을 진열'함으로써 다이소는 다른 이동판매와의 차별화에 성공했다고 설명한다.[10] '싸든 나쁘든'이 아니라 가능한 원가가 높은 고품질의 상품을 구입하고 그것을 다양한 종류로 진열해 파는 것이 다이소가 급성장한 원동력이 되었다고 한다.

100엔샵은 그렇게 단순히 상품을 싸게 파는 것만이 아니라 소비자가 안심하고 즐겁게 쇼핑할 수 있는 환경을 마련했다. 따라서 극빈층에 한정되지 않는 다양한 손님을 끌어들이는 데 성공했다. 필자의 조사에서도 100엔샵은 저소득자층만이 이용하지 않았다. '100엔샵에 자주 가는 사람'은 세대 연간 수입 200만~599만 엔에 속하는 경우가 확실히 많지만, 한편으로는 세대 연간 수입 1,000만 엔 이상에서도 다시 증가했다(그림11).[11] 부유층의 포섭은 생활 실감과의 관계에서도 확인된다. '생활 수준은 좋은 편이다'고 생각하는 사람들일수록 오히려 '100엔샵에 자주 가'는 경향을 보이는 것이다(그림12).

그렇다면 왜 가난한 사람만이 아니라 비교적 풍요롭고 생활에 여유가 있는 사람도 100엔샵에 다니는 것일까. 주목해야 할 것은 같은 조사에서 '나는 똑똑한 쇼핑을 할 수 있다'라는 설문에 대해 긍정적으로 답한 사람이 100엔샵을 자주 이용한다는 점이다(그림13). 여기서의 '똑똑함'이라는 말의 의미를 ① 가격이 싼 것을 사는 것과 ② 질이 좋은 것을 사는 것 중 어느 쪽을 앙케이

10　木下英治, 『百円の男 ダイソー矢野博丈』, さくら舎, 2017, p.96.

11　2021년 7월부터 8월에 걸쳐 Fastask에 위탁해 실시. 18세부터 59세까지의 1만 3,247명에 의뢰해 1,551명으로부터 회수, 그중 무효한 회답을 제외한 1,466명을 대상으로 했다. 이하 이 책에서는 특별히 기재하지 않은 경우는 같은 조사를 이용한다.

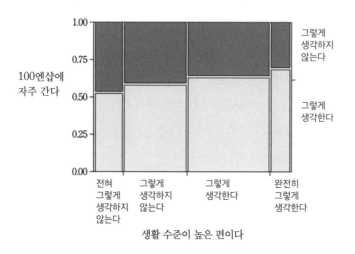

그림12 '생활 수준이 높은 편이다'와 '100엔샵에 자주 가는' 자의 접점

트 대상자가 받아들였는지는 유감스럽게도 조사로부터는 명확하지 않다. 단지 양자의 의미는 원래 분리할 수 없다고 할 수도 있다. 런던의 어느 거리에서 주민의 구매 행동을 조사한 문화인류학자 다니엘 밀러는 구매 활동은 통상 가격과 질, 어느 한쪽에 불만이 있으면 제대로 되었다고 간주할 수 없다고 서술한다.[12] 오히려 양자의 균형이 맞는, 딱 좋은 상품을 발견하는 것이야말로 쇼핑의 성공 여부를 결정하는 것이며, 그것이 가능할 때 '똑똑하게' 샀다고 할 수 있다.

　가격과 질 양자 사이에 이렇게 균형이 맞는 '똑똑한' 쇼핑을 가능하게 만드는 안성맞춤의 무대가 바로 100엔샵이라고 할 수

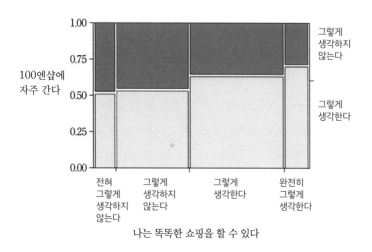

그림13 '나는 똑똑한 쇼핑을 할 수 있다'와 '100엔샵에 자주 가는' 자의 접점

있겠다. 다이소 창업자 야노가 주장했듯이 100엔샵은 그 가격을 감안했을 때 질 좋은 상품을 다수 판매했다. 덕분에 손님들은 사기적 행위에 말려드는 것은 아닌지 두려워하지 않고, 자신의 취향에 맞는 상품을 마음 내키는 대로 찾아 구매하게 되었다. 일정한 질이 그 가게의 바이어에 의해 보증되는 것에 더해 100엔샵에서는 그 가격 때문에 실패해도 큰 손실을 입지 않고 몇 번이고 쇼

---

12 Daniel Miller, *Consumption and Its Consequences*, Polity, 2014. 이 책의 일본어역 제목은 다음과 같다. 貞包英之, 『消費は何を変えたのか―環境主義と政治主義を超えて』, 法政大学出版局, 2022.

핑을 다시 할 수 있기 때문이다.

　이러한 의미에서는 100엔숍이 판매하는 것은 이러저러한 물건만이라고는 할 수 없다. 애초에 100엔숍이 아니더라도 싼 상품이나 질 좋은 상품을 발견하는 것은 불가능하지 않다. 그렇다면 100엔숍의 매력은 '저가'와 '양질' 사이에서 균형 잡힌 '똑똑한' 쇼핑을 할 수 있는 데에 있는 것은 아닐까. 때로는 '보물찾기'로 형용되는 경우도 있는데 수많은 상품 중에서 질 좋고 가격도 합리적인 '보물'을 발견하는 게임을 100엔숍에서 손님들은 즐길 수 있다. 그렇게 그 게임을 제대로 수행했다는 만족감 그 자체가 100엔숍의 가장 큰 '세일즈 포인트'가 된 것이다.

　그리고 바로 그 때문에 빈곤층만이 아니라 부유층도 100엔숍을 종종 일상적으로 이용한다고 생각된다. '똑똑하'게 사는 것의 만족감은 많은 돈을 쓴다고 반드시 손에 들어오는 것은 아니다. 많이 쓸수록 수지가 맞지 않는 쇼핑을 할 리스크도 높아지기 때문인 반면, 100엔숍은 '똑똑한' 소비를 마음 편히, 그리고 안심하고 경험해주는 장으로서 계층을 초월해 일본 사회에 완전히 정착한 것이다.

브랜드 제품 사기

이러한 의미에서 100엔숍의 폭발적 전개는 일본에서는 경제 침체 중에도 혹은 바로 그 때문에 한층 '똑똑'하게 사는 것을 지향하는 소비의 게임이 급성장했음을 밝혀준다.

　물론 100엔샵만이 이 시기에 유행한 것은 아니다. 그 옆에서 여러 가지 가게나 상품의 붐이 일어났다. 그중에서도 100엔샵 유행에 공통되는 요소를 가진 것이 표면적으로는 정반대의 현상으로 보일지도 모르지만, 고가 브랜드 상품의 유행이다.[13]

　1990년대의 100엔샵 흥성과 거의 동시기에 루이비통이나 구찌를 대표로 하는 브랜드 백이나 의복이 잘 팔려나갔다. 예컨대 루이비통 재팬은 1990년에 353억 엔이었던 매출을 1997년에는 700억 엔 넘게 늘렸다.[14] 그것이 대표하듯이 확실히 증가는 완만해지긴 했지만, 1990년대 후반 디플레이션의 한 가운데에서도 고가 브랜드 패션은 착실하게 성장을 이뤘던 것이다.

　그 성장을 주로 지탱했던 것이 젊은이 사이의 브랜드 지갑이나 백의 유행이었다. 예컨대 1990년대에 황금기를 맞이한 잡지 『JJ』는 고가 브랜드 특집을 차례차례 편성했고, 스즈키 스즈미의 말을 빌리자면 '브랜드 소비의 주역의 자리를 완전히 젊은 여성들로 교체했다'.[15] 『JJ』는 사립대학을 다니는 여유 있는 젊은

13　100엔샵과 브랜드샵 유행의 공통성에 대해서는 다음 책도 참조함. 松原隆一郎, 辰巳渚, 『消費の正解 ブランド好きの人がなぜ100円ショップでも買うのか』, 光文社, 2002. 붐이 피크에 달했을 때 나온 이 대담에서는 코스트 퍼포먼스가 양자에 공통되는 요소로서 거론됐다.

14　秦郷次郎, 『私的ブランド論: ルイ・ヴィトンと出会って』, 日本経済新聞社, 2006, p.166, 175.

여성을 주독자층으로 했다. 루이비통을 대표로 하는 브랜드는 디플레이션의 한가운데에서도 그러한 젊은 독자까지 타겟으로 삼아 고객을 넓혀간 것이다.

그렇다면 왜 브랜드 제품이 인기를 얻은 것일까. 불황이 막 시작된 시기는 『JJ』를 애독하는 계급의 젊은이들에게는 여전히 여유가 있었기 때문일지도 모른다. 하지만 그것만이 아니라 디플레이션 경향 하에서 값싼 상품이 대량으로 흘러넘치게 되면서 브랜드 제품이 사야 할 상품으로서 그 가치를 오히려 높여갔다는 점에도 주의를 기울일 필요가 있다. 브랜드 제품이란 대체 불가능하다고 인정 받는 상품이고, 그 때문에 값싼 대체품이나 짝퉁이 나돌아다님으로써 역설적으로 그 가치는 높아지는 것이다.

그리고 바로 그 때문에 브랜드 제품을 사는 것은 '똑똑한' 소비로 간주되었다. 앞서 봤듯이 가능한 싼 가격으로 이득이 되는 상품을 손에 넣는 것은 분명 '똑똑하게' 샀다고 하는 만족감을 낳는데, 그것만이 게임의 승리 조건이 되는 것은 아니다. '싼 것'이 '비지떡'이 된다면 몽땅 잃어버리는 것과 마찬가지듯이 어느 정도의 돈을 들여 품질 좋은 상품을 사는 것도 한편으로는 합리적 전략이 된다. 실제로 〈그림14〉를 보면 '나는 똑똑한 쇼핑을 할 수 있다'고 생각하는 사람일수록 100엔샵 경우와 비교해 수는 적지만, 확실하게 브랜드 제품을 사는 것을 좋아한다는 것을 알 수 있다. 자신의 취미나 센스를 표현할 뿐 아니라 자신이 싼 물건을 사더라도 돈을 잃지 않는 '똑똑한' 소비자임을 제시하기 위해 브랜드 제품의 구매는 좋은 기회가 되는 것이다.

그렇게 사야 할 브랜드 제품의 대표로서 고급 패션 브랜드는 디플레이션 속에서도 사람들을 매료하게 했다고 생각된다. 예컨대 2000년에 방영된 드라마 〈브랜드〉(후지 텔레비전)에서는 크리스찬 디올을 롤모델로 삼았다고 간주되는 브랜드의 일본 법인에서 일하는 주인공(가수이자 배우. 이마이 미키今井美樹가 연기함)은 "모두 턱없이 비싼 것을 잘도 사네요."라고 하는 젊은 남자로부터의 문제 제기에 다음과 같이 답한다.

> 비싼 백에는 그 만큼의 의미가 있어. 저런 백이지만 각각 훌륭한 가죽을 쓰거든. 그것을 솜씨 좋은 장인들이 있는 기술을 다 발휘해서 만드는 거야. 따라서 흠집이 나기 어렵고, 형태도 무너지지 않아. 그러니까 그만한 값어치가 있지. 그것이 브랜드야. 길고 긴 시간에 시간을 들여 지켜온 장인들의 지혜와 기술의 집적. 그러니까 브랜드란 문화 그 자체라고. (〈브랜드〉 제1화, 다부치 구미코田渕久美子)

---

15 鈴木涼美, 『JJとその時代 女のコは雑誌に何を夢見たのか』, 光文社, 2021. p.48.

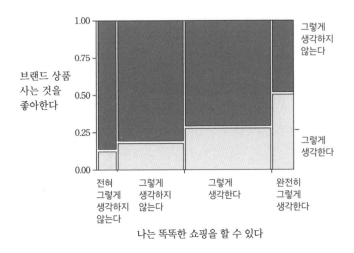

그림14 '나는 똑똑한 쇼핑을 할 수 있다'와 '브랜드 상품을 사는 것을 좋아하는' 자의 접점

이 말이 어디까지 '정확'한 것인지는 분명 의심스럽다. 그와 똑같은 정열과 기술이 투입되어 만들어진 상품이 그 외에 있는데도 왜 고가 브랜드 제품을 굳이 사야 하는지는 그것만으로는 설명되지 않기 때문이다. 하지만 말의 내용의 진위와는 별도로, 이러한 내러티브 그 자체가 브랜드에 돈을 쏟아붓는 알리바이가 됐다는 것 자체는 부정하기 힘들다. 특별한 역사와 그에 따른 가치를 지닌다고 신뢰되는 그 상품은, 구매 경험이 많이 없는 젊은 층을 중심으로 '똑똑한' 소비를 쉽게 실현해주는 편리한 아이템이 되었던 것이다.

이러한 의미에서는 100샵에서 싼 상품을 계속해서 사는(필자 같은) 소비자와 브랜드 제품을 경쟁적으로 사는 젊은 층을 중심으로 한 소비자 사이에 그렇다 할 거리가 있는 것은 아니다. 분명 주관적으로는 양자는 때로는 서로에 대해 '가치를 모르는 자'나 '신자信者' 등의 용어를 쓰며 경멸한다. 100엔샵에서만 사는 사람에게는 브랜드 제품만 사는 사람은 돈의 가치를 모르는 '낭비가'로, 반대로 브랜드 제품 애호가에게는 그렇지 않은 자는 물건의 가치를 모르는 '구두쇠'로 비춰질 것이다.

그렇다 치더라도 한발 물러나 보면 양자 모두 '현명'한 소비자이려고 한다는 점에는 변함이 없다. 돈을 들이지 않는다/들인다고 하는 정반대의 전략을 취하면서도 어떻게든 타인을 앞질러 어떠한 점에서라도 훌륭한 상품을 손에 넣으려고 하는 게임을 양자는 함께 계속하고 있다고 볼 수 있기 때문이다.

그렇다고 한다면 1990년대 후반에 100샵과 브랜드샵이 병행해서 붐을 불러일으켰던 것도 단순한 우연이라고는 할 수 없다. 1990년대 후반 이후 경제 침체는 사용할 수 있는 돈의 총량을 줄임으로써 쇼핑을 분명 곤란하게 만들었다. 사기 전에 손님에게는 일정의 음미吟味와 자타에 대한 변명이 필요해졌기 때문이다.

실제로 우리의 조사에서도 '쇼핑하는 것이 귀찮다고 생각한 적이 있다'라는 문항에 '정말 그렇게 생각한다', '어느 쪽인가 하면 그렇게 생각한다'고 답한 사람은 58.3퍼센트로 전체의 거의 6할까지 달했다. 흥미롭게도 남녀별로 보면 그 수치는 여성이 65.7퍼센트로, 남성의 50.8퍼센트보다 15퍼센트 정도 높다(그림15).

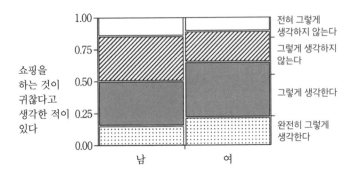

전혀 그렇게
생각하지 않는다

그렇게 생각하지
않는다

그렇게 생각한다

완전히 그렇게
생각한다

쇼핑을
하는 것이
귀찮다고
생각한 적이
있다

남   여

그림15 쇼핑에 대한 남녀 비율

나아가 여성 기혼자로 한정하면 쇼핑을 귀찮다고 생각하는 사람
은 69.8퍼센트로 거의 7할에 달하고 만다. 이는 일상적 쇼핑을
'가사'로서 분담하는 경우가 많은 여성에게 쇼핑이 즐거움만이
아니라 실패해서는 안 되는 시련임을 잘 가르쳐준다. 경제 침체
에 의해 총량으로서 구매력이 감소한 것에 더해 시장이 더욱 다
양화하는 상황에서 쇼핑은 특히 여성에게는 가족이나 친구에게
자신의 '어리석음'을 노출할 위험한 기회가 된 것이다.

바로 그 때문에 100엔샵의 다양한 물건이나 브랜드 제품은
여성들을 중심으로 많은 사람에게 구매되었던 것은 아닐까. 100
엔샵에서는 싸서 이익이니까, 반대로 브랜드샵에서는 비싸니까
안심하고 쇼핑할 수 있다. 양자는 반대 방향을 향하지만, 소비자
가 '똑똑'한 쇼핑을 하고 있음을 각각 보장해주는 것이며, 그 때문

에 '똑똑함'을 경쟁하는 절호의 게임 대상으로서 100엔샵의 상품
이나 브랜드 제품은 매출을 늘려간 것이다.

2. 정보의 바다

정보화 사회 속의 소비

이제까지 봤듯이 100엔샵에서 팔리는 물건이나 브랜드 제품은 1990년대라는 곤란한 국면에서도 소비를 활발하게 계속해 나가는 추진력이 되었다. 경제 침체에 의해 구매력이 총체적으로 부족해져 더욱 진중하게 음미하면서 소비하는 것이 요청되는 가운데 100엔샵이나 브랜드샵은 '똑똑한' 소비를 안심하고 즐기는 장소로서 받아들여진 것이다.

그것을 하나의 버팀목으로 삼아 소비 사회는 계속되어왔다. 1990년대 이후 다른 많은 나라가 그런 대로 경제 성장을 지속하고 소비를 활발하게 진행해온 반면, 일본 사회는 경제적으로 곤란한 상황에 빠진다. 그럼에도 100엔샵의 물건이나 브랜드 제품을 대상으로 한 디플레이션적 소비 게임이 유행함으로써 일본에서 소비 사회는 오히려 두터움을 증가해간 것이다.

단 소비 사회의 존속은 그러한 '똑똑한' 소비의 유행에 의해서만 지탱되어온 것은 아니다. 소비 사회의 지속에 관해 마찬가지로 중요해지는 것이 정보적 커뮤니케이션의 방대한 확대다.

이제까지 봤듯이 디플레이션 하의 일본에서는 특히 사물 상품의 가격 다양화가 진행되었다. 세계적으로 보면 상품의 저가화라는 면에서 좀더 큰 의미를 지니는 것은 정보 상품의 증대였다. 정보기술의 혁신은, 정보 상품의 복제와 유통 비용의 절감을 가속화했다. 그것을 전제로 데이터 복제, 유통에 거의 비용이 들지 않는 정보의 장이 글로벌 규모로 확대되어갔다.

그 덕분에 예컨대 저가로 서비스를 이용하는 길도 열리게 되었다. 실제로 지금은 그렇게 큰 돈을 들이지 않아도 동영상이나 음악을 즐기고, ZOOM 세미나에 참석할 수 있다. 기업도 그러한 서비스를 이용함으로써 예컨대 코로나 팬데믹 중에 출장비를 대폭 삭감했다고 한다. 넷의 폭발적 확대는 온갖 분야에서 가격을 내리는 압력으로서 작용했고 그 만큼 경제 침체 속에서도 소비에 '풍요로운' 선택지를 추가해온 것이다.

상품 가격이 떨어진 것만은 아니다. 넷의 팽창과 관련해 더욱 중요한 것은 클리스 앤더슨이 '프리미엄'이라는 단어로 강조했듯이[1] 거의 돈을 쓸 필요가 없이 이용 가능한 서비스조차 일반

---

1   Chris Anderson, *Free: The Futre of a Radical Price*, Hachette Books, 2009.

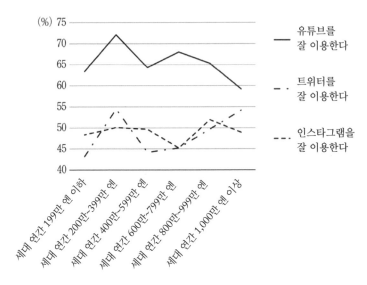

그림16 넷 서비스를 자주 이용하는 자

화된 것이다. 2년마다 집적회로 능력이 2배가 된다고 하는 '무어의 법칙'에 결과적으로 따라가는 형태로 정보 테크놀로지는 기하급수적으로 발달해 정보를 보존하고 유통하는 비용을 현격하게 낮춰왔다. 그것을 전제로 유튜브나 스포티피Spotify 등의 콘텐츠, 지메일Gmail이나 페이스북Facebook 등 적어도 기본 무료로 사용할 수 있는 커뮤니케이션 툴이 현대에는 비약적 증가를 보이고 있다.

가격이 없다고 하는 의미에서는 분명 이러한 서비스는 엄밀하게는 '상품'으로 부를 수 없을지도 모른다. 그렇지만 이들은 소비 사회와 관계없이 성립하는 것은 아니다. '공짜보다 비싼 것은 없다'고 하지만, 이들은 '광고'나 '과금'이라는 형식으로 어딘가 존재할 타자의 왕성한 소비를 이끌어낼 것을 전제로 비로소 공급되고 있다. 즉 어디까지나 소비 사회적 시스템을 토대로 삼아서 생산되고 소비되는 것이다.

그렇게 시스템으로서 소비 사회에 종속하는 계기가 됐다는 의미에서 무료 서비스 이용도 한정적으로는 '소비'라고 부를 수 있을지도 모르지만, 거기에 더해 더욱 중요한 것은 이러한 넷 서비스가 그 옆에서 축적되는 다양한 소비의 게임을 보완하며 성립했다는 점이다. 이러한 서비스는 확대하는 격차 탓에 일반적 상품을 만족하게 소비할 수 없는 사람들에게 종종 이용되고 있다. 예컨대 우리의 조사에서도 유튜브를 잘 이용하는 사람을 보면 세대 수입이 적은 사람(단 부모님 집에 함께 사는 사람은 제외함)이 오히려 상대적으로 많다(그림16).[2] 트위터twitter나 인스타그램Instagram에서는 이러한 경향이 그렇게까지 보이지 않으므로 모든 것에 통용된다고는 할 수 없지만, 어쨌든 적어도 일부 넷 서비스는 구매력을 그다지 지니지 못하고, 다른 서비스를 이용할 수

2　2022년 8월에 Fastask에 위탁해 실시. 15세부터 49세까지의 1만 9,955명에게 의뢰, 1,782명으로부터 회수, 그중 무효한 회답과 세대 연수입을 대답하고 싶지 않아 하는 자, 또한 부모님 집에 동거하는 자를 제외한 743명이 여기서의 대상이 되고 있다.

없는 사람들에 대해 그것을 대신해 싼 값 또는 무료로 즐거움을 주는 편리한 기회가 되는 것이다.

이상의 의미에서 방대한 정보의 바다는 계층이나 격차를 넘어 많은 사람에게 소비의 즐거움을 제공하는 중요한 '자원'이 되고 있다. 그러한 장에서 새로운 콘텐츠나 정보를 재빨리 발견해 경우에 따라서는 재치 있는 코멘트를 날리거나 묵묵히 즐기는 것. 넷 서비스는 말하자면 충분한 구매력을 지니지 못한 사람이더라도 자신의 '똑똑함'을 타자에게 표현할 수 있는 절호의 기회를 제공해온 것이다.

과격화, 극단화, 봉쇄

다만 소비의 대체물로서 본다면 그곳에서의 커뮤니케이션에 한계가 없는 것은 아니다. 그중에서도 큰 문제는 역설적으로도 이 게임이 누구라도 참여할 수 있는 것으로 평등하게 열려 있다는 점이다. 자신만이 발견했다고 생각하는 콘텐츠나 정보도 금방 타자에게 발견되고, 그 특별함을 금방 잃어버리고 만다. 이 방대한 정보의 바다에서는 타자와 차별화하고, '똑똑함'을 표현하기는 상당히 어렵다.

이러한 상황에서 타자와의 차이를 만들기 위한 전략으로 선택되는 것 중 하나가 과격화라는 방법이다. 누구나 무시하는 정보를 올려 사실로서 고발하기다. 타인과의 차이를 만든다는 의미에서는 주장은 가능한 합리성을 벗어난, 황당무계한 것이 되는 편이 낫다. 바로 그 때문에 넷 공간에서는 정치에 관해 우익적 또는 좌익적 또는 최근에는 백신이나 마스크에 관한 극단적 의견이 두들어지게 되었다고 할 수 있다. 과격한 주장의 범람은 어떤 의미에서는 정보 소비의 장이 팽창해 타자와의 차이를 두들어지게 만드는 것이 어려워진, 필연적인 귀결인 것이다.

한편 다른 방법으로 타자를 분리하는 방법도 있다. 방대한 정보 공간 속에서 특정 영역에 한정해 그 지식을 심화하는 것. 그렇게 하면 자신이 특별히 소중하다고 생각하는 무엇인가에 대해서라면 다른 사람 이상으로 잘 알 수 있다.

이러한 극단화 전략은 정보 입수를 위해 금전 이상으로 시간적 비용을 과대하게 치르는 길이라고 할 수 있다. 그것이 잘 보이는 것이 예컨대 이른바 '덕질推し'이다. 아이돌이나 배우 등 실제 존재하는 인간만이 아니라 가공의 캐릭터, 나아가 특정 상품이나 가게까지가 최근에서는 '덕질'의 대상이 되고 있다. 많은 돈이 그 대상을 위해 쓰인다고 해도 그 많고 적음이 '덕질'의 가치를 직접 좌우하는 것은 아니다. 그 이상으로 중요해지는 것은 각각 사람의 열의, 즉 얼마만큼 자신을 내던지는가─구체적으로 얼마만큼 시간을 써서 대상을 조사하고, 관계를 맺으려고 했는가─다. 정보만이라면 거의 공짜로 손에 넣을 수 있는 이 사회에서는 이러한 비용이야말로 타자를 앞서는 힘이 된다. 그러한 의미에서 '덕질'이란 거의 공짜로 흘러넘치는 무수의 콘텐츠 속에

서 뭔가를 선택하고 그것에 모든 힘과 에너지를 쏟음으로써 자신이 누구인지를 표현하려고 하는 커뮤니케이션 전략의 하나라고 할 수 있다.

　마지막으로 방대하게 열려진 이 정보 공간에 다시 가격을 매기고, 일부 사람에게만 그것을 봉쇄하려고 하는 시도도 있다. 그 최신 버전이 NFT Non-Fungible Token : 대체 불가능한 토큰로 불리는 새로운 상품화의 시도다. 경우에 따라서는 넷에서 공짜로 손에 넣는 화상이나 음악에 암호 기술을 통해 새롭게 소유권을 인정하고 매매의 대상으로 삼음으로써 정보 공간을 다시 한번 일부의 사람에게만 닫혀진, 좀더 희소한 '가치'의 공간으로 되돌리는 것이 노림수다.

　다만 현재까지 NFT는 일반적으로 성공하고 있다고 말하기는 어렵다. 무료로 손에 넣은 정보를 '사유물'로 매매함으로써 잘하면 막대한 이익을 올릴지도 모른다. 단지 그것을 넘는 '무엇인가'를 얻을 수 있는지는 여전히 증명되지 않았다. NFT는 자신보다 어리석은 누군가 다른 매수자가 나타나 훨씬 높은 가격으로 사주는 것을 기대하는, 어디까지나 투기 대상에 머물러 있다. 즉 여기서의 정보는 많든 적든 특별한, 그 때문에 치른 비용 이상의 가치가 있는 '똑똑한' 소비 대상으로는 여전히 여겨지지 않는 것이다.

선택을 선택하기

이처럼 문제는 있더라도 현대 사회에는 커뮤니케이션의 놀이터로서 방대한 정보의 바다가 펼쳐지고 있다. 사람들은 거기서 거의 돈을 들이지 않고 콘텐츠나 서비스를 마음 내키는 대로 선택한다. 즉 정보의 바다는 디플레이션 하에 있었던 일본 사회에서 누구나 놀 수 있는, 반쯤 '유사疑似'적인 소비의 장으로서의 역할을 담당해왔던 것이다.

단 이러한 정보의 장은 단적으로 거대한 자유를 우리에게 허용하는 것은 아니다. 애초에 많은 기업이 무료 서비스를 제공하는 것은 우리가 행하는 선택의 결과를 고차원의 정보로서 수집하는 것을 통해 이익을 얻기 위해서다. 그러한 프로세스를 쇼샤나 주보프는 '감시자본주의'라 부르며 비판한다.[3] 주보프에 따르면 구글이나 페이스북을 대표로 하는 디지털 기업은 검색 기능이나 포스팅, 동영상 시청 등의 서비스를 무료로 제공하는 대신 '행동 과잉'라고 불리는 우리의 선택에 관련된 데이터를 수집한다. 그 데이터를 타겟 광고를 중심으로 한 행동 예측을 위해 이용함으로써 디지털 기업은 막대한 부를 축적함과 동시에 우리의 미

3　Shoshana Zuboff, *The Age of Surveillance Capitalism : The Fight for a Human Future at the New Frontier of Power*, PublicAffairs, 2020. (쇼샤나 주보프, 김보영 옮김, 『감시자본주의의 시대-권력의 새로운 개척지에서 벌어지는 인류의 미래를 위한 투쟁』, 문학사상사, 2021.)

래를 예측 가능한 범위로 가둬버린다고 주보프는 비판한 것이다.

이러한 견해는 분명 틀렸다고는 할 수 없다. 디지털 기업이 미리 우리가 마음에 들 만한 정보를 제공해주는 것은 때로는 이상한 기분에 빠지게 만들며, 나아가 최근에는 그것이 국가와 응착해 '신용 점수'라는 형태로 일상 생활을 속박하는 경우도 중국 등에서는 현실화되고 있다. 그렇지만 우리가 오로지 강제적으로 그러한 서비스를 이용하는 것은 아니다. 유튜브나 아마존의 추천 기능이 때로는 편리하듯이 우리는 디지털 기업이 제공하는 서비스를 보통은 즐겨 활용한다. 그러한 의미에서 우리는 그것으로부터 단순히 강제가 아니라 오히려 공범 관계를 읽어내야 할 것이다.

그렇다면 왜 우리는 디지털 기업 서비스를 굳이 이용하고 있는 걸까. 그 근본적 원인에는 방대한 정보를 포함해 수많은 상품이나 서비스를 차례로 만들어내는 소비 사회의 거대한 확장이 있다. 소비 사회가 제공하는 수많은 상품이나 정보를 개인의 지식이나 경험만으로 '똑똑'하게 선택하기는 어렵다. 대상을 음미하기 위해서는 시간적이고 노력적인 비용이 든다. 공급되는 상품이 무제한이라면 그 비용도 무제한으로 부풀어 오르기 때문이다.

바로 그 때문에 디지털 기업의 서비스가 필요해진다. 그것은 프로그래밍이나 머신러닝Machine Learning의 기법을 사용해 방대한 데이터를 참조하면서 우리 대신 '똑똑한' 선택 혹은 적어도 그것을 위한 준비를 해준다. 이제는 넷 상에서 그러한 서비스에 의존하지 않고 정보를 수집하는 것은 불가능에 가깝다. 검색 서비스를 대표로 하는 그러한 서비스를 적절하게 활용하지 않으면 우리는 방대한 정보의 바다를 표류하게 될 뿐이다.

이러한 의미에서 우리가 디지털 기업 서비스를 이용하는 배경으로 날마다 계속되는 소비 사회의 가동을 빼놓을 수 없다. 무수한 정보나 물건을 내보내는 이 소비 사회 속에서 편안하고 적어도 타자와 비슷할 정도로 '똑똑'하게 살기 위해 우리는 디지털 기업과 공범 관계를 맺어야만 했다.

그러한 서비스가 우리의 자유를 뺏고 있음은 분명 사실로서 무겁게 받아들일 필요가 있다. 예컨대 우리는 시스템의 필터를 통한 선택지밖에 선택할 수 없는 이른바 '에코 챔버음향실'로 불리는 감옥 속에 갇혀 있다고 때때로 비판 받는다. 이 경우 최대의 문제는 선택지가 어떤 계산이나 알고리즘에 의해 결정되는지 전혀 알지 못한다는 점이다. 디지털 기업이 제공하는 서비스에 어떤 조작이 이뤄지더라도 그것을 완전히 밝히는 것은 어렵다. 예컨대 한 맛집 사이트에 대해 별점이 조작되는 것은 아닌가 하는 의문 속에서 유저들이 수근거린 적이 있었다. 그러나 그렇다면 어떤 조작이 이뤄지는지 충분히 판명되지 않은 채 다른 서비스보다 편리성이 높다는 이유로 많은 사람이 그 서비스를 계속해서 묵묵히 이용하는 것이다.

구독의 출현

이러한 상황 속에서 현재 주목되는 것이 구독이라는 서비스 형태다. 넷플릭스나 스포티파이처럼 영상과 음악 '정보' 이외에도 가구나 호텔, 공유 자전거나 자동차 등을 일정 기간 자유롭게 사용하는 권리 등 정기적으로 어느 정도의 돈을 냄으로써 상품을 받거나 사용하는 권리를 얻는 비즈니스 모델이 최근 주목을 모으고 있다.

이러한 구독을 지탱하는 것은 대부분의 경우 확실히 다른 서비스와 마찬가지로 '행동 과잉'을 이용한 기계적 큐레이션이다. 선택 가능한 상품이 무제한으로 제시되는 경우는 드물고, 무엇을 어떻게 이용할지가 미리 한정된 후에야 선택이 가능하다. 더불어 그러한 선택 시 금전적 비용을 크게 신경쓰지 않을 수 있는 것도 구독의 특징이다. 무엇을 선택하더라도 추가 비용이 들지 않는다는 의미에서는 기계에 의한 사전 선택을 진중하게 재검토하는 것조차 여기서는 필요하지 않게 된다.

다만 쉬운 선택만이 아니라 구독에서 좀더 중시되는 것은 이러한 '기계적 선택' 그 자체가 선택 가능하게 된다는 점, 즉 '선택의 선택'의 권리가 소비자에게 어디까지나 맡겨진다는 점이다. 그 서비스가 제공하는 선택지에 불만이 있다면 이용자는 다른 구독으로 갈아타면 그만이기 때문에 기계에 의한 자의적 선택에 그렇게 제동이 걸린다.

이러한 의미에서 현재 구독의 인기는 정보를 선별하는 기준이나 과정을 블랙박스처럼 공개하지 않는 디지털 서비스와의 공범 관계에 많은 사람이 불안과 불만을 느끼고 있음을 보여주는 좋은 증거가 된다. 광대한 넷의 바다에서 적절한 정보나 상품을 얻기 위해 우리는 어떤 한 디지털 서비스에 의존해야 한다. 그러나 정체를 알 수 없는 서비스에 몸을 맡기는 데에는 불안이 남는다. 바로 그 때문에 미래의 선택이 자기도 모르는 사이에 타자에 의해 결정되지 않도록 제동을 거는 장치로서 구독은 이용되는 것이다.

이러한 의미에서 넷과 구독의 관계는 시장 그 자체에 대한 현실 점포의 관계와 아주 비슷하다. 구독이 광대한 정보의 바다에서 선택해야 할 정보를 한정해주는 것과 마찬가지로 현실 점포는 대량으로 배송되어오는 상품 중에서 선택 가능한 것으로 상품의 수를 선별해 우리에게 선택의 권리를(적어도 유사적으로) 회복해준다. 물론 그 선택의 의도나 취미가 마음에 들지 않는 경우도 있지만, 그때는 가게에 가는 것을 그만두고 다른 가게를 이용하면 된다. 이러한 의미에서 현실 점포는 과금할 필요가 없는—회원비가 필요한 코스트코 같은 점포도 있지만—구독 같은 서비스를 제공하는 것이다.

그렇지만 '선택의 선택'에 의해 모든 것이 결정되는 것은 아니다. 우선 넷플릭스나 스포티파이가 그렇하듯 서비스의 과점화가 진행되어 그 서비스 속에 콘텐츠가 집적된다면 실질적으로 그 서비스를 선택하지 않을 수 없게 되기 때문이다. 다른 한편 거꾸로 다양한 구독 서비스가 난립하면 이 경우도 '선택의 선택'은 곤란해진다. 어떤 구독 서비스를 선택해 돈을 낼지를 음미하기 위해 새롭게 많은 비용이 들게 되기 때문이다.

이제까지 봤듯이 구독 서비스는 분명 완전한 해답은 되지 않지만, 그래도 그러한 서비스가 기대를 받는다는 것은 1990년대 이래 정보 공간이 이 사회에 개척한 정보 소비의 장이 얼마나 광대한 것이었는지를 잘 가르쳐준다. 정보 소비의 장은 충분한 돈을 지니지 않은 사람들에게도 선택의 기회를 나눠줬다. 감시자본주의적인 리스크도 크고, 취미나 취향의 '과격'화나 '극단'화라는 현상도 보인다. 그러나 그러한 문제가 있어도 넷에는 현실을 보완하는 다양한 선택의 장이 널리 퍼져 있고, 바로 그러한 이유 때문에 우리는 그것을 버릴 수 없는 것이다.

3. 폐기의 기술

'정리의 마법'과 분신으로서 사물

1990년대 이래 이러한 일본 사회에서는 경제 불황임에도 저가, 나아가 무료 상품조차 등장함으로써 리얼에서도 버츄얼에서도 소비의 기회가 확대되었다.

단 그것은 동시에 과제를 낳는다. 쉽게 손에 넣을 수 있는 상품이나 정보가 증가하면 '똑똑'하게 사기 위해 충분히 음미하기가 어려워진다. 선택에 필요한 코스트가 증대하기 때문이다. 이 때문에 어떻게 엄선해 살 것인가가 아니라 산 것을 어떻게 효율적으로 '정리'하고 '폐기'할 것인지가 과제가 된다. 비슷한 물건, 또 필요하지 않게 된 물건을 계속 가지고 있어도 결국은 의미가 없을 뿐이다. 그렇다면 구매 활동 그 자체가 틀리지 않았음을 증명하기 위해 물건을 효율적으로 '정리'하고 '폐기'해가는 것도 필요해진다.

그것을 실현하기 위해 여기에서도 디지털 기술이 활용된

다. 그 한 예로서 최근 다양한 물건을 팔 뿐 아니라 산 후의 물건을 효율적으로 '처분'하는 것을 도와주는 옥션 사이트가 인기를 끌고 있다. 예컨대 2013년에 스타트한 메르카리[1]는 2014년까지 누계 500만, 2015년에는 1,700만, 2017년에는 5,500만 다운로드를 기록하는 등 2010년대 중반 이후 단숨에 보편화되었다.[2] 이제까지 옥션 사이트를 대표했던 야후 옥션 이상으로 메르카리는 안심하고 간단하게 상품을 구매하고 매각할 수 있는 서비스를 준비한 덕분에 쇼핑에 고통스러워한 경험이 많은 여성을 중심으로 보편화된 것이다.

그렇게 옥션 사이트는 효율적 '폐기'를 가능케 함으로써 쇼핑의 에너지 절약에 분명 일정 부분 도움이 되었을 것이다. 그렇지만 옥션 사이트는 '폐기'의 노력을 완전히 줄여주지는 않는다. 상응하는 수고가 든다는 의미에서 산 상품 전부를 출품하는 것은 현실적이지 않다. 무엇을 계속해서 사용하고, 무엇을 팔 것인지 하는 선택은 현 시점에서는 인간에 의존할 수밖에 없기 때문이다.

바로 그 때문에 디지털 기술(테크놀로지)만이 아니라 물건 처리를 좀더 원활히 진행하는 아날로그적 기법(테크네)도 주목을 받고 있다. 그중에서도 크게 유행한 것이 2010년대의 곤도 마리에近藤麻理恵, 일명 곤마리의 『정리의 마법』이다.[3] 곤마리는 물건이 남아도는 이 사회에서는 정리하는 것이 일상 생활을 원활히 영위하는 데 필수라고 하며, 그것을 위한 기법을 가르쳐 세계적인 주목을 받았다.

물론 적절한 '정리'를 촉발한 것은 곤마리가 처음은 아니었다. 다츠미 나기사辰巳渚의 『버리는! 기술「捨てる!」技術』이나 야마시타 히데코やましたひでこ의 『신·정리술 단사리新·片づけ術「斷捨離」』 등의 정리 지침서가 그것에 선행했다. 그것들에 공통되는 점은 사물을 대량으로 낳는 소비 사회를 받아들이고 옹호하는 자세를 보인다는 점이다. 예컨대 다츠미는 그의 책에서 '물건 소모 스피드를 훨씬 뛰어넘는 사물이 증식해 우리의 생활'이 '사물로 흘러넘치게 되었'다는 점을 문제로서 지적하면서도 '사는 것=사물을 늘리는 것을 그만둬버리기에는 너무나도 쓸쓸'해 쇼핑을 줄인다고 '즐겁게 살 수 있다고는 생각되지 않'으므로[4] '버리는 기술'이 필요하다고 말한다.

이러한 자세는 여전히 버블의 잔향이 떠도는 1992년에 유행한 나카노 고지中野孝次의 『청빈의 사상淸貧の思想』이 표명해온 태도와 비교해 정반대의 것이라 할 수 있다. 나카노는 거기에서 '물

---

1 (역주) 일본 최대의 프리마켓 사이트 https://jp.mercari.com/

2 奥平和行, 『メルカリ 希代のスタートアップ、野心と焦りと挑戦の5年間』, 日経BP社, 2018, p.2.

3 近藤麻理恵, 『人生がときめく片づけの魔法』, サンマーク出版, 2010. (곤도 마리에, 『인생의 빛나는 정리의 마법』, 더난출판사, 2012.)

4 辰巳渚, 『「捨てる!」技術』, 宝島社, 2000, p.5~6.

건은 풍요로워졌다. EC권 어떤 나라에도 뒤처지지 않는 시장에 물건은 넘치고 있'다고 인정하면서도 '물건의 생산이 아무리 풍요로워진다 한들' '생활의 행복과는 반드시 결부되지 않는다'고 말하며[5] 대량 생산과 대량 소비를 부정하고 사물을 갖지 않고 행복하게 산 선인들의 심성을 칭찬했다.

『청빈의 사상』은 팽창하는 소비 사회에 적대적 자세를 보임으로써 주목을 받았지만, 2000년대 이후 정리의 지침서에서는 이와 같은 태도는 엷어지고, 어디까지나 물건을 대량으로 받아들이면서도 그것을 처리해가기 위한 현실적 기법을 궁리해내는 것이 좀더 큰 과제가 되었다. 예컨대 야마시타 히데코는 '물건이 멋대로 찾아오는 사회'에서 사는 이상, 물건이 집안에 넘치는 것은 우리의 '책임'이 아니라고 위로한다.[6] 그러나 바로 그런 이유로 쾌적하게 살려면 물건을 노력해서 버릴 필요가 생긴다고 하고, 그 때문에 야마시타는 요가의 '단행斷行', '사행捨行', '이행離行'에서 착상을 얻어 '물건 정리를 통해 자신을 알고 마음의 혼탁함을 정리해 인생을 쾌적하게 하는 기술'로서 '단사리斷捨離'를 설파한 것이다.[7]

사물에 대한 집착

이러한 선행하는 기법을 계승하면서 곤도 마리에가 『정리의 마법』에서 더 추가한 것은 무엇을 버리는가가 아니라 오히려 무엇을 남기는가에 대한 관심이다. 되도록 물건을 처분하고 중요한 것을 남긴다고 하는 결과만을 보면 분명 '단사리'와 곤도의 '정리의 마법'은 유사하다. 하지만 곤도 자신의 설명에 따르면 '단사리'에서는 물건에 대한 집착을 어떻게 버릴 것인지가 중시되는 반면, 『정리의 마법』에서는 오히려 물건에 대한 집착이 중시된다.[8] 집착이 있어야 비로소 어떤 물건을 남길 것일지가 결정된다고 하며, 그러한 집착을 자각하기 위해 곤마리는 정리할 때 '하나하나 손에 들고, 만져보는 것'을 통해 '가지고 있을 때 마음이 두근거리는지'[9] 어떤지를 판단한다고 하는, 트레이드마크가 되기도 한 의례도 장려한다.

이러한 의미에서 곤마리 방식의 중심에 있는 것은 물건에 대한 집착, 그것도 때로는 합리성을 넘어 신비적 경향조차 보이는 집착이라고 할 수 있다. 여기서 사물의 가치는 도움이 되는가(=사용 가치 또는 유용성)나 화폐적 가치가 있는가(=교환 가치)에 의해서는 판단되지 않는다. 애초에 생각해보면 시장에 저가

5　中野孝次, 『清貧の思想』, 草思社, 1992, p.137.

6　やましたひでこ, 『新·片付け 術断捨離』, マガジンハウス, 2009, p.48.

7　やましたひでこ, Ibid, pp.5~6.

8　「こんまりメソッドと断捨離の違いについて、話します！」,　https://www.youtube.com/watch?v=tpMxnu7LqSo(검색일 2022. 10. 7).

9　近藤麻理恵, Ibid, p.63.

상품이 충분히 있는 디플레이션 상황에서는 기능성이 있고 도움이 되는 상품일수록 그 대체 상품을 손에 넣는 것도 쉬울 것이다.

그 대신 『정리의 마법』에서는 시장, 즉 어딘가 누군가의 판단을 초월해 어디까지나 자신이 정하는 가치가 소중해진다. 사물에 대한 집착은 여기서는 죄악시되거나 부정되지 않는다. 시장 가치는 높더라도 집착을 불러일으키지 않는 물건이 집에 남아 있는 쪽이 오히려 문제가 되니 그러한 물건을 버리고 두근거림을 안겨주는 물건만으로 집을 채우는 것이 곤마리의 목표다.

이러한 의미에서 기능성이나 교환 가치를 넘어 물건에 대한 이른바 페티시적 애착을 옹호하는 것이 곤마리 방식의 핵심에 있다고 말할 수 있겠다. 바로 그 때문에 곤마리 방식은 단순히 정리 지침서로 끝나지 않고, 정리를 통해 물건의 매력을 '재발견'하고, 그 과정에서 자신이 어떤 인간인지를 알기 위한 기법과도 통한다. '정리'는 단순히 쓸모없는 물건을 버리는 기법이나 물건을 편리한 장소로 수납하는 생활의 기술에만 머물지 않는다. 정리는 타자의 판단에 의존하지 않고, '물건을 통해 자신과 대화'[10]하고, 자신을 알기 위한 자기 계발적 기회로서 존재한다. 이때 버려지는 무수한 사물에도 특별한 의미가 할당된다. 그들 사물은 자신이 무엇이 아닌지를 가르쳐줬다는 의미에서 역설적으로도 도움이 되는 것이며, 따라서 버릴 경우에도 '나에게 맞지 않는 타입의 옷을 가르쳐줘서 고마워'[11]라는 감사의 말을 건내야 한다는 것이다.

이처럼 곤마리의 정리 방식은 소비 사회가 촉발하는 대량 생산과 대량 소비를 어디까지나 전제로 깔고, 매력적인 물건을 고르고 손에 넣기 위한 기법으로서 존재하며, 그러한 의미에서 '빈자의 사상'만이 아니라 '버리는!' 기술이나 '단사리'와도 일정의 차이가 있었다고 할 수 있다. 분명 저가 물건이 흘러넘치는 현대 사회에서는 정말로 소중하다고 여겨지는 상품을 '똑똑하게'(≒가성비 좋게) 손에 넣는 것은 어렵다. 그러나 설령 구입 시에 그것이 가능하지 않더라도 우울할 필요는 없다. 우선은 물건을 쉽게 사고, 다음에 그것을 버리려 해보면 그것이 '두근거리는' 것(≒'똑똑한 쇼핑')이었는지 어떤지는 사후적으로 확인할 수 있다고 곤마리는 설명하는 것이다.

미니멀리스트적 라이프스타일과의 유사점

이렇게 소비와 대량 소비 시장을 긍정하면서 사물에 대한 집착을 주장했다는 점에서 곤마리의 『정리의 마법』은 그것보다 조금 늦게 출현한 미니멀리스트적 라이프스타일과 오히려 닮은 부분이 있다. 미니멀리스트의 시발점이 된 저서 『우리에게 이제 사물은 필요없다―단사리에서 미니멀리스트로ぼくたちに、もうモノは必要な

---

10   近藤麻理恵, Ibid, p.82.

11   近藤麻理恵, Ibid, p.87.

い。—断捨離からミニマリストへ』에서 사사키 후미오佐々木典士는 미니멀리스트를 '정말로 자신에게 필요한 물건을 아는 사람'[12]으로 정의한다. 즉 미니멀리스트란 소비를 적대시하고 사물에 증오를 불태우는 자가 아니라 되도록 엄선해 마음에 드는 사물만을 주위에 남겨두려는 자이며, 바로 그 때문에 그 생활은 현대 소비 사회의 구조에 의해 지탱되고 있다. 실제로 사사키는 미니멀리스트가 탄생한 조건의 하나로서 '물건을 가지지 않아도 되는, 물건과 서비스의 발전'[13]을 들고 있다. 미니멀리스트가 물건을 소지하지 않아도 되는 것은 시장에 물건이 흘러넘쳐서 그것을 원할 때 살 수 있기 때문이다. 필요하면 시장에서 그때마다 사면 되니까 미니멀리스트는 지참하는 물건을 최소한으로 줄일 수 있는 것이다.

현대 소비 사회를 긍정하고 거기서 탄생하는 사물에 대한 애착을 감추려고 하지 않는다는 점에서 미니멀리스트와 곤마리의 지향은 아주 비슷하다. 차이가 있다고 한다면 ① 곤마리의 정리에 마음을 빼앗긴 사람은 물건을 사기 전에 자신이 좋아하는 것이 무엇인지 잘 모르는 반면, 미니멀리스트는 미리 자신에게 필요한 물건을 안다(고 믿는다)는 점이다. 그것을 떠받치는 것은 우선은 돈의 힘이다. 풍요로운 자는 필요하면 언제라도 시장에서 사면 되고, 그 때문에 마음에 든 물건을 모조리 사야 한다고는 생각하지 않는다. 반면 상대적으로 가난한 자는 언제 살 수 없게 될지 모르는 이상, 마음에 든 상품이 있으면 그때마다 사두는 편이 나은 것이다.

예컨대 일본문학연구자 마에다 아이前田愛도 '가난이 물건의 결핍 상태라는 우리의 상식'을 부정하며, 메이지 빈민굴에 물건이 흘러넘쳤음을 강조한다.[14] 그러한 상황은 지금도 여전히 변하지 않았다. 소비 사회의 가난한 자가 100엔샵 등에서 물건을 사고 비축하여 경우에 따라서는 집을 '쓰레기 저택'으로 만드는 반면, 스티브 잡스 같은 초부유층은 물건을 되도록 지니지 않고, 정선된 옷만 입는 생활을 보냈다. 풍요로운 자가 물건을 최소한까지 줄이는 반면, 풍요롭지 않은 자는 언제 살 수 없게 될지 모르기 때문에 상품을 사두어야 하며, 또한 바로 그 때문에 곤마리가 설파하는 '정리의 마법'을 필요로 하는 것이다.

덧붙이자면 빈부의 차이만이 아니라 ② 미니멀리스트적 생활 방식이 혼자 살 때는 정말로 유효한 수도적인 기법인 반면, 곤마리 기법은 다른 누군가와 함께 사는 것을 자주 전제로 깐다는 점에서도 다르다. 혼자 살고 있다면 미리 물건을 선별해 그 이외는 가지지 않겠다고 정하는 것은 그리 어렵지 않다. 자신이 싫은 물건은 단순히 사지 않으면 되기 때문이다.

12   近藤麻理恵, Ibid, p.82.

13   佐々木典士, 『ぼくたちに、もうモノは必要ない。―断捨離からミニマリストへ』, ワニブックス, 2015, p.47.

14   前田愛, 『都市空間の中の文学』, 筑摩書房, 1982, p.195.

한편 생애 주기나 성별, 취미를 달리하는 타자와 함께 살고, 각각 사적 소비가 허용되는 경우에는 물건의 선택은 곧바로 분란의 원인이 된다. 집에 쌓이는, 가족 각자가 좋아하는 물건을 설령 쓸모없어 보이더라도 함부로 처분하기는 어렵기 때문이다.[15]

곤마리의 『정리의 마법』이 이렇게까지, 그리고 세계적인 히트를 친 것도 우리의 생활을 각각 사적인 것까지 분해하는 소비 사회의 원심력이 더욱 커졌기 때문이라고 할 수 있겠다. 소비 사회는 다양한 상품을 내보내고 각각의 사람들이 그것을 맘대로 사도록 재촉함으로써 함께 사는 것조차 어렵게 만들어버린다. 2021년 히트한 도이 노부히로 감독의 영화 〈꽃다발 같은 사랑을 했다花束みたいな恋をした〉는 그러한 상황을 깨알 같은 디테일로 잘 그려냈다. 영화에서는 같은 책이나 영화, 게임이나 음악, 연예인을 좋아해서 맺어진 연인들의 행복한 생활이 조명된다. 그러나 대량으로 물건이 흘러넘치는 사회를 각각의 방식으로 살아가는 가운데 둘의 취미도 변해간다. 그러한 모드의 변화와 소비 사회의 원심력을 참을 수 없어 두 사람의 생활은 마침내 붕괴되고 마는 것이다.

이러한 비극은 어디에서도 볼 수 있다고 생각되지만, 바로 그 때문에 가족을 재생하는 계기로서 정리에 기대가 모아진다. 정리를 통해 물건을 엄선하면서 자신이 무엇을 소중하게 여기는 사람인지를 다시금 드러냄으로써 운이 좋으면 동거인끼리 다시금 서로를 인정할 수 있지 않을까. 2019년부터 넷플릭스에서 방송된 〈Tidying Up with Marie Kondo일본어 제목 : KonMari~인생이 두근거리는 정리의 마법〉에서는 그러한 희망이 프로그램의 큰 테마로 설정되어 있다. 프로그램에서는 온갖 문제를 떠안고 있는 가족이 등장해 정리를 통해 무엇에 '두근거리는spark joy'지를 깨달음으로써 자신이나 동거인이 어떤 인간인지를 다시금 알아가는 과정이 조명된다. 다양한 물건을 대량으로 쏟아냄으로써 타인과 함께 사는 것을 더욱 곤란하게 만들어가는 소비 사회에 저항하여 정리를 통한 가족 재생의 이야기를 보여줬기 때문에 이 프로그램은 글로벌한 인기를 모은 것이다.

물론 프로그램이 조명하는 것은 잘된 사례에 지나지 않는다. 정리를 통해 타자가 결정적으로 받아들일 수 없는 것이 확실해지는 쪽이 실제로는 많다고도 생각할 수 있다. 그 경우, 따로 살며 각자가 미니멀리스트가 되는 편이 낫다는 결론이 날지도 모르지만, 바로 그러한 곤란한 상황이기에 거꾸로 타자와 살기 위한 실낱 같은 희망을 제시함으로써 프로그램은 대중적 인기를 모았다고 할 수 있겠다. 물건이 넘치고 취미가 다양화하는 사회 속에서 가족은 사적인 소비를 통해 방대한 물건을 분열의 증거처럼 그 안에 모아간다. 글로벌로 확대되는 그러한 상황에 어떻게든 저항하기 위해 곤마리는 정리를 통해 타인과 장소나 인생을 공유

15 곤마리 자신이 일찍이 가족의 물건을 함부러 버려 빈축을 사서 '정리 금지령'까지 내려졌다고 한다. 近藤麻理惠, Ibid, p.75.

해갈 것을 추천한 것이다.

소비 사회의 연명

이제까지 봤듯이 1990년대 이래 디플레이션 경제에 의해 사물
이나 정보가 대량으로 쏟아져 나오는 가운데 ① '똑똑한' 소비 게
임이 확대됨과 동시에 ② 그것이 쇼핑을 번거롭고 귀찮은 '작업'
으로 만들기도 했다. 바로 그 때문에 ③ 물건의 포화에 대처하는
여러 가지 수단도 고안되었다. 대량으로 물건이 흘러넘치는 사회
속에서 정보를 미리 선별해 선택 비용을 대신해주는 디지털 기
술이나 산 물건을 정리해서 버리기를 쉽게 해주는 아날로그 기법
이 주목 받은 것이다.

이러한 기술이나 기법이 도입됨으로써 소비 사회는 연명했
다. 1990년대 이래 경제적 불황 속에서 일본 사회는 100엔샵이
그러했듯이 아시아를 대표로 하는 여러 나라로부터의 수입을 확
대함과 동시에 넷 상의 거대한 성장을 순풍으로 삼아 저가로 구
매 가능한 '상품'을 증대해갔다. 그렇게 저가가 된 상품을 '똑똑하
게' 사기 위해서만이 아니라 나아가 산 것을 버리기 위한 기술이나
기법이 고안됨으로써 어떻게든 소비 생활은 유지되어온 것이다.

'소비 사회'는 끝났다고 쉽사리 단언하는 이야기의 모드가
보지 못하는 것은 이렇게 사회의 변화에 대응하려고 해온 사람
들의 절실한 실천이다. 소비 사회는 자본주의의 재생산을 보완하

는 단순한 보완재에 그치지 않으며, 긴 역사를 가짐과 동시에 다양한 기술이나 기법에 의해 보완되고 있다. 바로 그 때문에 그것은 단기적 경제 침체나 천재지변, 경우에 따라서는 국가의 압정壓政을 극복하는 탄력성을 보여준다.

그렇다면 쉽사리 소비 사회를 상대화하거나 부정하는 건 피해야 한다고 말할 수 있겠다. 소비 사회를 정말로 극복하고 싶다면 그 존속을 위해 사람들이 어떠한 노력을 거듭해왔는지, 그리고 그것이 어떠한 사회적 문화나 기술에 의해 지탱되는지에 대해 우선은 구체적으로 생각해야 한다.

제3장

사적 소비의 전개
― 내가 사는 장소/신체라는 환상

1. 게임의 규칙

타자에 대한 게임

소비 사회는 이렇게 경제 정체조차 극복하고 부드럽게 계속되어
왔다. 그 연명에 특히 기여해온 것이 대량으로 물건이나 정보가
넘치는 가운데 효율이 좋게 물건이나 정보를 선택함으로써 소비
사회 속에서 자신이 누구보다도 '똑똑하게' 행동하고 있음을 보
여주는 게임이다.

　소비에 '똑똑함'이 필요해진 것은 분명 최근 강조되기 시작
한 현상은 아니다. 일본에서는 1968년 소비자보호기본법이 제정
된 무렵부터 '똑똑한 소비자' 되기가 지자체의 교육 방침의 일환
으로서 활발하게 발신되었다. 그러나 이렇게 강조되었던 '똑똑한
소비'와 여기서 말하는 '똑똑함'의 게임은 완전히 일치하지 않는
다. 예전의 '똑똑함'은 사기에 걸리지 않고, 무계획적 낭비를 하지
않는 합리적 소비 주체가 되는 것을 주부를 중심으로 한 사람들
에게 호소하는 것이었다.[1] 반면 1990년대에 확산된 게임은 높은

가성비를 추구해 특별히 싼 값이거나 질은 좋아도 상당히 고가의 상품을 사는 것을 광범위한 사람들에게 요청한다. 예전의 '똑똑한 소비자'가 피해야 한다고 간주된 낭비나 겉멋을 일부러 행하는 것을, 현재의 '똑똑함'은 오히려 재촉하는 것이다.

이러한 의미에서 디플레이션 기간의 '똑똑한 소비'는 어디까지나 불특정 다수의 타자와 교환하는 커뮤니케이션의 일부에 속했다고 할 수 있겠다. 보드리야르는 대화가 기호로서 말을 사용해 행해지는 것과 마찬가지로 소비도 기호로서 상품을 이용하는 커뮤니케이션으로서 실행된다고 인식했다. 타자에 대해 온갖 흥정을 벌이고 경쟁하는 그러한 커뮤니케이션 게임의 일종으로서 '똑똑한' 소비도 디플레이션 하의 일본 사회에 널리 받아들여진 것이다.

물론 '똑똑함'을 요청하는 커뮤니케이션 게임만이 소비와 관련되어 축적되어온 것은 아니다. 동시대에는 그와 병행해서 다른 종류의 소비 게임도 전개되었다. 예컨대 동일본대지진 이후 두드러지기 시작한 '응원 소비'나 그것과 공통되는 부분이 있는 '덕질 활동' 등이 그렇다. 많은 소비가 커뮤니케이션으로서 축적

---

1   예컨대 야마구치 도미조는 "'계몽'되어 '똑똑'하게 된 주부가 행정의 '보호'를 호소한다고 하는 수동적인 자세로부터는 벗어나지 않는다."(「消費者運動の新しい展開」, 『月刊社会教育』第十五巻四号, 1971, p.66)고 하며, 이 '똑똑한 소비자'를 비판적으로 해석했다.

되는 것을 배경으로 소비가 타자에 대해 의미를 가짐을 자각적으로 이용하는, 이른바 메타적 커뮤니케이션 게임으로서 그것들은 실행되었던 것이다.

그러한 의도적 커뮤니케이션의 시도의 일종으로서 더욱 흥미로운 것은 환경 혹은 자신의 몸에 친화적이라고 여기는 상품을 구매하는 유행이다. 요네자와 이즈미米澤泉는 2000년 무렵부터 그렇게 자타에 대해 '올바름'을 요청하는 소비가 증가해갔다고 분석한다.[2] 그것을 상징적으로 보여주는 것이 유니클로의 약진이다. 지방 소도시에서 체인화를 시작한 유니클로는 1990년대 말부터 거대한 성장을 보였다. 그것은 패션 소비가 자신의 센스나 구매력을 타인에게 과시하려는 것이 아니라 화려함을 배제하고 자기 자신답게 있으려고 노력하는 기회로서 받아들여졌음을 보여준다는 것이다.

요네자와는 이러한 구매 활동을 버블 시대 의복 분야에서 특히 두드러진 자신의 감성이나 부유함을 과시하는 소비와는 대조적인 실천으로서 그려낸다. 다만 타당한 부분은 있어도 자신이 '올바르게' 소비하고 있음을 타자에게 표현한다는 의미에서는, 그것이 여전히 커뮤니케이션의 범위 안에 머물러 있음을 간과할 수는 없다. '올바른' 소비도 자신이 사회에 대해 이질적인 타자가 아니라 자신의 신체에 신경을 써 적절한 라이프스타일을 유지하면서 적극적으로 사회 참여를 하는 자임을 드러내는, 일종의 요설饒舌적 표현으로서 기능해온 것이다.

이러한 의미에서는 '올바름'을 요청하는 소비는 '똑똑한' 소비의 아류일 뿐 아니라 그 주장을 극단화한 것이라도 말할 수 있겠다. 여기서 '올바름'이란 한편으로는 '똑똑하'게 사기 위한 판단 기준으로서 이용된다. '똑똑'하기 위해서는 예컨대 환경이나 젠더적으로 흠이 없는 상품 구매가 요청된다. 동시에 여기서는 그러한 판단 기준에 타자도 따라야 함이 상당히 강하게 주장되고 있다. 종래의 '똑똑함'을 경쟁하는 소비 게임에서는 '저가'나 브랜드 제품의 '다른 것으로 대체하기 힘들다'고 하는 특징 등 여러 가지 요소가 승리 조건으로서 병립했다. 그러나 '올바른' 소비의 경우 자신이 행한 소비에 타자도 따라야 한다는 것이 잠재적이더라도 요구되는 것이다.

이러한 예가 보여주듯이 21세기에는 다양한 커뮤니케이션 게임이 소비와 관련되어 발달했다. 그 한 극점에는 무조건 사지 않을 것을 지향하는 '소비 혐오'라는 현상조차 보인다.[3] 2000년대 후반 젊은이를 중심으로 화려한 패션이나 자동차 등을 오히려 쉽게 사지 않음으로써 역설적으로도 뭔가를 표현하려고 하는 사람들이 증가하고 있다고 한다.

2 米澤泉, 『コスメの時代―「私遊び」の現代文化論』, 勁草書房, 2008, 米澤泉, 『「くらし」の時代―ファッションからライフスタイルへ』, 勁草書房, 2010.

3 松田久一, 『「嫌消費」世代の研究―経済を揺るがす「欲しがらない」若者たち』, 東洋経済新報舎, 2009.

물론 '소비 혐오'적 풍조가 실제로 얼마만큼 확대했는지에 대해서는 어디까지나 진중하게 관찰할 필요가 있다. ① 이미 확인했듯이 물가 하락의 영향을 고려한다면 적어도 일반적으로 소비 활동이 그 시기에 감소했다고는 말할 수 없다는 사실에 더해 ② 자동차나 주택 등 일부 고가 상품의 소비가 설사 감소했다고는 해도 그 대부분은 수입 감소에 따른 피하기 힘든 현상에 지나지 않았을 가능성이 높은 것이다.

그러나 이를 일단 인정한 후 더욱 흥미로우면서도 두려워해야할 것은 이제부터 '소비 혐오'적 지향이 이 사회에 좀더 강제적으로 정착할 가능성이다. 2022년 이래 급격한 엔저와 다른 아시아 국가의 성장에 의해 저가 상품의 지속적 공급이 곤란해지고 있다. 디플레이션 시대는 끝을 맞이할 가능성이 높다. 그럼에도 사회의 빈곤화가 진행된다면 분명 소비는 더욱 곤란한 활동이 될 우려가 있다고 생각된다.

사실로서는 그 우려를 불식하기 어렵지만, 한편으로는 그 경우에도 소비가 곧바로 커뮤니케이션으로서 역할을 끝내지는 않을 것임을 확인해두는 편이 좋겠다. 먼저 '똑똑한' 소비라는 지향이 금방 폐지될 거라고는 생각하기 힘들다. 정보 공간의 확장은 여전히 멈출 기세를 보이지 않고, 오히려 유튜브나 넷플릭스에 업로드된 콘텐츠나 서비스를 차례로 가능한 '가성비' 좋게 소비하기가 강하게 요구되고 있다. 나아가 디플레이션 속에서 축적되어온 소비의 성공 체험은 좀더 싸고 질 좋은 상품을 구매하길 재촉하는 압력으로서 앞으로도 일정 기간 음악에 일관되게 깔리는 저음화음通奏低音처럼 일본 사회에 계속해서 영향을 미칠 것이라고 생각된다.

물론 물가 상승은 적어도 기호품 같은 고가 상품의 구매를 곤란하게 만들 것이다. 그러나 그렇게 되면 한편으로 소비를 '용감'하게 또는 '화려'하게 행하는 것이 새로운 즐거움으로서 성장해갈 가능성이 높다. 이미 그 경향은 글로벌 물가 상승 속에서 분명해지고 있다. 예컨대 원유 가격 상승과 엔저가 지속되면 일본 사람들의 해외 여행이 그림의 떡이 될텐데, 바로 그 때문에 과시가 의미를 가지는 시대가 다시 회귀할 가능성이 큰 것이다.

이제까지의 논의에서 본다면 금후 단기적인 경제 변동으로 커뮤니케이션으로서 소비가 간단히 흔들릴 거라고는 상정하기 힘들다. 인플레이션 경향 속에서 '똑똑함'을 지향하는 게임은 그 확대를 줄이고, 또 그에 응해 소비도 양적으로는 줄어들게 될지도 모른다. 그러나 일본 사회는 예컨대 1990년대 이후 경제 정체라는 위기를, 직접적 '구매'만이 아니라 '선택'이나 '폐기'와 관련된 여러 가지 기술을 전개함으로써 극복해왔다. 그러한 역사를 염두에 둔다면 인플레이션 속에서 가격에 따라 좀더 다양해질 상품군을 토대로, 새로운 소비 전략이 개화할 가능성은 있어도 커뮤니케이션으로서 소비가 단번에 쇠퇴해 그 결과 소비 사회가 급속하게 위축될 것으로는 생각하기 힘들다.

성실한 게임

한편 소비는 단지 타자와의 커뮤니케이션만이 전부는 아니다. 그러한 정의만으로는 예컨대 다른 커뮤니케이션 게임과의 구별이 어려워진다. 1990년대 이래로 휴대 전화나 스마트폰 등 정보 기기 기술 혁신이 진척되어갔다. 그것을 사용한 커뮤니케이션 게임은 경우에 따라서는 소비와 겹치는 역할을 수행해왔지만, 완전히 소비를 대체한 것은 아니다. 실제로 만약 그랬더라면 정보와 관련된 커뮤니케이션의 급속한 확대에 휩쓸려 소비는 디플레이션 속에서 그 의미를 급속하게 상실하고 말았을 것이다.

그러나 현실로는 100엔숍이나 브랜드 제품의 흥성에서 봤듯이 소비는 사회 속에서 오히려 큰 의미를 담당해왔다. 그것은 소비가 SNS 등의 커뮤니케이션으로 환원되지 않는 특유의 역할을 해왔기 때문이라고 생각된다. 단적으로 말해 소비는 어디까지나 화폐를 매개로 해서 행해지는 것이 특징이다. 화폐를 매개로 하지 않는 통상적인 대화나 SNS 등의 커뮤니케이션 혹은 화폐가 관여하더라도 이론적으로는 무시할 수 없는 '교환'이나 '배급'의 경우와는 달리 화폐를 매개로 하지 않는 소비는 존재하지 않는다. 소비란 어디까지나 화폐를 내던지는 것을 대상代償으로서 실행되는 독자적인 사회적 활동이기 때문이다.

그렇게 화폐를 매개로 함으로써 중요해지는 것은 무엇보다도 그것이 소비를 불가역적이며 되돌릴 수 없도록 만들며, 또한 그 때문에 '성실'한 게임을 하게 된다는 점이다. 생각해보면 SNS

등의 커뮤니케이션에서 수정하거나 거짓말을 하는 것은 결코 비일상적이지 않다. 우리는 종종 누군가를 가장해 포스팅함으로써 보여주고 싶은 자기 자신을 각색한다. 다른 한편으로 받아들이는 사람도 진심으로 투고자의 진짜 생활이 SNS에 표현되고 있다고 믿고 있지 않다. 오히려 너무나 '성실'한 표현은 거부되는 경우도 있다. 예를 들면 과도한 분노나 슬픔을 SNS에서 표현하는 것은 많은 경우 매너 위반으로서 회피된다.

그렇게 거짓말을 하기 쉬운 것은 단적으로 말해 SNS 공간에서는 커뮤니케이션 리스크나 비용이 그렇게 크지 않기 때문일 것이다. 익명의 경우는 말할 것도 없고, 그렇지 않더라도 SNS 상에서 작은 거짓말은 들킬 가능성이 적고, 들킨다 한들 모두가 자신을 얼마간은 포장하고 있다는 의미에서는, 받게 되는 타격은 크지 않다. 오히려 보여주고 싶거나 되고 싶은 자신이 될 수 있고, 그것을 몇 번이고 쉽게 수정할 수 있는 낮은 비용이나 허구성이 야말로 SNS의 매력 중 하나다.

반면 물건을 사는 경우에 '거짓말'을 하는 것은 어렵다. 단적으로 소비에서는 금전적 비용이 커지기 때문이다. 소비되는 대상에는 상응하는 가격이 붙어 있고, 이에 맞는 화폐를 지급하지 않으면 구매 활동은 성립하지 않는다.

문제는 소비에서 치르는 이 화폐가 사회적으로는 희소하고 귀중한 것으로 존재한다는 점이다. 일반적으로 우리는 번거로운 교섭을 통해 화폐를 처음 자기 손에 쥘 수 있다. 노동을 통해 화폐가 입수되는 경우에는 틀림없이 그렇다. 우리는 자기 시간이나 노력을 내다팔고, 누군가의 요구에 응함으로써 돈을 얻는다. 특히 전후 일본에서는 기업에 취직해 일함으로써 돈을 얻는 것이 보통이었다.[4] 기업에서 일하면 종종 안정된 급여를 받아도 그 대가로서 노동 시간만이 아니라 사는 장소나 장래 계획 등을 스스로 결정하는 자유를 기업에 빼앗기고 만다.

다른 한편 투기로 돈을 벌거나 상속으로 거액의 부를 손에 넣는 자도 화폐를 손에 넣기 위해 사회적 제약을 받는다는 점에는 차이가 없다. 투기로 돈을 버는 사람이 늘 시장을 주시할 수밖에 없고, 상속으로 돈을 얻는 사람이 가족이나 주위 평가를 신경 써야 하듯이 돈을 얻기 위해서는 다소 타자의 동향이나 마음을 고려해야만 하는 것이다.

이렇게 어디까지나 사회적 대가를 치러 획득된 화폐를 쓰는 실천으로서 소비에는 진중함이 요구된다. 프랑스 사회학자 피에르 부르디외를 대표로 하는 취미 분석이 일정한 유효성을 가지는 것도 그 때문이다. 부르디외는 사람들이 소비하는 문화 상품을, 출신이나 계급, 교육에 근거한 취미나 사상을 표현하는 것으로 봤다. 그러한 분석이 가능한 것은 화폐가 많은 경우 사회적 종속을 대신해 손에 넣은 대상代償이며, 그 가치를 우리가 합리적으로 고려해서 사용한다고 상정되기 때문이다.

물론 놀이나 변덕으로 행해지는 소비도 있다. 그러나 고가의 물건을 사는 행위가 종종 돈을 쓰는 데 익숙해지지 않는 증거가 되고 말듯이 사회가 쳐놓은 눈에 보이지 않는 룰을 자신의 의도만으로 뛰어넘는 것은 어렵다. 장난으로서 소비조차 경우에 따라서는 뭔가 의도적인 것이라는 의미로서 읽히기 때문이고, 그러한 타자의 독해 가능성을 이중, 삼중으로 예상하고 행한다는 의미에서 소비에는 타자의 시선이 달라붙어 있으며, 그것이 소비에 기존의 사회적 질서를 재생산하는 역할을 부과하는 것이다.

사적 소비

화폐를 매개로 소비는 이렇게 '무상無償'의 커뮤니케이션에는 없는 '성실성'을 떠맡았고, 바로 그 때문에 SNS가 융성함에도 특별한 역할을 수행해왔다. 복잡화하는 현대 사회 속에서 소비는 그것을 통해 좋든 말든 자신이 누구인지를 밝히는 수단으로서 이용되어온 것이다.

그렇지만 한편으로 소비는 단순히 타자와의 교류를 전제로 한 합리적 커뮤니케이션 중 하나로 귀결되지는 않는다. 그것을 확인하는 데 중요한 것이 분명 앞서 봤던 것 이상의 본질적인 화폐의 특징이다. 화폐가 소중한 것은 사회적 온갖 노고를 거쳐 손

4　예를 들면 그것을 전제로서 전후에는 생명보험이 일반화했고, 또 간접적으로 중고년의 자살도 증가했다. 貞包英之·元森絵里子·野上元, 『自殺の歴史社会学—「意志」のゆくえ』, 青弓社, 2016. 참조.

에 넣을 수 있었기 때문만이 아니라 그것이 어떠한 물건에도 속박되지 않는 무제한의 가능성으로 존재하기 때문은 아닐까. 화폐를 가지고 있는 한 우리는 언제 무엇을 손에 넣을지를 연기할 수 있다. 특정 사물에 속박되지 않는 그러한 가능성이야말로 애초에 끝나지 않는 가치 증식을 추구하는 자본주의를 가능하게 만들어온 것이다.

하지만 소비에서는 이 소중한 미래의 가능성이 방기된다. 화폐는 한정된 유한한 가능성밖에 없는 사물(이나 비사물)로 바뀌어지는 것이며, 그러한 의미에서 소비는 '투자'나 '교환'처럼 단지 합리적으로만 이해할 수 있는 행동은 아니다. 실제로 조르주 바타유는 소비를, 유용물을 무無로 돌려보내는 '탕진consumation' 으로 인식했다. 얻을 수 있는 것이 없을지도 모르는 '도박'이나 생명을 파괴하는 '희생'과 마찬가지로 유용물이 생산을 위해서가 아니라 쾌락이나 또는 단순한 무無를 위해 사용된다는 의미에서 소비는 합리적인 '탕진'이라고 바타유는 생각했던 것이다.[5]

그렇다면 그런데도 왜 소비는 실행되는 것일까. 바타유는 그것을 합리성으로부터 벗어나 자신을 타자로부터 차단하는 것 자체에 쾌락이 있기 때문이라고 인식했다. 합리성을 침범함으로써 행위자는 자신이 통상적인 사회의 룰을 벗어난 특별한 자임을 자신과 타자에 대해 돋보이게 만든다. 이 같은 사태는 예컨대 소스타인 베블런이 말하는 '과시적 소비conspicuous consumption'에서도 확인된다.[6] 베블런은 부자는 자신의 부를 과시하기 위해 구매 활동을 행한다고 봤다. 그러한 과시가 의미를 갖는 것은 '본래' 합리적이어야 할 소비가 여기서는 비합리적으로 행해지는데 부자만이 이에 견딜 수 있다고 암암리에 인정되기 때문이다.

'탕진'으로서 소비는 이렇게 비합리적인 것으로 나타난다. 다만 이 경우에는 여전히 소비가 자신이 특별한 존재임을 제시하는 일종의 역설적인 커뮤니케이션에 머물러 있음을 잊지 말아야 한다. 그러나 소비는 언제나 이렇게 커뮤니케이션을 지향하는 것으로 나타나는 것은 아니다. 귀중한 화폐를 쓰는 것은 사실이지만, 오히려 소비에서 자주 절실하게 문제시되는 것은 그 대신에 어떠한 쾌락이나 만족을 얻을 수 있는가다. 소비에서는 사례를 결한 '희생'이나 무엇을 얻게 될지 불확실한 '도박'과는 달리 무제한의 가능성을 가진 화폐가 쓰인다는 바로 그 이유 때문에 그에 걸맞는 대상이나 쾌락을 얻는 것이 자주 중심적인 과제가 된다.

다만 중요한 것은 이 경우 이렇게 어떤 의미에서 합리적 거래의 결과로서 손에 넣은 대상이 타자에게 어떠한 유용성이나 기

---

5 Georges Bataille, *La Part maudite Essai d'économie generale: La consumation*, Éditions de Minuit, 1949. (조르주 바타유, 최정우 옮김, 『저주받은 몫』, 문학동네, 2022.)

6 Thorstein Veblen, *The Theory of the Leisure Class*. New York: MacMillan, 1899. (소스타인 베블런, 박홍규 옮김, 『유한계급론』, 문예출판사, 2019.)

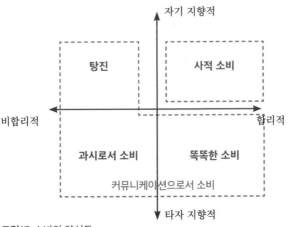

그림17 소비의 양식도

능이 있는가는 반드시 큰 의미를 갖지 않는다는 점이다. 내던진 화폐의 제한 없는 가능성을 대상代償하는 가치가 나에게는 아무 것도 아니라면 설령 그것이 타인에게 가치가 있더라도 소비에서 는 그다지 의미가 없다. 소비는 어디까지나 타인 측의 가치판단 에 초점을 맞춰 행해지는 '투자'나 상업적 '교환'과 이 점에서는 확실하게 구분된다.

이러한 의미에서 소비에서는 무언가를 전하려는 커뮤니케 이션의 수평적 게임 외에 타자를 상대적으로 내버려두고 오히려 자신의 쾌락이나 만족을 탐욕적으로 추구하는 수직적인 사적 게 임이 포함되게 된다(그림17). 후자의 게임에서 중요해지는 것은 어디까지나 이 '나'에게 소비가 무엇을 의미하는가이지, 타자에게 그것이 무엇을 의미하는가는 아니다. 바로 그 때문에 소비에는 끝이 없다. 무제한의 가능성을 가진 화폐에 완전한 대상은 존재하지 않지만, 그러나 그 때문에 되도록 많은 쾌락이나 만족을 추구하며 소비는 계속되어가는 것이다.

유의해야 할 것은 이러한 커뮤니케이션으로서의 소비 게임과 사적인 탐구로서의 게임은 전자에서 후자가 탄생했다고 하는 시간적 전후 관계나 혹은 어느 쪽이 우월한가라는 우열 관계로 봐서는 안 된다는 점이다. '제4의 소비'론이나 '바른' 소비라는 논의는 소비에 시계열적 변화를 봄으로써 타자와의 커뮤니케이션을 시대 착오적인, 극복해야 할 소비로 간주하는 경향이 있다. 하지만 그러한 견해에는 무리가 있다. 상품에 다른 상품과의 차이를 제시하는 시차적示差的 가치가 구비되어 있는 이상, 타자와의 수평 게임은 많든 적든 늘 이미 계속되기 때문이다.

한편 그에 병행해 자기 자신과 관련된 수직적 게임으로서 소비도 긴 시간 동안 우리에게 더 나은 탐구를 계속해서 재촉해왔다. 소비에서 어떤 시간적 변화를 보고 싶다면 오히려 이러한 사적 소비 그 자체 속에 축적된 구체적 역사를 보는 편이 낫다. 예컨대 이 책에서는 이미 일본에서는 17세기 이래로 소비 탐구가 자신의 쾌락이나 만족을 지향해 거듭되어왔음을 확인한 바 있다. 유녀를 사는 것이나 원예식물을 가지고 논다고 하는 잔인한 실천이 반복되는 가운데 화폐란 무엇이며 그것에 의해 무엇을 손에 넣을 수 있었는지가 집요하게 탐구되어왔던 것이다.

그러한 실천을 계승하면서 현대 사회에서도 사적 소비가 다양하면서도 깊게 추구되고 있다. ① 과거의 사적 소비의 행동을 전제로 시장에 다양한 상품이 공급되기 때문만이 아니라 ② 타자가 행해온 소비가 때로는 반면교사로서 참조됨으로써 소비는 그 가능성을 확장해온 것이다.

'모리盛り'의 게임

그렇다면 소비의 일면으로서 사적 소비는 현재 어떠한 형태로 전개되고 있을까. 그것을 생각하는 데 흥미로운 것이 1990년대 이래 어린 여성들에게 퍼져간 특유의 화장이나 복장 유행이다. 구보 도모카久保友香는 저서 『'모리盛り'의 탄생 ― 소녀와 테크놀로지가 낳은 일본의 미의식「盛り」の誕生:女の子とテクノリー次が生んだ日本の美意識』 속에서 눈썹이나 눈의 형태, 피부 등을 특수한 형태로 변형하는 '모리' 문화가 1990년대 후반부터 많은 젊은이를 매료하게 했음을 밝히고 있다. 변화를 가속하게 한 것은 주로 미디어 혁신이다. 구보에 따르면 패션 잡지로부터 스티커 사진(또는 스티커 사진첩), SNS 등 소녀들이 이용하는 미디어가 다양화하고 좀더 일상적인 것이 됨에 따라 '모리'는 대중화되었고, 경우에 따라서는 극단화하면서 여자 아이들이 즐거워하는 놀이 또는 동조압력同調壓力이 된 것이다.

이러한 구보의 분석을 바탕으로 삼으면서도 동시에 이 책이 특히 주목하고 싶은 것은 '모리'가 디플레이션을 이용한 '사私' 적 미의 탐구로서 존재했다는 점이다. '모리' 문화는 분명 처음에 는 시부야나 아오야마 등에 있는 유명 사립교를 다니기 때문에 분명 구매력에 일정한 여유가 있는 여고생을 발단으로 한다. 그 러한 도쿄의 국지적 유행을 일부 잡지가 다루게 됨으로써 주목 을 모았던 것이다.

그러나 나중에는 패션의 진원지는 대중화되었고, 그 유행도 계급을 뛰어넘는 확대를 보여주게 되었다. 그때 중심이 된 것이 통신제 고등학교를 다니는 등 일찍이 유행 발신자와는 다른 계급 에 속하는 자들이었다. 금전적 여유가 있지는 않아도 교칙이 느 슨하고 잃을 것이 적다는, 바로 그러한 이유 때문에 기존의 소녀 다움에 대해 도전적인 태도를 취할 수 있는 사람들이 다음 단계 에서 유행의 담당자가 된 것이다.[7]

그때 이용된 것이 저가로 구매할 수 있는 화장품과 패션이 었다. 예컨대 이미 1985년에 출시되었던 저가의 형형색색 화장 품을 모은 '캔메이크CANMAKE' 시리즈가 잡지에서 다뤄진 것을 계기로 1998년 이래 폭발적인 유행이 된다.[8] 그러한 저가 화장 품을 대표로 하는, 수상한 저가품이 아니라 손쉽게 사용할 수 있

---

7 久保友香, 『「盛り」の誕生：女の子とテクノロジーが生んだ日本の美意識』, 太田出版, 2019, p.113.

는 화장품이, 약국이나 100엔샵에서 인기를 얻기 시작한다. 미타무라 후키코三田村藤子에 따르면 100엔샵도 1990년대 전반까지는 제조 회사로 반품되는 화장품을 싸게 팔 뿐이었지만, 이후 자사 상품 개발에 힘을 넣기 시작해 그것이 '쁘띠프라 코스메プチプラコスメ : 저가 화장품'로 불려지게 됨과 더불어 화장의 저연령층화, 나아가서는 강구로메이크ガングロメイク[9]의 유행을 떠받치게 된 것이다.[10]

그것과 병행해 특히 의복에서 유행의 중심이 된 것이 시부야 109였다. 1995년에 리뉴얼된 시부야 109는 메가 브랜드가 아니라 젊은이를 대상으로 하는 비교적 작은 점포를 다수 모아서 신규 상품을 적극적으로 판매함으로써 도쿄의 소녀 문화 기점이 되었다. 당시 점원의 평균 연령은 20세 정도였다고 하는데[11] 손님과 그다지 차이가 나지 않는 연령의 사람이 점원이나 바이어로서 일하는 것도 유행에 불을 붙였다. 소비자에 상당히 가까운 사람들의 감성이나 감각이 반영됨으로써 저연령층도 끌어들인 유행이 순식간에 퍼져간 것이다.

시부야 109에 그렇게 모인 저가 상품의 중요한 구입처가 된 것이 한국이었다. 글로버리즘의 흐름과 더불어 1998년 한국 통화 위기의 영향을 전제로 일본의 바이어는 거의 매주 구매와 발주를 위해 저렴하고 다양한 상품을 갖춘 한국으로 가기 시작했다. 그렇게 시부야 109에는 용돈이나 아르바이트 보수 정도로 살 수 있지만, 다른 장소에는 팔지 않는 특별한 상품이 모이기 시작했다.

이렇게 세계에서 모인 저렴하고 다양한 상품의 집적에 지탱되었다는 의미에서 '모리'에는 분명 디플레이션적 현상의 측면이 포함되어 있다. 패션업계에서는 비교적 하층에 있었던 자들이 염가의 화장품이나 의복과 장신구를 발견해 그때까지는 없었던 '미'를 추구하기 시작한다. 그렇게 성립된 것이 바로 '모리'라는 이름으로 총칭되는, 특유의 미였던 것은 아니었을까. 그 결과 그것은 기성 문화에 대한 반항의 색채를 띠게 되었다. 그때까지 지류에 놓인 층에도 자기 나름대로의 미를 추구하는 기회가 해방됨으로써, 예컨대 잡지 『JJ』가 체현했던 예쁘고 귀여운, 즉 남성의 반응을 전제로 했던 문화로부터 벗어난, 기성 젠더 규범에 도전하는 패션 문화가 탄생한 것이다.

물론 히피나 모즈Mods 문화[12]가 대표하듯이 패션이 기존 질서에 대한 도전으로서 전개된 것은 드문 일이 아니다. 그래도 '모

---

8   中出若菜,「コスメのベストセラーの理由を教えます！「キャンメイク」編」, WWD 웹사이트 https://www.wwdjapan.com/articles/1142576(검색일 2022.10.17).

9   (역주) 얼굴 톤을 전반적으로 짙은 갈색으로 칠해 마치 흑인을 연상하게 하면서도 아이라인을 검은 색으로 강조해 눈을 크게 보이도록 하는 화장법.

10   三田村蕗子,『夢と欲望のコスメ戦争』, 新潮社, 2005. p.33.

11   久保友香, Ibid, p.99.

리'에서 흥미로운 것은 그것이 디플레이션 속에서 흘러넘치는 다양한 상품을 여러 가지 방식으로 이용한다고 하는, 어디까지나 소비 사회에 동조적인 면을 강하게 보여준다는 점이다. 미디어학자 헨리 젠킨스는 작품을 여러 가지로 변형해 즐기는 팬의 방식을 '밀엽poach'이라고 불렀다.[13] 그 말을 빌리자면 '모리'는 디플레이션 속에서 넘치는 저가 상품 중에서 자기에게 맞고 '가성비' 좋은 상품을 발견해 능숙한 방식으로 이용해가는 '밀엽'적인 면을 강하게 지녔던 것이다.

이러한 의미에서 본다면 '모리'는 단순히 기성 문화에 대항적인 유행이었다고는 말할 수 없겠다. 그것은 디플레이션을 전제로 부풀어오르기 시작한 소비 사회의 문화에 동조한 면을 분명 가지고 있었고, 바로 그 때문에 일부 젊은이에 그치지 않고 다양한 층을 끌어들으며 순식간에 확대되어간 것이다.

예컨대 많은 유행과 마찬가지로 '모리'에서도 태닝샵에서 피부를 검게 태우는 등 교칙이나 부모의 가정 교육이 엄격한 많은 아이들은 따라갈 수 없는 불가역적인 것으로 극단화되는 경향이 보이기도 했다. 그러나 그때마다 '모리'에는 극단적인 면은 약화되었고, 많은 사람이 참여할 수 있는 손쉬운 상품 문화로 되돌아왔다.

그때 활용된 것이 돈키호테 등의 디스카운트샵, 드럭스토어, 나아가 100엔샵에서 팔리는 저가의 붙이는 속눈썹이나 네일, 가발 등의 장식품이나 쁘띠프라 코스메였다. 그것들로부터 자신에게 맞는 상품을 발견하고 활용해가는 것에 많은 사람이 흥겨워했다. 구보 도모카는 그것을 특히 붙이는 속눈썹의 사용법으로부터 확인한다. 예컨대 붙이는 속눈썹을 궁리해 이용함으로써 유행에 익숙하지 않은 사람들이 보면 판별하기 어려운 자기 나름대로의 사용법을 만들어가는 자가 인플루언서로서 힘을 휘두르게 되었다는 것이다.[14]

여백을 소비하기

이제까지 봤듯이 1990년대 후반부터 디플레이션의 장기화를 순풍으로 삼아 '모리' 문화는 다양한 상품을 자신만의 방식으로 이용하면서 어디에도 없는 '미'를 스스로 만들어내는 대중적 활동을 키워가게 되었다.

그 과정에서 발견된 것이야말로 상품이 각각 지닌 독자적 '여백'은 아니었을까. 통상적으로 상품은 쓸모있는 기능성(=사용 가

---

12 (역주) 모즈(Mods)는 1950년대 후반부터 1960년대 중반에 걸쳐 영국 노동자 계급의 젊은이 사이에 유행한 음악이나 패션, 그것을 베이스로 하는 라이프스타일 혹은 그 지지자를 가리키는 영 컬처를 의미한다.

13 Henry Jenkins, *Textual Poachers: Televison Fnas and Participatory Culture*, Routhledge, 2012.

14 久保友香, Ibid, pp.205~209.

치)이나 교환되는 경우의 가치(=교환 가치)라는 관점에서 평가된다. 그러나 상품은 동시에 그것들에 회수되지 않는 고유의 사물적 부분도 같이 가지고 있다. 사물로서의 상품은 그때까지의 문화적 규정이나 교환 가치에 구애 받지 않고, 다양하고 미지의 사용법을 허용하는 독특한 여백을 포함하는 것이며, 이러한 여백이 사적 소비를 위한 소중한 참조항—그것은 곤마리의 '두근거림'의 근거이기도 하지만—이 된다. 통상적 상품에 인정되는 가치나 기능을 넘어 사물로부터 새로운 만족이나 쾌락을 가능한 끄집어내는 것이 소비를 통해 요구되는 것이며, '모리'에 열광한 사람들도 사물에 이러한 여백을 발견해 그것을 어디에도 없는 자신의 이미지를 만들어내기 위해 이용했다고 말할 수 있겠다.

물론 사물의 여백이 집단적 소비 대상이 된 것은 '모리'가 처음은 아니었다. 그것은 역사 속에서 특정 집단이 기존 시장이나 사회에서는 이룰 수 없었던 바람이나 희망을 투영하는 소중한 수신처가 되었다. 예컨대 이미 우리는 18세기 일본에서 여러 가지 자태의 식물을 애호하는 원예식물 붐이 서민까지 퍼졌음을 확인했다. 그것은 지금 여기에 있는 식물로부터 새로운 모습을 끌어내려는 실천이라고 할 수 있다. 식물의 그러한 여백을 이용해 많은 서민은 소박할 수밖에 없었던 도시 생활을 각각의 방법으로 채색해간 것이다.

또 거기까지 거슬러 올라가지 않더라도 예컨대 사토 이쿠야佐藤郁哉는『폭주족의 에스노그래피—모드의 반란과 문화의 속

박暴走族のエスノグラフィー―モードの叛乱と文化の呪縛』속에서 폭주족의 폭주 행위에 상품을 조립해 개조해서 노는 소비 문화적 측면을 발견하고 있다. 분명 폭주 그 자체에 즐거움이 있음을 인정할 수 없는 것은 아니지만, 그 이상으로 갖가지 부품을 사서 조립해 오토바이 등을 개조하는 '놀이'가 폭주 활동보다 본질적 매력이 되고 있다고 하는 것이다.

예컨대 사토는 "차를 구매해 개조해가는 프로세스"는 "사람이 물건을 수선해 가공함"과 동시에 "'사물이 사람을 수선해 변화시키는' 프로세스이기도 하다"고 본다. 젊은이들은 갖가지 브랜드 부품을 "블록 놀이처럼 맞춰 독자적인 상징체계를 만들어낸" 후에[15] 마치 그 능력을 테스트하려는 듯이 폭주한다는 것이다.

이러한 이해를 전제로 삼는다면 폭주 행위는 그 시대 소비 사회의 급속한 확장을 배경으로 한 집단적 소비 활동이었음을 알 수 있다. 폭주를 거듭하는 자는 주로 고등학교를 다니지 않고 일하면서 용돈을 벌면서도 그 시대 소비 사회로부터 소외된 사람들이었다. 버블기로에 돌입해가던 그 시대에 거듭된 패션이나 여행이나 주거 등 화려한 소비로부터 소외된 사람들에게 폭주라는 집

15　佐藤郁哉, 『暴走族のエスノグラフィー―モードの叛乱と文化の呪縛』, 新曜社, 1984.

단적 행위는 그것을 보완하는 즐거움이 된 것은 아닐까. 그렇다면 폭주 행위는 단순히 반사회적 행동이었다고는 말할 수 없다. 그것은 계속해서 팽창되는 소비 사회에 늦게 올라탄 사람들이 다른 방식으로 사회를 쫓아가 자기 나름대로의 즐거움을 맛보려고 하는 대상적 행위였던 것이다.

오타쿠들의 문화

물론 폭주는 단지 소비 사회에 동조적 행위였던 것도 아니다. 그 폭력성에서는 분명 사회 질서에 대항하는 부분도 가지고 있었고, 바로 그 때문에 경찰에게도 엄격하게 단속되었다. 그 효과도 있어서 1980년대의 피크를 정점으로 폭주족 붐은 수그러들었지만, 다른 한편으로 동시대에 그에 병행해 시대의 소비 활동에 완전히 조화할 수 없었던 상태를 보완하는, 대중적 현상이 계속해서 팽창해간 것도 빠트릴 수 없다.

그것이 이른바 오타쿠들의 문화다. 폭주 행위가 미디어에서 화제가 되었던 것과 정확히 같은 시기에 〈우주전함 야마토〉(1977), 〈기동전사 건담〉(1981)의 극장 공개를 계기로 청년층을 중심으로 한 애니메이션 붐이 확대되어간다. 주목해야 할 것은 이러한 애니메이션 붐이 ① 1977년의 〈월간 OUT〉, 1978년의 〈애니메이쥬Animage〉, 〈애니맥〉 등 작품의 뒷 설정이나 해석을 전달하는 미디어의 탄생, 나아가서는 ② 1983년에 이케부쿠로에 개점한 애니메이트를 대표로 한 굿즈나 잡지, 나중에는 비디오나 DVD 등을 파는 애니메이션샵의 흥성과 동시 병행해 진행되었다는 점이다.[16] 즉 이른바 오타쿠 활동은 애니메이션 산업을 둘러싼 상품 시장의 확대와 동조해서 실현된 것이며, 그러한 의미에서 그것은 '밀엽'적 소비 활동의 일환으로서 존재했다. 만화나 애니메이션 또는 그 설정 자료나 굿즈 등의 상품을 이용하고 재해석해 그것을 주로 자신만의 사적 세계를 만들어내는 행위로서 훗날 '오타쿠적'이라고 일컬어지게 되는 소비 활동이 활성화되어간 것이다.

흥미로운 것은 이러한 사적 '놀이'가 소비 사회에서 반드시 유리한 위치에서 살고 있지 않은 청년층의 욕망에 부합했다는 점이다. 학생이나 프리터처럼 만족스럽게 일하는 기회가 허용되지 않았다는 의미에서 청년층은 종종 소비 사회 속의 주변부에 놓인다. 그러나 바로 그 때문에 애니메이션이나 만화는 절호의 소비 대상이 되었다. 처음에 나이 어린 자를 향해 저가로 만들어졌던 만화나 텔레비전에서 무료로 방영되었던 애니메이션이나 그 파생 상품이, 다른 소비 사회적 시장에 만족스럽게 참여하기 힘들었던 청년들에게 저가이면서 손쉬운 즐거움으로서 받아들여

---

16 貞包英之, 『サブカルチャーを消費する : 20世紀日本における漫画·アニメの歴史社会』, 玉川大学出版部, 2021.

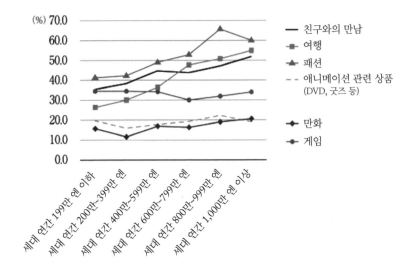

그림18 취미에 매달 3,000엔 이상 소비하는 비율

진 것이다.

실제로 우리의 조사에서도 여행이나 패션, 친구와 교제 등에 한 달에 3,000엔 이상을 소비하는 사람과, 만화나 애니메이션 관련 상품(DVD나 굿즈), 게임 등의 취미에 그렇게 하는 사람을 비교하면 전자는 세대 연간 수입이 올라갈수록 그 씀씀이가 순조롭게 많아지는 경향이 보이는 반면, 후자는 그렇다고는 할 수 없다는 점이 확인되었다(그림18).[17] 이른바 오타쿠적 취미는 연간 수입 상승에 응해 활발해지기는커녕 하락조차 보였고, 그러한 의미에서 그들은 고소득층에서는 일반적이지 않고, 반대로 말하면

돈이 없는 사람이라도 나름대로 즐기는 취미로서 존재한 것이다.

바로 그 때문에 오타쿠적 소비는 일본 경제가 정체되어가는 가운데 소비 사회를 활성화하는 힘으로서 기대되었다고 할 수 있겠다. 1990년대 후반부터 애니메이션이나 만화를 중심으로 한 취미의 영역은 쿨재팬 구호 하에 정치적이고 경제적으로 주목 받아왔다. 특히 도쿄에서는 다른 번화가가 침체되어가는 가운데 아키하바라나 이케부쿠로는 각각 남성과 여성을 상대로 하는 취미 장으로서 번영했다. 주거나 자동차나 하이 패션 등 소비 사회의 다른 상품에 비하면 애니메이션이나 만화와 관련된 굿즈나 DVD, 서적은 비교적 저가로 살 수 있을 뿐 아니라 다양하고 빈번하게 갱신되는 모드적 상품으로 존재했다. 따라서 그것들은 경제 정체 속에서 사람들의 구매력 하락 가운데에서도 활발하게 소비됨과 더불어 경제적 곤란을 맞이한 일본 소비 사회를 연명하는 기회로서 많은 사람에게 기대된 것이다.

17 2021년 4월에 Fastask에 위탁해 실시. 15세부터 49세까지의 1만 8,589명에 의뢰해 2,274명으로부터 회수, 같은 답이 연속하는 등 부적절한 회답을 제외한 2,219명을 대상으로 함. 또한 세대 연수입 199만 엔 이하에서 월 3,000엔 이상 지출하는 자에 대한 세대 연수입 1,000만 이상에서 같은 액수를 지출하는 자의 비율은 친구와의 교제 1.45배, 여행 2.05배, 패션 1.44배며, 애니메이션 관련 상품(DVD나 굿즈 등) 0.98배, 만화 1.29배, 게임 0.98배다.

소비 사회를 보완하기

이제까지 봤듯이 현대 일본에서는 저가 패션 아이템이나 화장품, 바이크나 그와 관련된 부품, 오타쿠적 굿즈나 DVD 등의 '물건'에 관련된 다양한 소비가 몇 개의 층을 이루며 추구되고 있다. 그들은 각각 따로 떨어진 유행처럼 보이기도 하지만, 대중적 패션이나 자동차, 먹방 같은 여러 가지 소비의 곁에서 마치 그것들을 보완하려는 양 사적 취미의 추구가 촉구되어갔다고 하는 특징에서는 공통되고 있다. 그것들은 일반적 소비의 대상代償이 되어 사람들에게 이제까지 없었던 미나 취미를 탐색하길 촉구해갔던 것이다.

그것을 허용하는 것이 사물의 여백이다. 사람들은 기존 시장에 의해 만들어진 상품으로는 만족할 수 없는 생각이나 바람을 사물의 여백에 투영해간다. 그것이 경우에 따라서는 새로운 시장을 만들기도 한다. 그 시장에서도 이룰 수 없었던 생각이나 바람이 다음에는 사물의 여백에 관련되는 더욱 마이너한 소비의 탐구에 의해 계승되게 되는 것이다.

그 현재적 예의 하나로서 코스프레 패션의 유행을 들 수 있다. 갖가지 상품을 새로운 방식으로 이용하면서 만화나 애니메이션 캐릭터는 물론, 폭주족풍 의상에서 '모리'를 한 고갸루의 모습까지, 이제까지 '사'적 미의 탐색을 참조하면서 제각각의 미를 추구하는 사람들이 현재는 코미케コミケ[18] 등의 이벤트를 넘어 일상적 장에서 증가하고 있다. 보통 우리는 가족이나 학교나 회사 또

는 친구의 시선에 속박되어서 이래야 한다는 옷을 입고 있다. 그러나 이제까지 축적되어온 다양한 사적 실천을 토대로 지금은 많은 사람이 가족이나 회사, 친구 관계, 나아가 경우에 따라서는 인종이나 성차, 인간이라고 하는 틀 바깥에서 일종의 허구 속에서 새로운 '나'를 발견해내는 것은 하나의 유행이 되는 것이다.

18 (역주) 코믹마켓의 준말로, 코믹마켓준비위원회가 주최하는 세계 최대의 만화 동인지 즉판회를 가리킨다. 1975년 처음 시작된 이래 거듭할수록 규모가 커져 현재에는 8월과 12월 두 차례 도쿄 국제전시장에서 개최된다.

2. 주거—뉴트럴한 거처

소비 게임의 대상 = '신체'

이처럼 현대 사회에서는 소비와 관련되어 ① '똑똑함'을 경쟁하는 타자를 향한 커뮤니케이션 게임 외에도 ② 사물을 활용해 자신의 쾌락이나 만족을 높이는 탐구가 계속되고 있다. 후자는 사물을 자신의 취향이나 욕망과 합치한 '분신'으로 바꾸는 작업이라고 바꿔 말할 수 있다. 설령 타자에게 평가 받지 않더라도 자신에게 둘도 없는 가치를 지니는 대상이 반복되는 소비 속에서 탐구된다. 예컨대 봉제인형이나 피규어가 그러하다. 그러한 물건이 수집되어 자신의 분신으로 여겨짐으로써 현대 사회에서는 자신의 근방에 타자가 위협하기 힘든 성역이 종종 만들어지는 것이다.

그러한 분신 중에서도 특히 중요한 대상이 된 것이 '신체'다. 그것은 먼저 신체가 자신에게 가장 가까우면서도 동시에 가장 먼 대상이기도 하기 때문일 것이다. 신체에는 갖가지 터부가 존재한다. 그렇다고 간단히 다른 것으로 바꾸거나 폐기할 수 없다. 바로 그 때문에 신체에 대해 그 형태나 움직임이나 기능을 조정함으로써 '사私'적인 것으로 다시 만들기가 자주 시도되는 것이다.

소비는 그 절호의 기회가 된다. 예컨대 '모리'가 그랬다. 우리의, 그리고 특히 여성의 신체에는 갖가지 터부가 항상 따라다녀 자유롭게 바꾸는 것이 어렵다. 그 신체에 대해 '모리'의 문화는 터브를 넘는 갖가지 '놀이'를 부추긴다. 시부야 109나 돈키호테에서 쁘띠프라 코스메를 사서 피부를 검게 물들이고 눈을 크게 보이게 하는 등 많은 여성이 풍부하게 판매되는 상품을 독자의 방식으로 사용하면서 새로운 미를 탐색해간 것이다.

초고층 맨션 생활

이러한 소비 게임은 특히 저가로 참가할 수 있었기에 많은 젊은 이에게 받아들여졌다. 다른 한편에서는 좀더 고가이기 때문에 '성실'하게 대가를 검토할 수밖에 없는 소비 게임도 있었다. 그중에서도 버블기 이후에 두들어진 것이 사적 신체의 거처로서 초고층 맨션의 등장과 그 '소비'다.[1]

1990년대 전반부터 초고층 맨션이 도쿄에 이어 일본 각지에 들어서기 시작한다. 그렇다면 왜 이러한 유행이 전개된 것일까? 그 도화선이 된 것은 히라야마 요스케平山洋介가 지적하듯이 우선은 법 개정이다. 토지를 '유효 활용'함으로써 땅값 상승을 불러일으킬 목적으로 한정된 지역의 용적률이 완화되어갔다. 용적률은 그 토지에 건설할 수 있는 건물 형상을 실질적으로 정하는 것이다. 도쿄에서는 2000년 특정 용적률 적용지구의 제정, 2003년 도쿄도 용적률 완화 운용방침 변경 등에 의해 기존의 규제가 유명무실화되어 초고층 맨션이 많은 장소에서 건설되었던 것이다.[2]

덧붙여 물론 경제적 조건도 초고층 맨션 건설을 거들었다. 1990년대 중반부터 계속된 도시 불황 속에서 초고층 맨션은 이익을 기대할 수 있는 소수 매물로서 개발업자들의 주목을 받았다. 버블 붕괴 후 대규모 재개발에 의해 큰 이익을 거두는 것이 어려워졌다. 그 대신 이전의 공장 부지나 상업지 등 가격을 내린 토지에 초고층 맨션을 건설하는 쪽으로 개발업자가 눈을 돌렸던 것이다.

한편 구매자에게도 초고층 맨션은 장래적으로 가격 유지를 기대할 수 있는 귀중한 매물이 되었다. 실제로 도쿄에서도 교외, 그것도 교통편이 나쁜 장소에서는 지가 하락이 두드러진 반면, 교통편이 좋은 역세권 중심부에 건설하는 경우가 많았던 타워 맨션은 불황에도 강한 주택으로 기대되어 국내 또는 국외 투자를 받아왔던 것이다.

단 타워 맨션의 인기는 ① 규제 완화나 ② 자산의 우위성으로 환원되는 것은 아니다. 원래 초고층 맨션이 가격이 떨어지지 않는 주택 상품이었던 것도 근본적으로 그것을 손에 넣고 싶다고 생각하는 소비자가 다수 있었기(그렇게 보이기) 때문이다. 그렇다면 왜 타워 맨션은 소비자에게 인기를 얻었을까. 그것은 타워 맨션 속 개별 가옥이 높은 수준의 프라이버시를 실현했다는 점이 중요한 이유라고 생각한다.

우선 그것은 애초에 번잡한 거리로부터 물리적으로 격리되어 있다. 규제 관계 때문에 초고층 맨션은 역세권 상업지나 공장이나 창고 부지 등 종래의 주택지와는 떨어진 장소에 건설되는 경우가 많다. 나아가 그러한 장소에서 초고층 맨션은 그 견고한 골조나 세큐리티에 의해 거리의 소음이나 수상한 타자가 쉽사리 침입할 수 없도록 입주자를 지켜주는 것이다.

다른 한편으로 커뮤니티적으로도 그곳에서는 종종 분단된 생활을 보낼 수 있다. 초고층 맨션의 매력 중 하나로서 번거로운 인간 관계를 회피할 수 있다는 점이 거론된다. 실제로는 대규모인 탓에 관리 조합의 운영 등의 부담이 커지는 경우도 많지만, 적어도 일상적으로는 그 규모 덕분에 자신이 좋아하는 사람과 선택적이고 익명적인 관계를 유지하기 쉽도록 되어 있다. 특히 계층이나 라이프스타일이 다른 점이 많은 저층과 고층의 주민의 심리

1 이하 다음 책을 참조함. 貞包英之, 『地方都市を考える ―「消費社会」の先端から』, 花伝社, 2015.

2 平山洋介, 『東京の果てに』, NTT出版, 2006, pp.53~58.

적 거리도 크다. 필자를 포함한 연구진이 2000년대 후반에 도쿄나 지방 초고층 맨션을 조사했을 때도 (때로는 같은 이름의) 탑 아이돌이나 배우, 스포츠 선수가 살고 있다는 소문을 심심치 않게 들었다.[3] 이러한 소문은 사실이라기보다 주민들 자신조차 고층에 누가 사는지 파악할 수 없다고 하는 불안을 잘 표현하는 것으로 볼 수 있겠다.

프라이빗 공간

마지막으로 그곳에는 개별 가옥들의 수준에서도 타자를 개재하지 않는 프라이빗 공간이 실현되고 있다. 먼저 요구되는 골조 성능의 크기부터가 적어도 임대 맨션에 비하면 크게 달라 초고층 맨션에서는 벽이나 바닥이 두꺼워 방음성이나 기밀성이 높은 경우가 많다. 더불어 치밀한 세큐리티 시스템과 IT 미디어 발달에 힘입어 초고층 맨션 내부에서는 소음이나 외부 기온을 차단하고 얻을 수 있는 정보만을 선별해서 취하는 고립 공간이 실현되는 것이다.

　단 물리적 간극은 정도 문제에 지나지 않는다고도 할 수 있겠다. 구조상 초고층 맨션 상부에는 중량을 가볍게 하기 위해 충분한 방음 시설은 어렵다. 그러한 의미에서 중요한 것은 내부 구조나 인테리어 혹은 누릴 수 있는 생활 형태 덕분에 초고층 맨션에는 사회적으로 또는 환상으로서 타자를 배제한 공간이 실현됐다는 점이다.

예컨대 초고층 맨션 주택 내부에서는 종종 같은 취향의 마루바닥이나 벽지 등에 의해 공간은 매끄럽게 접속되고 있다. 일례로 키친은 아일랜드 형을 취하는 식으로 다른 공간과 구별없이 연결되도록 가능한 궁리한 흔적이 엿보인다. 일찍이 일본 주택에서 키친은 '주부의 성'으로서 독립성이 강조되는 한편, 북향의 햇살이 잘 들지 않는 장소로 쫓겨난 경우가 많았다. 반면 초고층 맨션에서 키친은 기본적으로는 독립되지 않고, 다른 공간에 가능한 연속적으로 이어진 것이다.

매끄럽게 연결되는 이러한 초고층 맨션 공간 내부에 중심을 차지하는 것이 거실이다. 비교적 큰 공간을 할애한 그 장소에서는 친밀한 시간을 거주자들이 공유하는 것이 전제가 되어 있다. 물론 각각의 방도 종종 병치됐지만, 기둥이나 대들보로 건물을 지탱하는 라멘 구조Rahmen Structure, 골조와 내부 인프라를 분리한 스켈리턴 인필skeleton infill, 나아가 애초에 움직일 수 있도록 만들어진 칸막이 덕분에 구조를 변경할 수 있는 범위가 미리 상당히 허용되는 경우도 많다. 즉 사람들은 초고층 맨션의 내부 구조가 이상적으로는 고정되지 않는 일시적인 것이길 바라고, 제약

3 貞包英之, 平井太郎, 山本里奈, 「東京の居住感覚のソミオグラフィ─超高層住居の現在をめぐる総合的調査に準拠して」, 『住宅総合研究財団研究論文集』, 第三五号, 2009.

조차 없다면 주거의 신화적 원형으로서 하나의 공간으로 돌아가기를 기대하는 것이다.

그러한 공간 속에서 친밀한 관계에 있는 사람들이 프라이버시를 드러내놓고 사는 것이 초고층 맨션에서는 이상이다. 그 공간적 일관성 때문에 조부모처럼 생활 시간이나 취미가 다른 타자와 함께 사는 것은 어렵고―타협으로서 다다미방을 설치한다는 예도 보이지만―아내(또는 남편)가 요리하면서 가족과 섞이고, 아이들도 방에 처박혀 지나지 않고 함께 오락을 즐기는 친밀한 생활이 초고층 맨션에서는 이상이 되고 있다. 분명 언젠가 아이들이 성장해 부모와 다른 취미를 가지게 될지도 모른다. 그때는 아이들이 그 공간을 나가야 될 것이다. 초고층 맨션에는 사람들이 친밀하게 사는 프라이빗 공간이 만들어져 있고, 그것에 익숙하지 않은 타자는 그곳에 머무르는 것은 불가능하기 때문이다.

타자의 신체를 배제하는 이러한 초고층 맨션의 프라이빗 공간의 존재 양식을, 오다케 마사토小竹正人의 소설 『하늘에 산다空に住む』는 잘 그려내고 있다. 소설에서는 젊은 여성이, 사이 좋은 숙부 부부, 정체를 알 수 없는 연인과 초고층 맨션 한 동의 각기 다른 집에서 산다. 그러한 생활은 고독하지만 자유롭기도 하다. 주민들은 자신이 내키는 경우에만 관계를 맺고 충돌을 피하며 서로에게 '사인私人'으로서 살아갈 수 있기 때문이다.

초고층 맨션의 주민만이 아니다. 초고층 맨션이 애초에 그렇게 인기를 끌었던 것은 타자를 배제하는 프라이빗 생활이 현대 사회에서 넓게 이상화되기 때문은 아닐까. 예컨대 경제학자 브랑코 밀라노비치는 현재 잘사는 나라에서는 단독 세대화가 진행되는 경향이 보인다고 지적한다. "중앙 아프리카의 최빈국에서는 평균 세대 규모는 88에서 89명"인 반면, "노르웨이, 덴마크, 스웨덴"에서는 "평균 세대 규모가 2.2인부터 2.4인이다".[4] 이러한 현상이 보이는 배경으로서 밀라노비치는 상품화의 침투를 지적하고 있다. 다양한 상품이 생활 구석구석까지 영향을 미치게 됨으로써 요리나 교육, 레저나 성생활 등 생활의 온갖 요소를 외부화(아웃소싱)해서 사는 게 쉬워졌다. 단 상품에 의존한 생활은 비용이 들기 때문에 현실적으로는 가난한 나라에서는 선택지가 없고 풍요로운 나라에서 가장 빨리 실현되었다는 것이다.

초고층 맨션 생활도 이러한 글로벌한 기대의 연장선에 있다고 생각한다. 초고층 맨션에는 가능한 한 관계를 외부화함으로써 내부로부터 되도록 타자를 배제한 프라이빗 공간이 실현되고 있다. 역이나 오피스나 상업 시설, 보육 시설에 가깝고 경우에 따라서는 건물 안에 트레이닝 시설이나 편의점을 포함하는 초고층 맨션에서는, 단신 세대나 소규모 가족이더라도 부모

---

4   Branko Milanovic, *Capitalism, Alone: The Future of the System That Rules the World*, Belknap Press, 2019. (브랑코 밀라노비치, 정승욱 옮김, 『홀로 선 자본주의—미국식 자유자본주의, 중국식 국가자본주의 누가 승리할까』, 세종서적, 2020.)

나 친구, 이웃에 의존하지 않고 쾌적한 생활을 보낼 수 있도록 되어 있는 것이다.

물론 세대의 축소는 적어도 일본에서는 고령화나 소자화의 영향이 커서 밀라노비치가 말하듯이 반드시 적극적으로 요청된다고 말할 수는 없다. 다만 결과와 원인은 여기서는 서로 얽혀 있다. 세대 인원이 준 결과로서 초고층 맨션 같은 곳에서 소인수가 쾌적한 생활을 보낼 수 있는 것인지 혹은 반대로 그러한 생활을 하고 싶기 때문에 세대 인원이 줄었는지는, 많은 당사자에게는 구별하기 힘든 일일 것이다. 확실한 것은 세대를 축소해 프라이빗 공간에서 사는 것이 현대 사회에서는 이상으로서 받아들이고 있으며, 그것을 지키는 누에고치로서 초고층 맨션이 많은 사람의 욕망의 대상이 되고 있다는 사실뿐이다.

쾌적성의 유혹

초고층 맨션에는 이렇게 타자의 '신체'를 배제한 '쾌적'한 거주 공간이 실현되고 있다. 그곳에서는 타자나 그들이 가지고 들어오는 감성에 맞지 않는 물건을 가능한 배제한, 이른바 '곤마리'적이라고 할 만한 자기 중심적이며 페티쉬한 공간이 적어도 부분적으로 실현되는 것이다.

단 이러한 공간은 초고층 맨션의 전매 특허라고 할 수는 없다. 거주 이외의 장소에 눈을 돌려보면 초고층 맨션에 앞서 쾌적성을 중시하는 공간이 이전부터 다수 만들어지고 있었다. 예컨대 일본 최대의 광고회사 덴쓰電通의 카피라이터였던 후지오카 와카오藤岡和賀夫는 이미 고도성장 시대에 "매일 밤 늦게까지 회사에 가서 일하"는 것은 "회사 쪽이 자신의 집보다 압도적으로 설비가 좋기 때문"이라고 말한 바 있다.[5]

도시의 사무실이나 상업 지구에서는 각자의 일에 몰두할 수 있도록 공조 설비가 갖춰지고, 소음이나 타자로부터의 시선이 조정된, 쾌적하고 부분적으로는 사적이기도 한 공간이 일찍부터 만들어졌다. 그 배경에는 이른바 '집합적 소비collective consumption'(마뉴엘 카스텔[6])의 대상으로서 그러한 공간이 다수 사람의 필요를 묶어서 실현되었다는 점이 컸다고 생각한다. 많은 수요, 그리고 돈이 모이는 그러한 퍼블릭한 공간에서는 쾌적하고, 시대의 모드에 맞는 공간 만들기를 위해 빈번한 갱신이 이루어지기 쉽다. 반면 프라이빗한 소비 대상으로서 존재하는 주거는 종종 갱신의 파도에 타지 못하고 남겨진다. 예컨대 앞서 언급한 후지오카는 자신의 집에서는 "여름에는 방의 창문을 열면 옆집

5 藤岡和賀夫, 『さよなら、大衆―感性時代をどう読むか』, PHP研究所, 1984, p.183.

6 マニュエル カステル(石川淳志監訳), 『都市·階級·権力』, 法政大学出版局, 1989. (Manuel Castells, *City, Class, and Power*, Palgrave Macmillan, 1979.)

의 갓난 아이의 울음 소리가 들리고, 화장실 냄새가 흘러들어와 도통 집에 있을 때 편해질 수 없었다"[7]고 술회했다.

그것은 고도 성장기에 한정되는 얘기는 아니다. 특히 땅값이 비싸 건설에 비용이 드는 대도시 안에서 주거는 종종 쾌적한 공간 만들기로부터 소외되는 것이다.

이러한 의미에서는 초고층 맨션이 인기를 얻은 것은 우선은 거주에 '집합적 소비' 원리를 대규모로 끌고 들어옴으로써 그것이 최신 설비를 갖춘 거주 공간을 상대적으로 싼 값에 제공할 수 있었기 때문으로 생각된다. 도심에 단독주택을 사려는 부유층이 아니라면 도시 중심부에서 쾌적한 생활을 시작하는 것은 이제까지 상당히 어려웠다. 그에 대해 초고층 맨션은 고소득 샐러리맨이라면 살 수 있는 상품으로서 판매되었던 것이다.

결국 초고층 맨션은 도시에 생긴 '쾌적성'의 구멍을 메우는 것이 되었다(그림19). 일찍이 많은 주거 시설은 개인적 소비 대상에 머묾으로써 도시의 '쾌적성' 수준에서 일그러진 구멍을 만들고 있었다. 소음이나 날씨 혹은 미적 센스 등 '나'를 혼란하게 하는 감각적 타자에 더해 가족 등의 구체적인 타자의 개입을 피한 사적 공간은 오히려 오피스나 상업지 등의 공공 공간에 좀더 일찍 실현되어갔던 것이다. 그러나 초고층 맨션은 마침내 주도면밀하게 관리되고, 되도록 생활감이 누적되지 않도록 설계된 거주 공간에서 생활하는 것을 일부 초부유층 이외의 사람에게까지 가능하도록 만들어갔다. 그것은 이상적으로는 늘 새롭고 중립적이

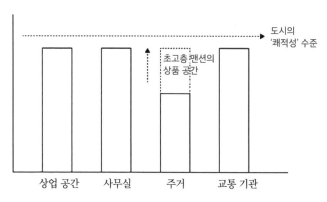

그림19 도시의 '쾌적성' 양식도

며, 온갖 '사'적인 것을 받아들이는 장으로서 만들어진 것이다. 결과적으로는 '호텔 라이프'라고도 평가되는 이러한 공간이 대량으로, 그리고 같은 입지의 단독주택보다 상대적으로 저가에 제공됨으로써 쾌적한 오피스 공간에서 일하고 쾌적한 레스토랑에서 식사하며 쾌적한 집으로 돌아간다고 하는, 감각적으로 끊기지 않는 생활도 쉽게 만든 것이다.

이러한 의미에서 초고층 맨션은 상업 공간이나 오피스에 실현된 쾌적성 공간을 개인을 대상으로 한 것으로 재편해 상품으로서 판매함으로써 거주에 관한 특유의 기술 혁신을 실현한 것

7　藤岡和賀夫, Ibid, p.183.

이었다고 할 수 있겠다. 물론 그래도 여전히 상대적으로는 비싼 그러한 주거에 누구나 살 수 있도록 된 것은 아니다. 그러나 최근에는 일반 주택에도 종종 초고층 맨션에 쓰이는 기술을 전제로 해서, 전체 냉온방 시스템이나 이중 도어, 조명과 기온을 자동조절 하는 최신 테크놀로지 등이 도입되고 있다. 그렇게 많은 사람이 쾌적하고 사적으로 생활할 수 있는 공간이, 현대에는 표준 장비화되는 것이다.

나아가 그러한 주거에 살 수 없는 사람들의 생활을 보완하는 공간도 도시에는 증식하기 시작했다. 일찍이 호텔이나 상업 공간이 주거에 '인용'된 것과는 반대로 초고층 맨션의 공간 테이스트가 최근 도시 오피스나 호텔, 상업 공간에 역수입되고 있다. 예컨대 1996년에 스타벅스가 일본에 진출한 이래 앉기 쉬운 의자나 여유 있는 공간을 제공하는 카페가 늘었고, 또 2013년에 다케오시武雄市도서관이 컬처 컨비니언스 클럽[8]의 지정관리를 받게 된 이래 쾌적한 머무름을 판매 대상으로 삼는 도서관이 꾸준히 인기를 끌고 있다. 나아가 하이브리드 자동차나 전기 자동차로의 이행이나 자동운전의 보급에 의해, 자동차에도 정숙하고 안전한 공간이 실현되고 있다. 그것을 전제로 이동과 휴식, 일이 겹쳐져서 지하철이나 택시, 자전거 등이 끊기지 않고 연결되는 모빌리티MaaS[9]도 기대되는 것이다.

현대 사회는 동심원의 중심에 위치하는 초고층 주택과 같은 쾌적한 공간이 공과 사를 횡단하며 매끄럽게 접속되고 있다.

그 중요한 매개항이 되는 것이 사적인 것을 추구하는 소비다. 우리는 적당한 화폐를 지급함으로써 다른 신체와 거리를 두는 쾌적한 공간을 손에 넣을 수 있게 되었다. 분명 초고층 맨션을 자신만이 갖기 위해서는 거액의 돈이 필요하지만, 호텔이라면 수만 엔, 카페라면 1,000엔 정도 내면 쾌적한 공간을 일시적이긴 해도 점유할 수 있다. 그래도 비싸다면 최소한의 프라이빗을 확보할 수 있는 넷카페(PC방)나 셰어 하우스 등의 공간도 도시에는 준비되고 있다.

이러한 예로부터 타자의 간섭을 받지 않는 공간을 찾아 많은 사람이 이동하는 모습을 도시에서는 볼 수 있다. 코로나 팬데믹에서는 이러한 프라이빗 공간에 대한 요구 수준이 위생면에서도 한층 더 높아졌다. 물론 격차는 여전히 크지만, 사적으로 전유해 편히 쉴 수 있는 장이 없다면 쾌적하게 살기가 어렵다고 생각하는 사람들이 도시에 증가하고, 그것이 아이러니하게도 그곳에 살기 위한 허들을 더욱 높여 도시 주거의 코스트가 증가하는 것이다.

8　(역주) 컬처 컨비니언스 클럽 주식회사는 음반과 DVD 렌탈 사업을 벌이는 TSUTAYA와 TSUTAYA 서점 등의 플렛폼 사업 등을 벌이는 회사다. 2010년대 들어 공공 도서관들이 이 회사의 관리를 받게 되면서 주목을 받았다.

9　(역주) 마스(MaaS)는 Mobility as a Service의 약어로, '서비스로서 이동성 혹은 이동 수단'을 뜻한다.

3. 나를 넘는 유혹 — 스포츠, 약물

스포츠라는 충동

현대 도시에서는 공간을 사적인 것으로 바꾸고 친밀하지 않은 타자를 배제하는 행위가 이렇게 때로는 비싼 대가를 치루면서까지 추구되고 있다. 그렇다고 늘 우리가 계속해서 자기 자신으로 존재하길 원하는 것은 아니다. 타자에게 간섭 받지 않고 '나'답게 있을 수 있는 공간은, 경우에 따라서는 계속해서 자기 자신으로만 있을 것을 강제하는 감옥이 된다. 바로 그 때문에 현대 사회에서는 쾌적성을 버리고 현재의 자신 이상의 무엇인가가 되려고 하는 충동이 종종 관찰된다고 할 수 있겠다. 나 자신임을 극복하고, 특히 그것을 속박하는 신체를 바꿔가는 것을 때로는 강하게 원하는 것이다.

그러한 시도 중 하나로서 존재하는 것이 스포츠다. 근대 이후 많은 사람이 스포츠를 하거나 보는 것에 열광해왔다. 사회학은 이렇게 스포츠에 커다란 의미가 할당되어온 이유로서 그것이

흔히 근대 사회에서 중시된 '규율'이나 '훈련'의 가치를 체현하기 때문이라고 생각해왔다.

예컨대 문화사회학자 노르베리트 엘리아스는 스포츠를, 폭력을 규제하고 문화를 중시하는 긴 역사적 추세가 도달한 하나의 정점으로서 인식한다. 스포츠에서는 직접적 피투성이 싸움은 금지되고, 어디까지나 룰에 근거해 승패가 정해진다. 바로 그 때문에 운동선수athlete는 승리를 위해 자신을 억제하고 신체를 단련하는 인격자로서 사회적으로 평가 받아왔다고 엘리아스는 보는 것이다.[1]

한편 미셸 푸코가 주장한 '규율 훈련형 권력'[2]의 발동을 스포츠에서 확인하는 사람도 많다. '자주적'으로 노력하고 단련하는 것을 추구하는 권력을 구현화한 것으로서 스포츠는 근대에 존중되어왔다. 학교 교육이나 군대, 의학을 관통하는 규율 훈련형 권력에 사람들이 스스로 따르도록 유도하는 수단으로서 스포츠는 특별한 역할을 해왔다고 여겨지고 있다.

---

1 ノルベルト・エリアス， エリック・ダニング(大平章訳)，『スポーツと文明化:興奮の探求』, 法政大学出版局, 1995. (Norbert Elias, Eric Dunning, *Quest for Excitement: Sport and Leisure in the Civilizing Process*, Basil Blackwell, 1986.), (노르베르트 엘리아스, 에릭 더닝, 송해룡 옮김,『스포츠와 문명화』, 성균관대학교출판부, 2014.)

2 ミシェル・フーコー(田村俶訳),『監獄の誕生』, 新潮社, 1977. (미셸 푸코, 오생근 옮김,『감시와 처벌 ─ 감옥의 탄생』번역개정 2판, 나남출판, 2020.)

운동선수는 왜 소비되는가?

이러한 견해는 여전히 틀렸다고는 할 수 없지만, 한편으로 그것에 최근 빈 틈이 두드러지기 시작한 것도 사실이다.[3] 상업주의나 글로버리즘이 확대해 더더욱 스펙터클화하는 경향이 분명해지는 가운데 개인의 '규율'이나 '단련'을 뛰어넘는 차원으로 스포츠는 올라섰고, 그것이 매력의 중심에 우뚝 서게 된 것이다.

예컨대 일상적 신체 운용과는 완전히 다른 수준으로 신체를 관리하는 '타율'적 수법이 현대 스포츠에서는 더욱 진화하고 있다. 주체적인 노력을 넘어 디지털 기술이나 경우에 따라서는 건강 보조제나 약제를 병행한 트레이닝이 널리 퍼져 단련은 때때로 생리학이나 통계학을 사용하는 집단적 작업으로 변화되는 것이다.

나아가 그렇게 관리된 신체를 단위로 팀을 매니지먼트하는 수법이나 집단적 전술도 한층 세련되어지고 있다. 랜스 암스트롱을 중심으로 한 투르 드 프랑스le Tour de France[4]의 도핑 사건이나 2019년 MLB의 사인 훔치기 발각은 스포츠가 개인보다 이미 팀에 의해 실행되는 복잡한 전술적 도전의 장이 되어 있음을 부각시켰다. 스포츠가 엔터테인먼트에 휩쓸리면서 투자된 돈이 많아져 가는 것에 비례해 개인의 직감이나 경험치를 넘은 전술과 전략의 중요성이 증대되어 이제까지의 상식이나 룰을 파괴하는 갖가지 전술이, 경우에 따라서는 법의 눈을 피해 시도되는 것이다.

스포츠를 보는 즐거움도 그에 따라 변화하고 있다. 예컨대

MLB에서는 영화 〈머니 볼〉(2011)에서 묘사된 세이버매트릭스로 불리는 통계적 기술의 도입을 비롯해 그후 빅데이터를 활용한 플라이볼 혁명, 변칙적 수비 시프트 채용 등 새로운 전술이 차례차례 도입되고 있다. 그러한 집합적이며 사회적인 전술 전개와 그것을 둘러싼 밀고 당기기를 즐기는 것이 최근 스포츠를 보는 하나의 즐거움이 되고 있다.

프로 스포츠에 개인의 주체적 훈련이나 노력을 벗어난 이러한 전개가 보이는 그 뒷배경에는 생애 스포츠라고 일컬어져왔던 참가형 실천이 조용히 유행이 되는 것도 한몫하고 있고, 실은 스포츠를 바꾸는 큰 힘이 되고 있다.

근육 트레이닝이나 런닝 혹은 수영 등 이른바 생애 스포츠의 확산이, 통상 상정되는 개인의 주체성의 확립이나 건강을 목표로 한 '규율 훈련'의 틀을 종종 깨버린다. 이러한 스포츠에서도 분명 '연습'이나 '단련'은 반복된다. 다만 진지한 승리가 목표가 아니라는 의미에서 그것은 때때로 '연습'이나 '단련'의 패러디에 가깝다. 나아가 결과만 보더라도 주체로서 '성장'이나 건강 증진에 그것이 얼마나 도움이 되는지 의심스럽다. 생애 스포츠라

---

3   木浩二, 『スポーツを考える: 身体·資本·ナショナリズム』, 筑摩書房, 1995.
山本敦久, 『ポスト·スポーツの時代』, 岩波書店, 2020.

4   (역주) 매년 7월 약 3주 동안 프랑스 전역과 인접 국가를 일주하는 세계 최고의 일주 사이클 경주 대회.

는 온건한 이름의 배후에서 추구되는 것은 자기 육체를 고통스럽게 만들거나 대전 상대를 격파함으로써 테스토스테론이나 아드레날린을 방출한다고 하는, 오히려 중독적인 일순의 쾌락이다.

그것을 단적으로 보여주는 것이 근육 트레이닝 유행의 도래다. 골드스 짐GOLD'S GYM[5]이나 라이잽RIZAP[6]의 급성장, 테스토스테론Testosterone의 『근육 트레이닝이 최강의 솔루션이다筋トレが最強のソリューションである』의 출판, NHK의 〈모두 함께 근육 체조〉(2018) 방송 개시 등에 의해 2010년대 중반부터 근육 트레이닝이 일반화하고 대중화되기 시작했다. 여기서 근육 트레이닝은 인격 형성이나 다른 스포츠를 위해서가 아니라 자기 목적적인, 그 때문에 '배신하지 않는' 것으로서 기대된다. 바로 그런 이유로 그것은 연령, 나아가 젠더를 초월하는 유행이 되었다. 근육 단련은 일찍이 미시마 유키오처럼 남성성 강화를 목적으로 하는 것이 아니라 신체를 다시 만듦으로써 일순의 쾌락을 맛보는, 물자物資로서의 자기 신체에 좀더 중립적으로 개입하는 활동으로 여겨지고 있다. 그 덕분에 근육 트레이닝은 젠더를 횡단해 여성지에서도 다루게 되는 폭넓은 유행이 되는 것이다.[7]

이처럼 최근 스포츠는 프로와 아마추어의 구분을 넘어 현재의 신체를 상대화하고 유동화해서 다시 만들어가는 계기로 변모하고 있다. 그러한 영향을 받아 이상적인 운동선수의 이미지도 변했다. 예컨대 2021, 2022년에는 MLB에서 오타니 쇼헤이가 이제까지의 상상의 틀을 넘은 활약을 보여줬는데, 사람들이 거기서 본 것은 단련해서 라이벌을 쓰러트리는 '노력하는 주체'는 분명 아니었다. 사람들은 그렇게 단련하는 수많은 라이벌을 훌쩍 뛰어넘고, 나아가 데이터 분석에 의해 이뤄지는 집단적 전술을 초토화하는 초인적인 퍼포먼스에 칭송을 보냈던 것이다. 요컨대 오타니는 이제까지 축적된 야구라는 스포츠의 틀을 초월한 괴물적 신체로서 사람들을 매료하게 한 것이다.

그렇다면 왜 스포츠는 현대 사회에서 개인의 '규율 훈련'을 벗어난 것으로 변모하는 것일까. 그 원인의 하나로서 미시적으로 보면 스포츠가 개인적 생활 수준을 뛰어넘는 거대 비즈니스, 즉 자본주의의 집단적 활동 속에 빨려들어가 버렸다는 점을 간과할 수 없다. 많은 자본이 흘러들어 다수의 이해관계가 복잡하게 얽힌 가운데 스포츠는 개인의 의지나 행복이라는 수준에서는 취하기 어려운 것으로 변하고 있다. 그렇게 스포츠는 이른바 눈에는 보이지 않는 사회의 움직임을 가시화하고 경험 가능한 것으로 변화하는 장치로서 향유되는 것이다.

그 좋은 예가 2021년에 개최된 도쿄올림픽이다. 그것을 목

5　(역주) 근육 트레이닝 전문 스포츠 센터 체인, https://www.goldsgym.jp/

6　(역주) 근육 트레이닝 전문 스포츠 센터 체인, https://www.rizap.jp/

7　米澤泉, 『筋肉女子 : なぜ私たちは筋トレに魅せられるのか』, 秀和システム, 2019.

격한 자는 누구도 스포츠가 건전한 신체나 정신에 의해 성립한다
고는 이제 믿을 수 없게 되었을 것이다. 개최지 주민의 건강에 대
한 심각한 리스크와 그것을 걱정하는 민의의 반대를 무릅쓰고 행
해진 그 대회는 스포츠를 집어삼킨 글로벌 자본의 운동과 국가와
의 응착이 이제 멈추기 힘든 것이 되었음을, 좋든 싫든 보여줬다.
그러한 의미에서 도쿄올림픽은 스포츠를 단순히 신체나 정신의
건전한 발달을 담당하는 것으로 여기기에 많은 사람이 주저하게
된 시대의 도래를 고하는 커다란 계기가 되었던 것이다.

그러나 거꾸로 보면 바로 그 때문에 스포츠는 일부 사람으
로부터는 열광적으로 애호되고 있다고도 말할 수 있겠다. 스포츠
는 많은 자본을 모으면서 스스로 자신을 규율하는 조화 있는 인
간의 이미지를 넘기 위한 실험장이 되고 있으며, 그 장에서 괴물
적 운동선수는 우리의 히어로, 히로인으로서 차례로 '소비'되고
있다. 그들은 기존의 도덕이나 윤리를 밟아 넘어버리고, 신체의
가능성을 극도로 넓혀가는 모험을 고독하게 계속하고, 그 결과
곧바로 육체적이고 정신적인 파멸을 맞이하며 시상대로부터 사
라져간다. 그러나 바로 그 때문에 우리는 다음에는 다른 자가 더
욱 새로운 '사'적 신체의 이미지를 제공해주지는 않을까 기대하
며, 운동선수에게 계속해서 갈채를 보내는 것이다.

나를 바꾸는 물질(약물)

스포츠에서 볼 수 있는 자기라는 프레임을 초월하는 이러한 역설적인 '사'적 욕망을 밀어붙이면 기호품이나 건강 보조제, 그리고 약물 사용에 도달한다. 현대 테크놀로지의 발달을 이용해 신체의 제약을 뛰어넘음으로써 어떤 변화나 도취감을 맛보려고 한다는 점에서는 운동선수와 약물 중독의 거리는 보기 만큼 멀지 않다. 스포츠는 달성에 비교적 긴 시간과 돈을 필요로 하며, 그 때문에 역설적으로도 쉽게 흉내 낼 수 없는 것으로 사회적으로 용인되는 반면, 약물은 누구나 쉽게 경험 가능한 대상으로 집단의 터부가 되는 데 지나지 않는다고도 말할 수 있겠다.

실제로 스포츠와 마찬가지로 기호품이나 약물은 근대 자본주의의 성장과 깊게 관련되며 발달해왔다. 예컨대 데이빗 코트라이트에 따르면 세계 각지의 갖가지 기호품이 단번에 서양에 쏟아져 들어와 일반화하는 '사이코 액티브 혁명'이 근대에 달성되었다고 한다.[8] 습관화되기 쉬운 약물이나 기호품에는 안정된 수요가 예측된다. 바로 그 때문에 수입 판매업자나 밀매꾼은 그것을 경쟁하듯 판매하고, 다른 한편으로 정부는 그것을 전매화하려

---

8 デイヴィッド·T.コートライト, 小川昭子訳, 『ドラッグは世界をいかに変えたか : 依存性物質の社会史』, 春秋社, 2003. (David T. Courtwright, *Forces of Habit: Drugs and the Making of the Modern World*, Harvard University Press, 2001.)

고 노력해왔다. 안정된 세금 징수가 여전히 어려웠던 초기 근대 국가에서는 기호품이나 약물은 종종 귀중한 수입원이 되었던 것이다. 예컨대 일본도 메이지 시기에는 자가 양조를 금지하고 주세 부과를 강제함으로써 청일전쟁과 러일전쟁 재원 중 상당 부분을 충당했다고 한다.[9]

이렇게 국가나 시장에 등떠밀려 근대에는 기호품이나 약물은 순도의 강화나 사람들의 기호에 응하면서 다양화되었다. 문화사가文化史家 볼프강 쉬벨부쉬에 따르면 18세기 도시에서 노동의 강도가 높아짐에 따라 알코올 도수가 높은 증류수인 진의 유행이 시작되었다고 한다.[10] 마찬가지로 18세기 일본 도시에서도 청주를 대표로 하는 고순도의 술이 유행했다. 지역 축제에서 그러듯이 집단으로 마시는 것이 아니라 개인의 기호품으로서 고독하게 즐기는 가운데 술은 깊은 취기를 유도하는 약물에 가까운 것으로 변화해간 것이다.[11]

나아가 담배를 쉽게 '소비'할 수 있도록 하기 위한 권련 담배의 발명 등 약물을 단번에 신체에 흡수해 강력한 쾌락이나 도취를 원하는 것을 촉발하는 '사이코 액티브'한 문화가 성장해갔다.

물론 모든 기호품이나 약물이 정부에 의해 허용되는 것은 아니다. 스포츠가 일종의 대중적 내셔널리즘과 연결되어 확산되는 한편, 기호품이나 약물은 종종 국가에 의한 감시나 단속을 받게 된다. 커피나 차, 담배나 알코올 등의 기호품은 분명 널리 받아들여지고 있지만, 다른 한편 대마나 매직 머시름 등의 소프트

한 약물은 국가에 의해 관리되고, 나아가 중독성과 의존성이 높은 코카인이나 모르핀, LSD 등의 이른바 하드한 약물은 국가에 의해 금지되어온 것이다.

그 배경에는 '건강'하게 사는 것을 사람들에게 강제하는 권력의 가동이 있다. 어떤 약물을 허가하고 단속해야 하는지는, 궁극적으로는 그때그때의 상황에 따라서만 결정된다. 예컨대 대마나 알코올 중 어느 쪽이 위험한지는 상황에 따라 복수의 응답이 가능할 것이다. 하지만 권력은 자의적으로 선을 긋고, 그 선을 사람들이 넘지 않도록 단속해왔다. 약물은 그러한 의미에서 주체의 '건강'이 무엇을 의미하고, 그것을 어떻게 실현할 것인지를 권력이 표명하는 중요한 경계선이 되어왔던 것이다.

그러한 권력의 움직임 속에서 특히 큰 역할을 담당하는 것이 의사다. 의사는 어떠한 약물이나 기호품에 해가 있고, 그것을 누가 사용하고 누가 사용할 수 없는지를 정할 뿐 아니라 특정 약

9   青木隆浩, 『近代酒造業の地域的展開』, 吉川弘文館, 2003.

10   ヴォルフガング・シヴェルブシュ, 福本義憲訳, 『楽園・味覚・理性:嗜好品の歴史』, 法政大学出版局, 1988. (Wolfgang Schivelbusch, *Das Paradies, der Geschmack und die Vernunft: Eine Geschichte der Genussmittel*, Hanser, Carl GmbH + Co., 1987.), (볼프강 쉬벨쉬, 이병련, 한운석 옮김, 『기호품의 역사』, 한마당, 2000.)

11   貞包英之, 『消費は誘惑する 遊廓・白米・変化朝顔 : 一八、一九世紀日本の消費の歴史社会学』, 青土社, 2015.

물이나 기호품의 유통을 관리하고 독점하는 주체가 되었다. 예컨대 와타나베 타쿠야渡邊拓也는 근대에 의사에게 약으로서 활용된 유용한 약물이야말로 강한 단속을 받았다고 분석하고 있다.[12] 효과가 강한 약일수록 엄격한 관리가 요구된다고 하는 상식적 관계가 보일 뿐 아니라 '유익'한 약물을 관리해 독점적으로 사용하기 위해 의사는 일반인에 의한 약물 사용을 오히려 제한해왔다는 것이다.

이러한 의미에서 약물이나 기호품의 근대적 유통이나 소비는, 의사를 중심으로 한 의료화라는 권력의 발달과 깊게 관련되어왔다고 할 수 있겠다. 미셸 푸코의 생정치론(생명관리통치론)이나 이반 일리이치의 의료화론을 전제로 근대 국가는 성원의 생명을 관리하고 건강 증대를 지향하는 권력을 작동한다고 논해져왔다. 의사는 이러한 권력의 가동을 뒷받치는 핵심적인 자리에 앉는다. 의학이라는 전문 지식을 배경으로 좋은 삶이 무엇이며, 그를 위해서는 무엇을 신경 써야 하는지를, 의사는 개인이나 집단을 향해 지도해왔다. 약물이 금지되고, 나아가 그것을 이용하는 자가 비합리적 선택을 하는 자로서 도덕적으로 비난 받아온 것은 바로 그 때문이다. 의사를 따르지 않고 약물을 자신의 판단으로 소비함으로써 의사가 제시하는 '진리'에 저항하고 또 그 때문에 국가가 세운 질서에 반항하는 자로서 약물 사용자는 종종 박해를 받아왔다.

이는 거꾸로 약물이나 기호품 사용자가 그 사용의 경험을 의사가 가까이 할 수 없는 사적인 '진리'로서 종종 주장해온 점에서도 확인할 수 있다. 예컨대 윌리엄 버로우즈William S. Burroughs는 그 저명한 약물론에서 "마약은 술이나 마리화나 같은 인생의 즐거움을 증대하기 위한 수단이 아니다. 마약은 자극이 아니다. 마약은 삶이다"[13]라고 주장했다. 이러한 견해에서 본다면 마약을 주체로부터 단절해 객관적으로 말한다고 보는 상정 그 자체가 틀린 것이 된다. 마약은 주체에게 쾌락이나 자극을 가져다줄뿐 아니라 주체의 의식 형식 그 자체를 변화하게 한다. 바로 그 때문에 당사자가 아닌 의사에게는 접근 불가능한, 사적인 '진리'를 명확하게 드러낸다고 할 수 있는 것이다.

드럭스토어의 흥성

그러나 약물이나 기호품을 특권화하는 이러한 견해는 어떤 의미에서는 의료화를 추진하는 권력 구도를 낭만적으로 반전한 것에 지나지 않는다. 약물이 국가나 권력에 대한 안티테제로 간주

---

12   渡邊拓也, 『ドラッグの誕生:一九世紀フランスの〈犯罪·狂気·病〉』, 慶應義塾大学出版局, 2019, p.176.

13   ウィリアム·バロウズ, 鮎川信夫訳, 『ジャンキー』, 河出書房新社, 2010, p.22. (William S. Burroughs, *Junky*, Pgw, 2012.), (윌리엄 버로우즈, 조동섭 옮김, 『정키』, 펭귄클래식코리아, 2009.)

됨으로써 그들이 만드는 질서를 과대 평가하고 거꾸로 고정화하는 경향이 보인다.

그러한 의미에서는 의료화와의 대립을 서두르기 전에 약물이나 기호품과 의학, 그것을 뒷받치는 국가 사이의 복잡한 관계를 좀더 구체적으로 살펴볼 필요가 있다. 애초에 약물이나 기호품을 사용하는 자도 단순히 의사를 무시하고 자기 파괴적 쾌락을 원하는 것은 아니다. 힐링이나 쾌락을 탐구한다는 의미에서는 그러한 사람도 의사에 대항하면서도 자기만의 '건강'을 손에 넣으려고 해온 것은 아닐까. 그렇다면 방법이나 구체적인 정의가 다르다고 하더라도 그들도 의사와 의학과 마찬가지로 의료화 권력에 복종해왔다고 할 수 있겠다.

실제로 현대 사회에서는 스피리추얼spiritual이나 호메오파시homeopathy라는 괴상한 방식으로 의사를 의심하면서도 '건강'이라는 목표 그 자체는 받아들이려는 양의적 실천이 종종 반복되고 있다. 그것과 마찬가지로 약물이나 기호품도 의료화에 단지 대립하는 것이 아니라 오히려 복잡하게 섞여 교차함으로써 독자적인 소비의 장을 만드는 듯이 보인다.

그것을 대중적 규모로 잘 보여주는 것이 최근 드럭스토어의 놀라울 만한 성장이다. 1990년대 후반부터 비교적 싼 값의 의료품을 중심으로 화장품이나 일상적 위생 상품, 나아가 최근에는 식품이나 일용 잡화까지 갖춘 드럭스토어가 전국적으로 확대되었다. 드럭스토어의 이러한 흥성은 무엇보다도 먼저 시장의 디플레이션화와 호응하고 있다. 드럭스토어는 교외의 편리한 장소에 저렴한 약이나 화장품을 구비해 진열해놓음으로써 거리의 상점가에 있었던 소규모 의약 전문점이나 화장품 전문점을 퇴출해왔다. 미나가타 다쓰아키南方建明에 따르면 드럭스토어는 후자 같은 전문점의 매상을 빼앗으며 발전해왔다고 한다.[14]

단 상품을 싸게 파는 것만으로는 드럭스토어는 인기를 모을 리 없었다. 그 성장을 도운 것은 약이나 화장품 혹은 샴프나 치약 등 넓은 의미에서 개인의 '건강'을 챙기는 일상적 습관의 확대다. 드럭스토어는 약만이 아니라 샴프나 치약 등 위생 상품의 진열에 특히 충실했다. 그러한 상품의 개인 당 사용이 증대하는 것에 더해 히노 마사카쓰日野眞克에 따르면 예컨대 한 집에서도 같은 샴프나 치약을 사용하지 않게 되었다고 하는 변화가 주목된다고 한다.[15] 자신의 신체에 직접 쓰는 신변 용품에 개개인이 집착하는, 사회학적으로는 '개인화'로 해석되는 현상이 진행되는 가운데 샴프라는 하나의 상품일지언정 다양한 타입을 갖춘 드럭스토어가 각광을 받게 된 것이다.

이러한 '개인화' 경향은 넓은 의미의 약물에 해당되는 것

---

14 南方建明, 「ドラッグストアの成長過程 : 小売業態間競争に着目して」, 『大阪商業大学論集』 15(2), 2019.

15 日野眞克, 『ドラッグストア拡大史』, イースト ·プレス, 2021.

만은 아니다. 최근 드럭스토어에서는 과자나 냉동 식품 등의 식재료도 충분히 갖추고 있다. 그것들은 가족용이라기보다도 1인 가구나 고령자를 주된 타겟으로 삼고 있다. 일이 바빠 시간이 없는 독신자나 원래 양을 필요로 하지 않는 고령자 세대는 주변에는 없는 경우가 많고 그 넓이 때문에 머무는 시간도 길어지기 십상이 슈퍼마켓에서 쇼핑하는 것을 회피하는 경향이 강하다. 그 대신 편의점보다 싸고, 슈퍼마켓에 비하면 적은 체재 시간에 식품을 손에 넣을 수 있는 드럭스토어의 인기가 높아지는 것이다.

가족 중에서도 개별화된 이러한 신체에 대한 관심의 증가와 세대 구성원의 현격한 축소 경향을 등에 업고 드럭스토어는 융성해왔다. 그러한 의미에서 드럭스토어의 번영을 뒷받침한 것은 의사와 협동적임과 동시에 대항적이기도 한 사적 소비 게임의 활성화다. 예컨대 미국에서는 의사에 의한 처방을 받지 않고 드럭스토어에서 스스로 약품을 사는 것이 의료 실천으로서 정착했고, 코로나 팬데믹에서도 드럭스토어가 백신 접종의 기점이 되었다고 한다. 일본에서는 여러 가지 정치적 사정이 얽혀 있어 그렇게까지는 전개되지 못했지만, 의료비의 급등을 억제하려는 목적에서 최근에는 시판되는 약을 중심으로 하는 셀프 메디케이션이 기대되고 있다.

이렇게 드럭스토어는 의사와 경합할 뿐 아니라 의사와 똑같이 인간의 '건강'에 복무도 하는 복잡한 행위자로서 의료화에 관여해왔다. 가난하기 때문에 의사에게 자주 진료 받지 못하는 사람이나 의사의 치료에 만족할 수 없는 사람 또는 의사에게 진료받지 않고 지금 바로 효과를 손에 넣고 싶어하는 사람이 이용하는 얼터너티브한 '건강'이 의지할 곳으로서 드럭스토어는 기능해온 것이다.

이러한 의미에서 드럭스토어의 증가는 현대 사회에서 '의료화'와는 별도로, 약물을 사용해 자신의 신체를 관리하는 '약물화'라 해도 무방한 실천이 더욱 확대됐음을 드러낸다.[16] 의약품과 하드한 약물 사이에는 합법/위법, 자기 치료적/자기 파괴적이라는 사회적 차이가 분명 존재한다. 하지만 이러한 차이는 어떤 의미에서는 '의료화'를 추진하는 국가의 관점으로 자의적으로 설정됐음에 지나지 않는다. 의사의 권력에 대항하거나 그것을 제대로 이용해 자기 신체의 개선과 일종의 쾌락을 성급하게 추구한다는 의미에서는, 소비자 측에서 보면 의약품도 약물과 똑같이 '약물화'라는 같은 트렌드 속에서 소비되고 있을 가능성이 높은 것이다.

이상을 정리하자면 드럭스토어의 융성은 '의료화'를 회피한 '약물화'의 실천이 대중적 확대를 보여줌으로써 실현되었다고 할 수 있다. 의사의 손을 되도록 빌리지 않고, 이른바 '똑똑하'

---

16 '약물화(薬物化)'라는 개념 전개에 대해서는 다음 논문을 참조함. 山中浩司, 「テーマ別研究動向(医療)」, 『社会学評論』 63(1), 2012.

게 신체를 관리하기 위해서는 의약품이나 건강 식품이 가족의 틀조차 뛰어넘어 퍼스널한 것으로서 요구된다. 드럭스토어는 값이 싸고 손쉽게 대처할 수 있다는 의미에서는 디플레이션적인 '신체' 관리라고 부를 수 있는 그러한 대중적 지향을 전제로 일본의 여기저기에 증가해온 것이다.

이렇게도 단순한 쾌락?

그렇다면 의약품이나 약물, 기호품의 흥성을 사적 욕망과 관련된 소비의 현재적인 단면의 하나로서 해석할 수 있다. 역사를 크게 돌아보면 개個로서 자신의 신체를 안락하게 유지하거나 쾌락을 맛보는 소비의 자유는 이제까지 많은 사회에서 무제한으로 허용되어온 것은 아니었다. 물리적으로도 한 사람만을 위한 방이 구비된 집은 드물었고, 또 공동체의 율법이 물리적으로는 혼자 있더라도 그 행동을 종종 엄격하게 제한해왔다. 부자나 왕이나 귀족도 예외는 아니었다. 통상적이지 않은 치부致富를 했다고 여겨진 오사카의 요도야淀屋가 막부에 의해 붕괴되고, 프랑스 왕의 침실이 공적 의미를 가진 것으로서 정치의 중심에 있었다고 간주되듯이[17] 사회 상층부일수록 '공'적으로 행동하는 것이 종종 강하게 요구되어온 것이다.

반면 현대에는 자기 자신의 신체나 정신의 케어와 관련된 수많은 상품이 제공되고 그것을 사적으로 소비하는 것이 허락되

고 있다. 신체를 바꾸는 화장이나 패션 액세서리, 갖가지 식감이
나 맛을 즐길 수 있는 먹거리부터, '사인私人, private person'을 위
한 것임에 무게를 둔 가옥, 자신의 신체나 정신을 가변적인 것으
로 보는 약물에 이르기까지, 나로서 존재하기에 집착하거나 내
존재 양식을 바꾸는 것을 재촉하는 다양한 상품이 제공되는 것
이다.

그러한 상품을 대상으로 한 소비가 나로서 존재하기의 가
능성을 더욱 확대하고 있다. 원래 자본주의는 긴 시간 속에서 우
리의 감각이나 감수성을 미세화해 새로운 쾌락이나 행복을 받아
들이도록 작동해왔다. 그 프론티어의 하나로서 스포츠나 약물 혹
은 패션이나 화장의 도움을 빌려 나로서 존재하기의 가능성이 현
재 확장되는 것이다.

주목해야 할 것은 이러한 '나'로서 존재하기의 탐구가 이제
는 글로벌로 확대했다는 점이다. 예컨대 세계 유수의 패션 브랜
드 ZARA는 세계 곳곳에 퍼진 점포에서 어떤 패션 아이템이 유
행하는지에 대응하여 생산 계획을 바꾼다고 한다.[18] 1년 걸려 상
품을 계획하고 발주해 가격을 낮추고 그것을 모두 팔아버리는 유
니클로와는 달리 ZARA는 시즌 초반에는 상품의 4분의 1만을

17   多木浩二, 『眼の隱喩：視線の現象学』, 青土社, 1982.

18   齊藤孝浩, 『ユニクロ対ZARA』, 日経BPマーケティング, 2014.

만든다. 이스탄블의 점포에서 유행한 상품이 증산되어 금방 도쿄에서도 팔리게 되듯이 세계 여러 도시에서 행해진 소비자의 선택이 순식간에 참조되어 세계로 번져나간다. 그것을 하나의 예로서 '나'답게 존재하기의 탐구는 현재에는 글로벌 기업의 백업을 받으면서 내셔널의 틀을 쉽게 뛰어넘어 사람들의 생활을 좌지우지하는 것이다.

다만 한편으로는 세계적으로 연쇄하는 이러한 사적 소비의 확대를 단순히 개인의 해방을 제시하는 트랜드로 보는 것도 위험하다. 사람들이 자신의 신체에 이렇게까지 깊은 정열을 쏟아붓고 소비를 반복하는 것은 오히려 그것 이외의 영역에서 그 만큼의 자유로운 소비가 제한되기 때문은 아닐까.

예컨대 사회 속 신체의 존재 양식에 대해 연구한 브라이언 터너는 패션이나 화장 혹은 스포츠 액서사이즈 등의 영역에서 여성이 더욱 소비에 애쓰기 시작하는 것은 어디까지나 '의사疑似 해방'에 지나지 않는다며 주의를 환기했다.[19] 터너의 견해에 따르면 이 사회에는 가족이나 직장 등 온갖 영역에서 남성 지배의 구조가 뿌리깊게 남아 있다. 그것을 은폐하고 그 대신 자율성을 일시적이고 의사적으로 해방함으로써 신체와 관련된 소비가 여성들에게 촉구됐다는 것이다.

이 책에서 언급한 사적 소비에 관해서도 이러한 '부자유'가 오히려 토대가 되고 있을 가능성을 부정할 수 없다. 화장이나 패션이 여성들에게 특별한 소비 대상이 되고 있는 것은, 그것이 여성들에게 허용된, 소수의 자유로운 활동 영역이기 때문은 아닐까. 자동차나 집을 사거나, 취미에 돈을 쓴다고 하는 다른 소비 활동을 여성이 주체적으로 참여하는 것이 여전히 상대적으로 어렵다고 하는 바로 그런 이유 때문에 신체를 미화한다는 여성에게 요청되어온 규범적 요구를 위장막으로 삼아 화장이나 패션이 여성들에게 주로 소비됐다고 상정하는 것은 일리가 있다.

여성만이 아니다. 예컨대 스포츠나 근육 트레이닝에 많은 남성이 뛰어들게 된 것은 노동 현장이나 가정에서 자율성이나 남성성masculinity이 위협 받기 때문인지도 모른다. 또한 이미 지적했듯이 다른 종류의 남성들이 오타쿠적 상품에 몰두해 어린 시절에 살 수 없었던 아이템을 통째로 사들이는 것은 디플레이션 환경 하에 다른 유행 상품을 만족스럽게 소비할 수 없게 된 대상代償일 가능성이 높은 것이다.

물론 이러한 이해가 얼마나 타당한지는 좀더 자세한 분석에 맡겨질 필요가 있다. 다만 젠더에 덧붙여 경제력이나 연령 등 다양한 사회적 힘이 소비를 분단하고, 독자적 벡터를 추가하고 있음을 잊어서는 안 된다. 소비는 분명 일정 영역에서 사람들을 자유롭게 하지만, 그 해방은 다른 영역에서 부자유가 더욱 강해졌

---

19 B·Sターナー, 小口信吉他訳, 『身体と文化:身体社会学試論』, 文化書房博文社, 1999, p.216.

음을 은폐하는 페이크 미끼(루어)도 된다. 그러한 복잡한 사회 관계 속에 박혀 있다는 의미에서, 소비를 그 자체로서 독립된 활동으로 간주하는 마케팅적인 좁은 감옥에 갇혀 있어서는 안 된다. 소비를 어디까지나 하나의 사회 현상으로서 생각한다면 일부 상품이 소비됨으로써 반대로 무엇이 행해지지 않는지를 좀더 상세하고 비판적으로 검토해야만 한다.

제4장

여러 가지 한계

1. 경제라는 한계

불평등한 분배

하지만 아무래도 소비는 현재 ① 타자와 경합하는 커뮤니케이션 게임으로서만이 아니라 ② 사적 쾌락이나 행복을 끝없이 추구하는 실천으로서 무수한 사람에게 반복되고 있다.

그 덕분에 이제까지 상품화의 원리가 좀처럼 미치지 못했던 분야까지 소비 게임이 확대되고 있다. 교육이나 케어 등 상품이 되기 힘들었던 대상이 그 문맥에서 분절되어(=이상화離床化, disembedded) 판매되는 것이다. 그것에 덧붙여 공간적으로 보면 소비 사회화가 서양의 국가들에서만이 아니라 아시아와 아프리카 등에 착실하게 미치고 있음을 간과할 수 없다. 자동차나 휴대 전화 또는 해적판적인 위법·탈법적 상품의 유통을 재촉하면서 구매 활동은 단지 생활을 윤택하게 할 뿐 아니라 사람이 사람으로서 살아가는 자유와 존엄을 지탱하는, 빠트릴 수 없는 기회가 되는 것이다.

바로 그 때문에 소비 사회는 단적으로는 부정할 수 없다. 그것은 반복해서 이 책이 지적해온 것이지만, 그렇다고 소비 사회로서 존재하는 이 사회에 문제가 없는 것은 아니다. 소비는 생활에 빠트릴 수 없는 역할을 하는 한편, 몇 가지 난문을 내포해 경우에 따라서는 그것이 소비 사회의 존속조차 위태롭게 만든다. 사회가 장래 어떻게 되어야 하는가라는 이상理想을 생각할 때, 그러한 문제를 보고도 못 본 채 할 수는 없는 것이다.

소비 사회의 첫 번째, 그리고 매우 커다란 한계는 소비와 관련된 자유의 배급이다. 소비는 사람들이 사물을 선택해 손에 넣는 자유를 보증하지만, 그를 위해서는 당연하게도 화폐 지급이 필요하다. 그러나 화폐는 균등하게 배분되지 않는다. 피케티가 지적했듯이 자본주의에는 부자를 더욱 부유하게 만들고, 가난한 자를 더욱 가난하게 만드는 경향이 있다. 1퍼센트 풍요로운 자의 수입이 총소득에서 점하는 비율은 분명 20세기 중반에 감소했음에도 미국이나 영국 등 앵글로색슨 국가에서는 1980년대에 다시 상승했고, 1930년대 수준까지 회복하고 있다. 일본에서는 그렇게까지는 아니지만, 1990년대에는 마찬가지로 격차 확대 경향이 보이고, 부자의 소득이 총소득에서 점하는 비율은 적어도 1950년대 규모로 되돌아갔다(그림2).

분명 이미 확인했듯이 격차의 확대가 곧바로 소비의 자유를 무용지물로 만들어버린 것은 아니다. 디플레이션의 도래가 100엔숍에서의 '똑똑한' 소비를 활성화했듯이 격차의 확대는 상품의 가격 저하나 다양화를 촉진함으로써 소비 게임을 활기차게 만들기도 했다.

다만 격차가 소비 게임에 참여조차 할 수 없는 자를 증가하게 한다면 역시 문제가 된다. 어쨌든 물건을 사는 것은 소비 사회에서는 그 사람의 존엄을 뒷받침하는, 대체 불가능한 계기가 된다. 스스로 좋아서 하는 선택은 그 사람의 독자성과 고유의 라이프스타일을 구체적으로 지키는 보루가 되기 때문이다.

따라서 자본주의 속에서 자유로운 선택이 허용되지 않거나 또 애초에 소비 게임에 참여조차 할 수 없는 사람이 있는 것은 '공평fair'하다고는 말할 수 없다. 그것은 소비가 더욱 중요한 역할을 담당하는 사회에서 자신의 욕망이나 바람에 대해 배려 받지 못하고, 그 때문에 자신이 있을 장소가 충분히 부여되지 않았다는 것을 의미하기 때문이다.

국가에 의한 시정

이러한 불공평의 증대에 대한 시정是正이 시도되지 않았을 리가 없다. 그것을 담당한 것이 국가다. 앞서 봤듯이 마르크스주의적으로 말한다면 자본주의는 과잉 생산에 의한 구매력의 부족이라는 문제를 잠재적으로 떠안고 있다. 20세기 사회는 노동자의 임금을 늘림으로써 그것에 대응해왔지만, 단 그것은 자발적으로 또한 충분히 이루어진 것은 아니었다. 노동력이 절박하게 요청되는 한정적인 상황을 빼면 개개의 기업에는 임금을 올리려는 동기는 결여됐기 때문이다.

바로 그 때문에 국가는 그것을 보완해 노동자의 임금을 직·간접적으로 유지하도록 노력해왔다. 예컨대 데이비드 갈런드에 따르면 19세기 말부터 20세기 중반에 걸쳐 산재보험이나 질병, 출산보험 등 소득 보장을 시도하는 제도가 각국에서 정비되었다고 한다.[1] 자본주의가 확대해가는 가운데 국가의 손으로 노동자의 생활을 보장하는 것이 완벽하지는 않지만, 글로벌에 일반화된 것이다.

이러한 흐름은 20세기 중반 이후에는 각 기업 대신 국가가 노동자의 생활을 담당하는 것을 목표로 하는 '복지 국가'로 결실을 맺었다. 내셔널리즘의 고양과 그것을 전제로 한 총력전 체제 확립에도 도움을 받아 정도의 차이는 있어도 국민 생활을 적극적으로 보장해가는 것을 많은 나라가 목표로 삼기 시작했다. 한편 재정적으로 보면 이 움직임은 공공 투자 등을 향한 지출을 확대함으로써 완전 고용을 목표로 하는 케인즈적 재정 정책의 일반화와 병행했다. 국민 생활을 적극 유지하려고 할 것인가, 아니

1　デイヴィッド・ガーランド, 小田透訳, 『福祉国家 : 救貧法の時代からポスト工業社会へ』, 白水社, 2021, p.47. (David Garland, *The Welfare State: A Very Short Introduction*, OUP Oxford, 2016.), (데이비드 갈런드, 남찬섭 옮김, 『복지국가란 무엇인가』, 밀알서원, 2022.)

면 완전 고용에 의해 간접적으로 대다수의 국민 생활을 안정하게 하는 것을 지향할 것인가의 차이는 있어도 적극적으로 세금을 투여해 국민 생활을 유지하는 것을 많은 국가가 목표로 삼기 시작한 것이다.

앞서 봤듯이 이러한 국가의 방향은 20세기 후반 사반세기에 분명 광범위한 도전을 받게 되었다. 세수를 늘리는 대신 복지에 힘을 넣는 '큰 정부'를 향한 지향은 신자유주의적인 사조 하에 부정되고, 그 대신 민간 섹터와의 협력 관계를 전제로 통치를 실현하는 '작은 정부'가 추진되었다.

단 그것으로 복지국가적 시도가 완전히 방기되지는 않았다. 이미 확인했듯이 신자유주의도 국가를 단적으로 적대시하지 않았고, 오히려 이율과 환율 조작, 나아가 일부 업계의 규제완화책 등의 수단을 사용하여 글로벌에서 자국의 경제적 우위를 확립하려고 노력했다. 그러한 틀 속에서 경제를 안정화하는 최저한의 장치로써 사회보장제도는 종종 축소가 논의되면서도 여전히 유지되어온 것이다.

실제로 일본에서도 국가의 개입에 의해 소득 격차는 상당히 개선되고 있다. 이미 확인했듯이 헤이세이 시대1989~2019에 불평등을 표현하는 지니계수는 상승해 소득 분배는 세대에 따라 더욱 심한 편차를 낳았다. 단 그것은 세수나 연금 지급금 등의 조정 이전의 얘기고, 재분배가 행해진 후의 숫자를 보면 지니계수는 상당히 안정적이다(그림20). 격차가 확대된 데에는 애초에 고령화

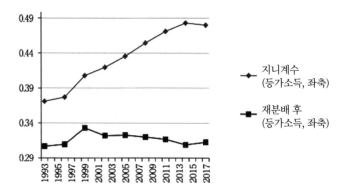

그림20 지니계수, 상대적 빈곤율(소득 재분배 조사로부터 작성)

의 영향이 컸지만, 고령자에 대한 연금을 중심으로 많은 세금이
투입됨으로써 전체로서의 평등은 상당하게 유지되어온 것이다.

'탈상품화'라는 전략

이러한 예로 알 수 있듯이 국가에 의한 시정은 분명 일정 효과를
내고 있다. 다만 그것에 의해 소비와 관련된 '불평등'이 축소되고
있다고 단순하게는 생각할 수 없다. 국가에 의한 격차 시정의 시
도에는 경우에 따라서는 오히려 '불평등'을 확대하는 면도 보이
기 때문이다.

가장 큰 문제는 종종 격차의 축소가 '탈상품화'된 서비스
제공에 의해 실현된다는 점이다. 특히 복지국가는 재분배를 큰

여러 가지 한계

사명으로 여기지만, 모인 세금은 직접 개인에게 환원되지 않는다. 오히려 복지국가는 세금을 학교나 도서관, 의료 시설이나 복지 시설 등의 설립이나 운영을 위해 쓴다. 이는 화폐 지급이 필요없는 탈상품화된 서비스를 충실하게 만들려는 강한 경향을 보여준다.

빈곤층에 대한 대처라는 점에서 본다면 여기에는 당연히 이점이 있다. 그것은 수입이나 자산의 차이가 있는데도 '평등'하게 서비스를 이용할 수 있는 상황을 만들려고 하기 때문이다.

그러나 소비 게임과 관련된 공평성이라는 관점에서 본다면 거기에는 역효과도 있음을 부정할 수 없다. 무엇보다도 '탈상품화'된 서비스의 충실은 시장을 압박해, 제공되는 상품의 질과 양을 축소해버릴 우려가 있다. 탈상품화 서비스가 일반화하면 그것과 관련된 시장은 압박을 받아 다양성은 축소해버릴 우려가 크다.

한 가지 예로 2020~2022년 코로나 팬데믹 속에서 공립학교가 충분히 대응할 수 있었다고 볼 수는 없다. 초기 대응에서 많은 학교는 학생을 방치한 채 계속해서 휴교하거나 또는 위험을 불사하고 대면 수업을 재개해 아이들이 큰 리스크에 노출되었다. 그럼에도 문제는 그 이외의 교육 서비스는 연소자 또는 그 부모가 선택하기 어려웠다는 점이다. 예컨대 초등학생 한 명에 대해 공적으로 부담하는 교육비는 2021년에는 88만 2,000엔이 되었다고 한다.[2] 그러나 현실은 그 대부분이 학교 제도의 유지에 쓰이고, 그 외 민간 학원이나 프리스쿨, 온라인 학습 등에 대한 지원은 압도적으로 제한되어 있다. 그 탓에 연소자나 그 부모는 평상시 또는 긴급 시를 불문하고, 학교 이외의 교육 기회를 선택하는 것이 어려워지고 있다. 일상적으로 4명에 1명 정도가 사립중학교에 진학하는 도쿄 학군을 대표적 예로 들 수 있다.[3] 이렇게 공적인 학교제도가 충실하게 기능했다고는 말하기 어렵다. 그럼에도 학교 이외의 교육 시장에 대한 지원은 적은 탓에 공적인 학교 교육 이외의 선택지는 돈에 구애 받지 않는 일부 사람 이외에는 거꾸로 선택하기 어려워져버린 것이다.

이처럼 시장의 다양성을 축소해버리는 것에 더해 두 번째로 탈상품화된 공공 서비스에는 사용자를 수동적인 이용자로 바꿔버린다는 문제가 있다. 시장에 충분히 선택 가능한 상품이 없는 대신 서비스 제공이 공적으로 독점되어 있는 경우, 사용자는 설령 불만이 있어도 그것을 선택할 수밖에 없게 된다. 그것이 싫다면 공적 지원이 적어서 고액이 되기 쉬운 민간 서비스를 선택하든가 아니면 서비스를 포기할 수밖에 없게 되기 때문이다.

2   일본 국세청, 「2022년도판, 우리의 생활과 세금」. https://www.nta.go.jp/taxes/kids/kyozai/chugaku/files/text-2.pdf(검색일 : 2022. 10. 17).

3   야후재팬, 『東京市部「私立中学進学率ランキング」… 都市部と郊外の露骨な受験格差』. https://news.yahoo.co.jp/articles/3645b13b5361f4b09851a6ea22fad009f4f69932(검색일 : 2021. 11. 4).

일찍이 간병 서비스에서는 이러한 폐해가 현저했다. 간병 보험에 대해서는 나중에 언급하겠지만, 2000년에 그것이 도입되기 이전 간병은 가족이 해야 하는 의무 또는 그것을 보완하는 행정의 일방적 서비스에 머물렀을 뿐 간병을 받는 자의 목소리에 귀를 기울이고 그것에 대응하는 회로는 충분하게 열려 있지 않았다. 가족이 간병을 담당하는 경우 피간병자가 대등한 입장에서 여러 가지 요구를 하기 어렵고, 다른 한편으로 행정이 간병을 담당하는 경우에도 특별 요양 양로원 같은 곳의 입소는 피간병자의 권리로서가 아니라 어디까지나 예외적이며 은혜적인 행정 처분으로서 실시된 것에 지나지 않았다.

그것을 하나의 사례로 탈상품화된 서비스에서는 이용자의 요구가 좀처럼 닿지 않는 것에 더해 셋째로 탈상품화된 서비스에서는 정치적인 힘을 가진 특정 그룹에 유리한 서비스가 종종 만들어져버린다는 문제가 있다. 예컨대 국가나 지자체가 행하는 서비스가 종종 고령자층에 대해 충실한 것은 따지고 보면 그들이 투표율이 높고 지방의원에 민원을 넣는 데 드는 시간이 충분하기 때문은 아닐까. 고령자에 대한 서비스만이 충실하고 일반 노동자에 대한 서비스가 빈약한 지자체가 많다. 이러한 결과는 현행 '민주주의' 시스템에서는 피하기 어렵다.

나아가 공적 지원 시스템은 종종 사회적으로 혜택을 받는 자를 좀더 우대하는 시스템으로서 기능하는 경우조차 있다. 예컨대 도서관이나 예술 시설, 대학 등의 이용자 중에는 고소득자가 많아 부유한 자를 더욱 유리하게 만드는 효과를 동반한다고 일컬어진다. 이렇듯 기존 체제 안에서는 그 가치를 의심하기 어렵다.

이제까지 봤듯이 탈상품화된 서비스는 소비의 '불공평'을 해소하는 수단으로써 여러 가지 한계가 있다고 말할 수밖에 없다. 그것이 사람들을 '풍요롭'게 만들기에 형식적으로 기여하고 있음은 인정하자. 단 개인이 선택하고 소비하는 구체적 권리에 대해 말하자면 선택 가능성이 증대하기는커녕 종종 역효과가 난다는 것이다.

근본적으로 봤을 때 이러한 문제가 생기는 것은 서비스의 탈상품화가 사용자로부터 자신이 선택하고 결정하는 힘을 빼앗는다는 부작용을 초래하기 때문이다. 복지 국가는 올바른 판단을 개인의 선택보다 국가나 그것을 통제하는 관료나 정치가가 내릴 수 있다고 가정하고, 바로 그러한 이유 때문에 구매력을 개인으로부터 빼앗아 국가든 NPO든 다른 주체에게 배분한다. 그 결과 오히려 빈곤층은 서비스를 선택할 권리를 빼앗긴다. 부유층이 사립 중고등학교를 선택하는 한편, 빈곤층이 공립학교 서비스를 받을 수밖에 없는 교육의 현실이 잘 보여주듯이 많은 돈을 낼 여유가 있는 자는 여전히 개인적 소비를 선택할 수 있는 반면, 빈곤층은 탈상품화된 서비스를 마지못해 받아들일 수밖에 없기 때문이다.

물론 공공 서비스에 관련된 이러한 문제는 지금까지도 논의되고 있으며, 그것을 극복하기 위한 접근 방법도 탐색되어왔다.[4]

그 대표적 예가 '준시장準市場'으로 불리는 일정의 시장 원리를 가지고 들어온 서비스다. 그중 하나가 일본에서는 간병보험제도다.

2000년대 시작된 간병보험 제도는 서비스 수혜자에게 구매력을 보증함으로써 간병 시장을 확대하는 데 크게 공헌했다. 간병을 받을 가능성이 있는 자인 중장년을 보험에 가입하게 함으로써 그 보험료와 세금을 재원으로 하는 수령금이 간병 비용으로 보전되는 시스템이 만들어졌다. 그 덕분에 간병은 이전처럼 가족에 의해 이루어지는 의무나 행정에 의한 은혜가 아니라 '소비자'가 선택하는 상품으로 재편된 것이다.

그 결과 피간병자는 불완전하긴 해도 '소비자'로서 권리를 되찾게 되었다empowerment고 할 수 있다. 피간병자도 어떤 서비스에 불만이 있다면 다른 서비스로 갈아탈 수 있게 되었다. 단 모든 간병보험 제도가 제도로 제대로 기능하는 것은 아니다. 최대의 문제는 피간병자의 '소비자'로서의 능력이 유권자, 국가, 지자체에 의해 정해진 복잡한 정치적 타협의 산물에 머물러 있다는 점이다. 특별 요양 양로원 대기자가 많다는 것이 종종 문제가 된다. 그 주된 원인은 ① 운영 코스트나 건설비를 억제하기 위해 지자체나 국가가 시설의 설치를 꺼려해왔고 더불어 ② 간병 서비스에 종사하는 직원이 부족하다는 점이 거론되고 있다.[5] 전자는 말할 필요도 없지만, 후자도 결국은 예산의 한계라는 문제에 도달한다. 간병 시장으로의 자금 유입이 부족한 탓에 충분한 서비스 제공이나 노동 환경의 개선이 어려워지는 것이며, 이 상황을 바꾸기 위해서는 간병보험의 수령금을 증액할 수밖에 없다. 그것을 실현하기 위해서는 보험료를 증대하기 위한 복잡한 정치적 관계의 조정이 필요해진다.

이러한 간병보험 현 상황은 복지 국가의 탈상품화된 시장을 '준시장'화하는 시도에 가능성만이 아니라 한계가 있음을 가르쳐준다. 그 근본에 있는 것은 소비자에게 어떻게 구매력을 보증할 것인가 하는 문제인데, 현 상황에서는 확실한 해결책이 없다. 이제까지 공급되어온 탈시장화된 서비스에는 납세자와 서비스를 받는 당사자, 서비스 공급자, 감독 기관 등 많은 기득권자가 관련되어 있다. 그 이해관계를 조정하고 이용자를 '소비자'로서 확실하게 힘을 주기에는 상당한 곤란이 뒤따르는 것이다.

직접지급直接給付이라는 자의성

다른 한편 격차를 시정하는 두 번째 방법으로서 직접지급의 경우도 문제는 크다. 지금까지 국가는 탈시장화된 서비스를 제공

---

4 탈상품화된 서비스의 문제점에 대해서는 다음 책을 참조함. ジュリアン・ルグ ラン, 後房雄訳, 『準市場 もう一つの見えざる手 : 選択と競争による公共サ ービス』, 法律文化社, 2010. (Julian Le Grand, *The Other Invisible Hand*, Princeton University Press, 2007.)

5 小竹雅子, 『総介護社会 : 介護保険から問い直す』, 岩波書店, 2018, pp. 199~207.

할 뿐 아니라 직접 화폐를 지급함으로써 격차의 시정을 위해 노력해왔다.

연금 지급이나 생활보호를 대표로 하는 이러한 지급이 빈곤 해소에 도움이 되어왔음은 말할 필요도 없다. 그렇지만 자격과 조건에 따른 한정을 둠으로써 직접지급을 받을 수 있는 자와 그렇지 않은 자 사이에 종종 '불공평'이 생기는 것도 사실이다. 예컨대 연금의 경우, 세대 간 격차나 혼인 관계 유무에 의한 지급의 격차가 논쟁의 대상이 되고 있다. 왜 앞서 태어난 자는 많은 연금을 받고 늦게 태어난 자는 부담이 커지는가, 또 샐러리맨의 주부에게만 왜 연금이 우대되는가 하는 질문에는, 따지고 보면 합리적 대답이 없고 단지 정치적 자의성에 의해 내려진 결정이라고밖에 말할 수 없는 것이다.

한편 생활보호의 경우에도 지급의 자격과 조건을 묻는 '자력조사資力調査'가 요구됨으로써 지급 유무는 종종 관료나 정치가에 의해 자의적으로 정해져왔다. 예컨대 재정에 불안을 안고 있는 지자체가 생활보호의 지급 자격을 엄격하게 운용하는 탓에 생활보호의 범위가 좁아지고 있다는 비판을 받는 경우도 있다.

재정 문제 때문만은 아니다. 지급이 때로는 엄격하게 심사되는 것은 다른 사람들이 지급자를 엄격한 시선으로 보기 때문이기도 하다. 2012년에는 유명 연예인의 부모가 생활보호를 받고 있음이 판명되어 큰 비난을 받았다. 생활보호가 일부 사람에게 부여되는 특권으로 보이기 쉬운 현 상황에서는, 누구에게 얼마만큼 지급되고 나아가 그것이 무엇에 사용되는지가 종종 엄격하게 체크되는 것이다.

이제까지 봤듯이 직접지급은 정치적인 결정에 좌우된다. 다른 한편으로는 바로 그 때문에 신자유주의적 국가는 그러한 수단을 즐겨 이용해 왔다고도 할 수 있다. 신자유주의적 국가도 생활보호를 포함해 갖가지 직접지급을 행하고 있는데, 그것은 사회안전망을 충실하게 만들기 위해 실행되는 것만은 아니다. 예컨대 일본에서는 공공사업비, 중소기업, 농업대책비 등의 명목으로, 이용자를 한정한 소득보상이라는 측면이 강한 돈이 막대하게 쓰이고 있다. 이러한 직접지급이 즐겨 채택되는 것은 엄격한 심사에 의해 지급 총액을 한정할 수 있기 때문만이 아니라 그것이 특정 정치적, 경제적 체제를 실현하는 채찍과 당근이 되기 때문이라는 점도 부정하기 힘들다.

가까운 예로는 2008년부터 실시된 '고향납세ふるさと納税'라는 제도가 그렇다. 세금의 실질적 환급을 행함으로써 부유층에 상당히 유리한 시스템이라고 비판 받고 있는데, 바로 그러한 이유로 일부 사람에게는 호의적으로 받아들여지고 있다. 그것은 부유층을 기성 정치 체제에 끌어들임과 동시에 '지방활성화地方創生'라는 명목 하에 지방의 일부 기업으로 이익을 유도하는 도구가 되는 것이다.

이러한 예를 통해 알 수 있듯이 신자유주의적 국가는 갖가지 지급 제도를, 경제 발전 달성과 나아가 사람들을 지배하는 수단으로 이용하고 있다. 그 때문에 직접 급여는 각각의 경우에는 격차 시정에 도움이 되기는 해도 총체적으로 소비의 '불공평'을 충분히 해소하고 있지는 않다. 직접지급은 정권에 가까운 자들의 소비 자유를 확대하고 그렇지 않은 사람을 방치함으로써 거꾸로 소비의 '불공평'을 인위적으로 확대하는 수단이 되는 것이다.

'불공평'의 확대

이러한 의미에서 소비 게임과 관련된 '불공평'은 현재에 이르기까지 충분하게 대처되고 있다고 말하기는 힘들다. 다만 그것은 국가를 운영하는 사람들의 능력 부재나 정치적 자세에 유래한다기보다도 근본적으로는 격차를 시정하기 위해 국가가 사적 소비의 권리를 거둬들일 수밖에 없다고 하는, 구조적인 조건에 근거하고 있다. 국가는 많은 세금을 징수해 재분배를 강화함으로써 경제적 평등을 적어도 일정 정도 개선한다. 그러나 동시에 바로 그 때문에 국가의 힘의 확대와 사적 소비의 제한이라는 '역효과'를 낳는다. 국가는 격차를 시정하기 위해 소비할 권리를 개인으로부터 거둬들인다. 그것을 누구를 위해 어떻게 쓰는가는 최종적으로는 국가의 결정에 위임되는 탓에 소비의 권리에 새로운 '편향'이 발생되고 만다.

그 결과 소비 사회에 대한 불만도 커진다. 누군가가 사적 소비를 추구하는 모습을 목격하면서 자신이 그렇게 할 수 없음을 받아들이기는 쉽지 않기 때문이다. 그 때문에 소비 사회를 대체하는 코뮤니즘적인 얼터너티브한 사회를 만들어야 하는 목소리도 때로는 터져 나오게 되지만, 대부분의 경우 그것은 현실로부터 눈을 돌린 유토피아적 몽상에 잠긴 채 끝나든가, 그렇지 않으면 상당히 비참한 사회를 실현하는 계획이 되고 만다. 재분배에 의해 소비 사회를 제한하는 힘을 국가에 좀더 많이 보장하면 정치가나 관료의 힘이 증대한다. 다른 한편으로 공동체적 재분배에 기대하는 경우에는 민주주의적 방식에 의해 선출되지도 않은 누군가(또는 집단)에 결정을 위임한다고 하는, 더욱 악몽 같은 문제를 낳기 때문이다.

그렇다면 직·간접적인 복지의 확충에 의해 바로 문제가 해결될 수 없음을 우선은 솔직하게 인정하는 편이 낫다. 그 다음에 소비 사회에 어떠한 한계가 있고, 그렇다면 그것을 어떻게 변화하게 할 수 있는지, 강한 인내심을 갖고 탐색해야 한다. 소비 사회를 단지 적으로 간주하고 공격하더라도 문제는 해결되지 않는다. 소비 사회에 대해 충분히 깊게 생각하는 것만이 분명 막다른 골목으로부터 벗어날 수 있는 유일한 길이 될 것이다.

2. 환경이라는 한계

환경 파괴는 무엇을 가져오는가?

소비 사회는 소비 게임으로부터 일정한 사람을 배제함으로써 불공평을 확대한다. 이것은 물론 심각한 문제이지만, 단 그것에 의해 소비 사회가 금방 해체되지는 않는다.

한편 좀더 직접적이며 긴급한 대처가 요구되는 과제도 있다. 그것은 지구 환경 파괴다. 자본주의는 원래 환경 파괴를 억제하기 힘든 구조 속에서 움직이고 있다. 자본주의는 무제한적인 이윤 추구를 재촉하고, 바로 그 때문에 기업도 지구 환경에 유해한 수단을 굳이 이용함으로써 거꾸로 상품 생산이 초래하는 외부 코스트의 부담을 되도록 피해왔다. 예컨대 자동차는 이산화탄소 배출만이 아니라 위험성 증대나 소음, 도시 공간의 점령 등 수많은 '사회적 비용'을 발생하게 한다. 그러나 자동차 제조 회사는 그러한 외부 코스트를 인수하려고 들지 않고, 오히려 각 개인이나 국가가 그 뒤처리를 맡도록 떠밀어 왔던 것이다.

이러한 '사회적 비용' 중에서도 최근 가장 우려되는 것이 이산화탄소 배출의 증가다. 이른바 후진국에게까지 확대된 대량 생산과 대량 소비는 이산화탄소의 배출량을 비약적으로 증대하게 한 탓에 지구 온난화가 진전되어 경제만이 아니라 인간의 생활 환경조차 위험에 노출됐다는 주장이 지금은 활발하게 나오고 있다.

그 주장은 분명 옳다. 예컨대 2021년에 나온 『기후 변동에 관한 정부 간 패널IPCC 제6차 평가보고서』[1]에서도 최근 기후 변동의 인위적 성격이 이제까지 이상으로 강조되고 있다. 이전에는 '가능성이 높다' 등으로 경고되고 있었던, 기후 변동이 미치는 '인간의 영향'이 지금은 '의심할 여지가 없'는 단정적 사실로서 주장되는 것이다.

좀더 자세하게 보자면 보고서는 인간의 경제 활동에 의해 "대기, 해양, 설빙권과 생물권에서 광범위하면서도 급속한 변화가 나타나고 있다."고 분석했다. 그것이 이후에도 계속되어 "앞으로 수십 년 사이에 이산화탄소와 그 외 온실효과 가스 배출이 대폭 감소하지 않는 한 21세기 중에 지구 온난화는 1.5도에서 2도를 넘을 것"이라고 되어 있다.

---

1 経済産業省, 『気候変動に関する政府間パネル(IPCC) 第6次評価報告書』, https://www.meti.go.jp/prss/2021/08/20210809001/20210809001-1.pdf.

과학적 사실은 계속해서 수정되는 것인 만큼 이러한 예측도 확실한 것이라고는 말할 수 없다. 실제로 이제까지도 예측은 (많은 경우 나쁜 방향으로이지만) 거듭 변해왔다. 하지만 그렇다고 기후 변동이 일어나지 않는 쪽에 거는 것은 상당한 리스크가 따른다. 윌리엄 노드하우스에 따르면 우리는 '기후 카지노'라고 할 수 있는 위험한 도박을 계속한다고 한다.[2] 기후 변동의 확률이 설령 적더라도 일어날 수 있는 피해가 막대하다면 리스크는 막대한 것이 되어버릴 것이기 때문이다.

그리고 실제로는 불행하게도 기후 변동은 일어날 확률이 높을 뿐 아니라 피해도 상당히 클 것으로 전망되고 있다. 노드하우스에 따르면 예컨대 2100년에 이르는 동안 18~60센티미터 정도의 해수면 상승이 전망되고 있다. 그것에 의해 지구 대부분이 침몰하지는 않더라도 도서 국가나 방글라데시, 네덜란드 같은 연안부에 위치하는 국가는 파괴적인 영향을 받을 것으로 예측된다. 또 1.5~4도의 기후 상승도 피하기 어렵다고 한다. 그럴 경우 풍수해가 거대화함에 더해 농업은 괴멸적 피해를 받고, 나아가서는 새로운 전염병의 확대 등 갖가지 손해가 생길 것으로 추정되는 것이다.[3]

물론 사태는 복잡하여 최악의 결과만을 강조해서는 안 된다. 예컨대 기온 상승 때문에 한랭 지역에서는 농작물의 수확량이 증가할 가능성이 있다. 또 원래 장기적으로 보면 지구 기후 변동은 상당히 격심했다. 그것을 근거로 본다면 이번의 인위적 기후 변동이 예외적인 것이라고 말할 수 없을지도 모른다.

그래도 여전히 문제는 남는다. 여기서도 중심에 있는 것은 격차다. 풍요로운 나라나 사람들은 피해에 대해 확실히 일정한 대처가 가능하다. 예컨대 풍수 피해의 증가에 대해서는 큰 제방을 만들거나, 거주 지역이나 생산 거점을 높은 위도 지대로 옮긴다고 하는 대책이 논의되고 있다. 하지만 가난한 나라나 사람은 이 같은 대책을 취하기 힘들다. 애초에 빈곤한 나라가 많은 저위도국에서 피해가 클 것이라고 전망되는 점을 함께 생각하면 기후 변동이 빈부의 차를 더욱 확대해버릴 것으로 우려된다.

이러한 문제의 심각성 때문에 이산화탄소를 줄이기 위해 경제 활동을 억제하는 것은 지금은 피하기 힘든 미션으로서 많은 사람에게 받아들여지고 있다. 예컨대 2020년에 중국, 2021년에 미국이 배출과 흡수에서의 총계 제로 탄소를 목표로 탄소 중립 정책을 내건 것에 탄력을 받아 이산화탄소 삭감은 실현해야 할 목표로서 세계적으로 단번에 받아들여졌다. 일본에서도 2020년에 스가菅 수상이 2050년까지 탄소 중립을 목표로 한다고 선

2　ウィリアム・ノードハウス, 藤﨑香里訳,『気候カジノ』, 日経BP, 2015. (William D. Nordhaus, *The Climate Casino: Risk, Uncertainty, and Economics for a Warming World*, Yale Univ. Pr., 2015.), (윌리엄 노드하우스, 황성원 옮김, 『기후 카지노―지구 온난화를 어떻게 해결할 것인가』, 한길사, 2017.)

3　Nordhaus, Ibid, ウィリアム・ノードハウス, 藤﨑香里訳,『気候カジノ』, 日経 BP, 2015, pp.60~61.

언했다. 구호로 끝날 불안도 있지만, 이산화탄소 배출을 삭감해야 하는 것은 세계적 조류로서, 적어도 표면적으로는 인정되는 것이다.

새로운 기술의 곤란함

그러나 그렇다면 어떻게 이산화탄소를 삭감하면 될까? 유감스럽게도 그것에 대한 전망은 충분하지 않다. 첫째로 새로운 기술이 개발된다고 금방 문제가 해결될 거라고는 여전히 생각되지 않기 때문이다.

이러한 기술로서 발전소나 공장에서 이산화탄소를 회수해 지하에 매장하는 CCS라는 비교적 현실감이 있는 것부터 인공 화산을 분화시키거나 공기 중에 극소립자를 뿌려놓는 등 대규모 환경 개선에 의해 기온 저하를 꾀하는 것까지 폭넓게 기대되고 있다. 하지만 이러한 기술에는 여전히 불확실한 부분이 남을—봉준호 감독의 영화 〈설국열차〉(2013)에서는 기온 가공에 실패해 얼어붙은 지구가 그려지고 있다—뿐 아니라 실행하기 위한 경제적, 정치적 코스트도 크다. 예컨대 탄소를 지하에 저장하는 CCS 기술도 비용 면이나 저장 장소 문제 때문에 큰 성과를 기대하기는 어렵다고 여겨지고 있다.[5] 한편 화산을 분화시켜 지구 기온을 낮춘다고 하는 큰 규모의 수단은, 한랭국에는 불이익이 크다는 의미에서 새로운 분쟁의 씨앗을 낳는 위험조차 상정되는 것이다.

그렇다면 새로운 기술 개발에만 기대를 맡길 수는 없다. 이 산화탄소 배출 삭감을 위해서는 우선은 좀더 현실적으로 태양광이나 풍력, 지열 등의 재생 가능한 에너지를 대폭 도입해 화력이나 석탄을 사용한 발전을 대체해갈 수밖에 없으리라.

실제로 그것들의 도입이 세계 규모에서는 놀라운 스피드로 진행되고 있다. 그 덕분에 재생 가능 에너지를 전력 수요의 기반을 담당하는 주력 전원으로 간주하는 것도 지금은 황당무계한 이야기는 아니게 되었다. 발전의 상대적으로 비싼 비용이나 자연에 의존하는 그 불안정함 때문에 예전에는 풍력이나 태양광은 석탄이나 석유발전소를 보완하는 2차적 수단으로만 상정되는 경우가 많았다. 그러나 이러한 '상식'은 세계적으로는 이미 부정되고 있다. 재생 가능 에너지는 저렴할 뿐 아니라 추가 발전 코스트가 매우 낮으며, 경우에 따라서는 '무료' 전원으로도 간주되고 있다. 이들을 계획적으로 대량 배치하고 지열이나 태양광 등의 방법과 조합하며, 나아가 양력揚力을 사용한 축전 등을 활용한다면 필요한 발전량을 충분히 조달할 수 있다고도 기대되는 것이다.

그중에서도 주목을 모으는 것이 풍력이다. 발전 가능한 최대량을 나타나는 설비 용량으로 보면 2018년 시점에서 이미 풍

---

5 大野輝之, 「CCSへの過剰な依存が日本のエネルギー政策を歪める」.
https://www.renewable-ei.org/activities/column REupdate/2021
0930.php.(검색일: 2022. 10. 17).

력 발전은 세계적으로는 원자력 발전의 1.5배 이상에 달하고 있다. 물론 이것은 어디까지나 24시간 가동할 수 있는 경우를 상정한 수치에 지나지 않는다. 다만 실제 발전량만 놓고 보면 풍력은 원자력의 반 정도의 양에 달하고 있다. 예컨대 덴마크로 한정한다면 연간 소비 전력 총계 50퍼센트 가까이를 풍력 발전이 공급할 수 있을 정도까지 성장하고 있다.[6]

풍력 발전이 가능한 토지에는 일정 제약이 있고 국토가 좁은 일본에서는 그 만큼 기대할 수 없다고 보는 사람도 있다. 그렇지만 갖가지 정치적 사정 때문에 적절한 장소에도 풍력 발전이 여전히 건설되지 않은 것이 일본의 현실이다. 바다 위를 포함해 기술적으로 도입 가능한 잠재성이 있는 장소에 모두 풍력 발전을 설치할 경우, 2019년의 연간 총발전전력양 1,222테라와트의 3배를 넘는 3,982테라와트가 풍력만으로 충당된다고 기대된다.[7]

물론 이러한 수치는 어디까지나 추정에 머물고, 현실적으로는 해결해야 할 기술적, 정치적 문제—특히 원자력이나 석탄 발전의 기득권과 관련된다—도 산적해 있다. 나아가 만약 대폭적인 재생 가능 에너지로의 발전 전환이 실현된다 한들 그것만으로 탄소 제로가 달성되는 것도 아니다. 이산화탄소 배출 총량 중 이른바 발전소로부터 방출되는 비율은 현재 일본에서는 39.1퍼센트(에너지 전환 부문)에 지나지 않는다. 이산화탄소 배출을 허용 범위 안으로 줄이기 위해서는 운송에 사용되는 에너지(운송 부문 17.9퍼센트), 또한 공장 등에서 사용되는 에너지(산업 부문

25.2퍼센트)에도 변환을 촉구할 필요가 있다.[8] 하지만 특히 후자는 쉽지 않다. 예컨대 현재 철 제조를 위해 고온을 낼 수 있는 석탄(코크스)이 사용됨으로써 대량으로 이산화탄소가 배출되고 있다. 그 대신 제철에 수소를 사용하는 등 실험실 단계에서는 새로운 테크놀로지가 기대되고 있지만, 산업적 실현에는 과제가 산더미처럼 존재한다.[9]

덧붙이자면 온난화를 밀어붙이는 것은 이산화탄소 배출만은 아니다. 메탄 가스도 1/6 가까이 온실 효과의 원인으로 간주된다. 일본에서는 쌀 농사와 가축 사육에서 그것이 여전히 배출되고 있다.[10] 온난화 대책을 위해서는 그러한 제1차 산업에 대해서도 혁신이 강하게 요청된다.

재생 가능한 에너지로의 전환에 의한 온난화 대책은 이처

6 安田陽, 『世界の再生可能エネルギーと電力システム 全集』, インプレス R&D, 2021. pp. 64~65, 79.

7 安田陽, 『世界の再生可能エネルギーと電力システム 全集』, インプレス R&D, 2021, p.116.

8 井熊均(他), 『脱炭素で変わる世界経済 ゼロカーボノミクス』, 日経BP, 2021, p.68.

9 井熊均(他), 『脱炭素で変わる世界経済 ゼロカーボノミクス』, 日経BP, 2021, p.78.

10 井熊均(他), 『脱炭素で変わる世界経済 ゼロカーボノミクス』, 日経BP, 2021, p.63.

럼 결코 쉽지 않지만, 거기에 소비 사회의 구조가 그 달성을 방해한다. 이산화탄소 삭감에 대한 노력은 소비 사회 속에서는 반드시 유효하게 이뤄지지는 않고, 때로는 역효과조차 낳는다고 상정되기 때문이다.

우선 일반적으로 각각의 상품을 이산화탄소 배출이 적은 것으로 바꾼다 한들 전체로서 어디까지 효과를 낼 수 있는지는 의문시되고 있다. '윤리적 소비' 혹은 '에코 소비'로 불리는 환경에 대한 부담이 적은 상품의 소비는 설령 개별적으로는 효과가 있더라도 총체로서 영향을 미치는 데에는 대부분 충분하지 않다. 한 가지 예로서 슈퍼에서 받는 비닐 봉투를 10년간 매일 93장 거부한다면 그것은 영국에서 홍콩까지 가는 편도 1회 분의 비즈니스 클래스 항공권과 맞먹는다고 한다.[11] 각 개인의 미크로한 대책은 윤리적으로는 의미가 있어도 총체로서의 효과는 낮은 경우가 많은 것이다.

나아가 그뿐 아니라 각각의 대책이 진행되어 친환경 상품이 나오더라도 그 때문에 소비가 확대하여 이른바 '리바운드 효과'를 낳을 우려가 있다. 예컨대 전기 자동차 제조에는 현재까지는 여전히 막대한 이산화탄소 방출이 뒤따르니 SUV 등 대형차가 아니면 차를 바꾸지 않고 가솔린 자동차를 잘 정비해 타는 편이 환경에는 좋다고 한다.[12] 그럼에도 친환경차 구매가 촉진된다면 총계로서 이산화탄소 배출은 오히려 증대해버릴 가능성이 높다.

제조 단계에서만이 아니라 각각의 상품 사용에서도 같은

종류의 메커니즘이 작동한다. 전기 자동차로 바꾼다 한들 그만큼 자동차를 안심하고 많이 이용되게 된다면 이산화탄소 배출은 반대로 증대해버리기 십상이다. 실제로 연비 향상에 따라 자동차 주행 거리가 늘어나는 현상이 널리 알려져 있고, 예컨대 아베 다쓰야阿部達也 등은 일본에서도 3대 도시권을 뺀 지방에서는 연비 향상에 따라 리바운드 효과가 보임을 확인했다.[13] 자동차를 탈 기회가 한정된 대도시는 그렇다쳐도 지방에서는 연비의 효율화에 따라 34퍼센트의 주행 거리가 늘어나며, 나아가 장기적으로는 주거나 직장을 장거리로 이동함으로써 연비 향상은 이산화탄소 삭감에 대한 효과를 한층 한정적인 것으로 만들 가능성이 높다고 여겨진다.

이러한 자동차의 경우를 하나의 예로 봤을 때, 환경에 대한 부담이 적은 상품 소비가 총체로서 이산화탄소 삭감으로 연결되기 어려운 것은 무엇보다도 때로는 '그린 세탁green washing'이라고 비난 받듯이 '친환경' 상품으로 인식됨으로써 소비에 대한 저

11 Mike Berners-Lee, *How Bad Are Bananas?: The carbon footprint of everything*, Profile Books Ltd, 2020, p.140.

12 Mike Berners-Lee, *How Bad Are Bananas?: The carbon footprint of everything*, Profile Books Ltd, 2020, p.147.

13 阿部達也, 松本茂, 岩田和之,「大都市圏と地方部の自動車のリバウンド効果 : 家計調査を用いた実証分析」,『環境科学会誌』30(3), 2017.

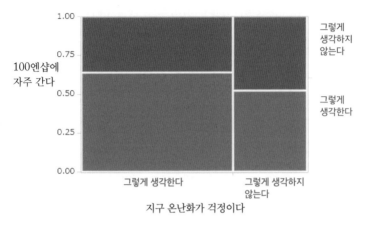

그림21 '지구 온난화가 걱정이다'와 '100엔샵에 자주 가'는 사람 그래프

항이나 죄악감이 씻겨 나가버리기 때문이다. 각각의 상품이 지금보다도 환경에 초래하는 피해가 적다고 한다면 왜 소비를 늘려서는 안 되는가. 이에 대답하는 것은 분명 어렵다.

실제로 필자의 조사에서도 '지구 온난화가 걱정이다'라고 생각하는 사람은 '100엔샵에 자주 간다', '브랜드 제품을 사기 좋아한다'라는 질문에 전자는 52.3퍼센트, 후자는 28.1퍼센트로 통계적으로 유의有意(전자는 1퍼센트 수준, 후자는 5퍼센트 수준)하며 긍정적으로 대답했다(그림21, 그림22). 이러한 결과는 통상 상정되듯이 지구 환경에 관심을 가지는 사람이 반드시 쇼핑을 억제하지는 않고, 반대로 100엔샵에서 에코백을 사거나 환경 의식이 높다고 간주되는 브랜드 제품을 즐겨 사는 사람도 많다는 것

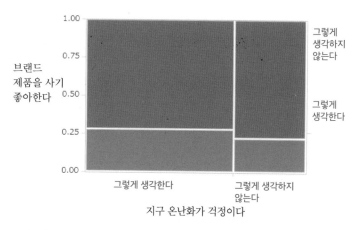

0.75
브랜드
제품을 사기
좋아한다 0.50

그렇게
생각하지
않는다

그렇게
생각한다

0.25

0.00

그렇게 생각한다

그렇게 생각하지
않는다

지구 온난화가 걱정이다

그림22 '지구 온난화가 걱정이다'와 '브랜드 제품을 사기 좋아하'는 사람 그래프

을 시사한다. 지구 환경에 좋은 상품은 '똑똑'하며 '올바른' 소비를 행하기 위해 적극적인 유인된 경우가 많고, 그 탓에 구매가 증가한다면 각각의 상품이 아무리 환경에 좋더라도 역효과를 낳아버릴 가능성을 부정할 수 없는 것이다.

재생 가능한 에너지로의 전환은 소비 리바운드를 더욱 큰 규모로 불러일으킬 위험이 있다. 재생 가능한 에너지의 침투는 분명 전력 창조에서 탄소를 거의 배출하지 않을 뿐 아니라 추가 비용 제로에 가까운 꿈 같은 세상을 만들지도 모른다. 그러나 이제까지보다 깨끗하게 저렴한 에너지를 이용할 수 있다면 왜 전력을 많이 사용해 생활을 풍요롭게 하거나 좀더 많은 상품을 생산해서는 안 될까. 실제로 지열 발전이 활발한 아이슬란드에서는 거의 100퍼센트 재생 가능 에너지 발전으로의 전환에 성공했지만,[14] 그 때문에 전력 소비가 급증해버렸다. 이는 개인 이용의 증가에 의해서가 아니라 대량의 전력을 필요로 하는 알루미늄 산업의 발흥에 의한 것으로 추정된다. — (2006년에 전력 소비의 51퍼센트를 점하고 있었다.)[15] — 어쨌든 아이슬란드에서는 2000년대 중반부터 한 사람당 전력 소비량은 세계 1위가 될 정도까지 증가했던 것이다.

아이슬란드만은 아니다. 가정의 가전제품 사용부터 산업적 이용에 이르기까지 에너지 요금 하락에 의한 리바운드 효과가 세계 곳곳에서 확인되고 있으며, 특히 개발도상국에서는 그것이 현저하다고 한다.[16] 개발도상국에서는 에너지에 대한 수요는 여전히 충분하지 않기 때문에 에너지 단가가 떨어지면 그 사용도 증가한다고 전망된다.

물론 저렴한 재생 가능 에너지의 보급에는 단점만 있지 않다. 그것은 아이슬란드처럼 대량으로 전기를 사용하는 산업의 성장과, 풍부하게 전력을 사용하는, 예컨대 디지털 트랜스 포메이션의 진전으로 연결되고 나아가서는 에너지 자급이라는 일본의 숙원을 달성해줄지도 모른다.

이는 분명 밝은 미래다. 다만 종합적으로는 탄소 중립을 어렵게 할 우려가 있다. 설령 완전히 재생 가능 에너지 발전이 가능하다 한들 발전 설비의 제조와 유지에 따르는 이산화탄소 배출은 제로가 되지 못할 뿐 아니라 나아가 상품 제조 과정에서 여러 가지 이유로 생기는 이산화탄소 배출을 삭감하는 것은 곤란하기 때문이다.

그 결과 총체로서 탄소 배출 삭감 효과는 한정적인 것에 머물기 쉽다. 물론 탄소 중립의 추진은 이산화탄소 배출의 억제만이 아니라 산림의 확대나 이산화탄소의 지하 저장 등에 의해서도 가능하다. 단 그 효과를 너무 기대하는 것은 금물이다. 현재 일본에서는 산림에 의한 탄소 흡수는 배출되는 탄소의 4퍼센트 정도에 지나지 않고, 심은 나무의 노화에 의해 앞으로 그 숫자는 더욱 감소할 거라고 예상된다. 또한 탄소를 지하에 저장하는 CCS 기술도 비용이 비싸고 저장 장소가 적다는 점에서, 다른 나라의 시나리오를 봤을 때 고작 10퍼센트 정도의 탄소 흡수를 가능하게 만드는 데 머물 것으로 예상되고 있으니[17] 결국 남은 80퍼센

14 志子田徹, 「地熱先進国アイスランド 発電や暖房、存分に」, 『北海道自治研究』(547), 2014.

15 Brynhildur Davidsdottir, *Sustainable Energy Development: Iceland as a Case Study*, ACEEE Industry, 2007, p.3~32.(https://www.eceee.org/library/conference_proceedings/ACEEE_industry/2007/Panel_3/p3_3/)(검색일 : 2022.10.17).

16 Debalina Chakravarty, Shyamasree Dasgupta, *Joyashree Roy, Rebound effect: how much to worry?*, Current Opinion in Environmental Sustainability, 5(2), 2013.

17 井熊均(他), 『脱炭素で変わる世界経済 ゼロカーボノミクス』, 日経BP, 2021, p.65, 160.

트의 이산화탄소 배출을 삭감하지 않는다면 탄소 중립은 달성할
수 없게 된다.

'규제'라는 방식

이제까지 봤듯이 재생 가능 에너지를 중심으로 한 기술 혁신이
진행됨으로써 곧바로 탄소 중립이 실현된다고는 섣불리 기대할
수 없다. 재생 가능 에너지나 CCS 기술에 대한 큰 기대는 그것
들이 우리의 지금 생활을 그대로 바꾸지 않도록 허용하기 때문이
라는 이유가 크다. 그러나 장래 기술 혁신이 진행될 것에 희망을
걸고 아무것도 하지 않기에는 리스크가 너무 크다. 그러한 의미
에서 탄소 중립을 실현하기 위해서는 결국 생산과 소비와 관련된
우리의 일상 생활을 조금씩이라도 바꿔가야만 한다.

그것을 위해서는 크게 나눠 두 가지 방법이 있겠다. 하나는
생산과 소비에 대해 국가가 이제까지 이상으로 규제를 강화한다
는 경직된 길이다. 예컨대 다수의 국가에서는 가솔린 자동차에
대한 강한 규제가 이미 계획되고 있다. 일본에서는 얼마만큼 엄
밀하게 규제될지는 여전히 미지수이지만, 결국은 가솔린 자동차
제조와 구매가 세계적으로 제한되는 시대가 올 것은 틀림없다.

그것을 하나의 예로, 온난화 대책을 위해 제조 과정에서 이
산화탄소를 많이 배출하는 제조법을 금지할 뿐 아니라 이산화탄
소 배출이 많은 상품이나 서비스 사용을 제한하는 것이 종종 검

토되고 있다. 예컨대 프랑스에서는 이미 2시간 반 이하의 비행 금지가 검토되고 있다.[18] 이산화탄소 배출이 적은 철도를 이용하는 것이 요청되고 있지만, 탄소 중립을 목표로 한다면 일본에서도 단거리 항공 노선의 규제는 논의될 수밖에 없겠다.

이러한 규제는 분명 일률적으로 반대되어야 하는 것은 아니다. 온난화 대책이 소비를 확대해버리는 리바운드 효과도 고려하면서 이산화탄소 삭감을 추진하기 위해서는 좀더 큰 규모의, 그리고 엄밀한 규제가 분명 필요하기 때문이다.

단 규제에 부작용이 없을 리 없다. 먼저 경제적 성장과의 트레이드 오프[19]를 어떻게 생각할 것인가라는 과제가 있다. 규제를 추진한 탓에 경제 성장이 억제되는 경우, 성장의 과실을 미래의 인류로부터 빼앗아버릴 우려가 있다. 예컨대 노드하우스는 향후 200년 경제 성장이 그대로 계속된다면 한 사람 당 소비 지출은 13만 달러를 넘게 될 터인데, 충분한 환경 보전을 위해 경제 성장을 억제할 경우 1만 달러 정도에 그칠 것으로 추산하고 있다.[20] 우리는 종종 미래 세대를 위해 지구 환경을 보호해야 한다

18　富山恵梨香, 「フランス、「電車で2時間半以内で行ける国内線空路」を全面禁止へ」 IDEAS FOR GOOD 웹사이트, https://ideasforgood.jp/2021/04/16/france-short-flight-ban/(검색일 : 2022. 10. 17).

19　(역주) 두 개 정책 목표 가운데 하나를 달성하려고 할 때, 다른 목표의 달성이 늦어지거나 희생되는 경우의 양자 관계.

고 주장하지만, 이러한 경제적 비용과 그것이 건강, 교육의 확대라는 과실을 빼앗는다는 것을 고려한다면 지구 환경 보호가 어디까지 미리 세대를 위한 것이 될지에 대해서는 진중한 논의가 필요하다.

그럼에도 미래는 복잡하고 예측하기 힘들다는 의미에서 최종적으로는 어딘가에서 타협할 수밖에 없다. 그 때문에 지구 환경 보전을 위한 규제가 국가에 의한 자의적 권력 발동의 기회가 된다고 하는 제2의 문제도 생겨버린다. 현재까지 기후 변동 대책의 대부분은 국가를 단위로 실행되었고, 그 때문에 종종 내셔널리스틱한 관심의 대상에 머물러 있다. 중국이나 미국이 탄소 중립을 국정 과제로 내건 것에 반쯤 끌려가 일본에서도 국가 주도에 의한 개혁이나 규제에 대한 관심이 높이지고 있다. 탄소 중립 정책이 기술 혁신을 가져오는 성장 시장이 된다고 예측되는 점도 있어 규제는 국가 성장의 기회로도 간주되고 있다. 실제로 서점에는 최근 환경 문제를 다루는 책이 즐비하게 늘어서 있다. 이러한 책들은 이산화탄소 삭감을 비즈니스 기회로서 어떻게 활용해 국가 경제를 성장하게 할 것인가라는 관점에서 쓰인 경우가 많다.[21]

이러한 예들을 보면 알수 있듯이 환경 문제는 국가의 경제적 힘과 권위를 높인다고 김칫국부터 마신다. 지구 환경 문제만을 생각한다면 에너지의 자급이 아니라 국가를 넘어 에너지를 서로 융통하는 체제의 구축이야말로 좀더 바람직할 터다. 그러나 현재까지는 탄소 중립 정책은 그것이 어떤 기업에게 이익이 되고, 최종적으로 어떻게 국력을 높일 것인가를 주된 논점으로서 검토되고 있으며, 그 틀을 넘은 논의는 적어도 일본 국내에서는 활발하게 이뤄지고 있지 않다.

바로 그 때문에 기후 변동을 위한 규제는 상품의 유통·판매를 컨트롤하는 것에 저항이 적은 복지 국가만이 아니라 아이러니하게도 경제 성장을 근본적인 목표로 하는 신자유주의적 국가에게도 받아들여지고 있다. 그것이 경제 성장의 기폭제가 될 것으로 기대되고 있음에 더해, 애초에 규제 그 자체가 신자유주의적 국가에게는 경제와 정치를 지배하는 중요한 수단이 되기 때문이다. 예컨대 자동차 산업처럼 기후 변동 대책이라는 명목 하에 국가의 재량으로 성쇠가 결정되어버리는 산업도 있다. 이러한 예로 봤을 때 온난화 대책은 국가 결정에 따르지 않으면 연명하는 것이 어려워진다고 하는 의미에서, 민간 기업을 국가에 접근하게 하고, 양자가 긴밀하게 연결되는 체제를 출현해버리는 경향이 있다.

그 대표적 예가 국정 주요 과제로서 이산화탄소 삭감에 매

---

20   ウィリアム·ノードハウス, 藤﨑香里訳, 『気候カジノ』, 日経BP, 2015, p.100.

21   森川潤, 『グリーンジャイアント : 脱炭素ビジネスが世界経済を動かす』, 文藝春秋, 2021, 井熊均(他), 『脱炭素で変わる世界経済 ゼロカーボノミクス』, 日経BP, 2021 등이 있다.

진하기 시작한 중국이다. SDGsSustainable Development Goals:지속 가능 개발 목표를 초등 교육의 장까지 진출하고 있는 일본도 예외라고는 할 수 없다. 환경 보호를 위한 규제가 자명한 것으로 되고 있는 가운데 국가의 역할은 더욱 커져간다. 하지만 그것은 소비자의 자유를 제한하는 폐해와 함께한다. 규제가 산업 구조를 좌우하는 이상, 국가나 기업의 이해관계 속에서 좋든 싫든 상품의 다양성이나 쇼핑의 자유는 제한되기 쉽기 때문이다.

부드러운 유도

단 기후 변동은 규제라는 딱딱한 방법으로만 대처되고 있지도, 또한 그것으로 충분히 효과를 내고 있지도 않다. 반대가 많으면 유명무실화된다는 의미에서 위로부터의 규제에는 한계가 있다. 그것을 보완하는 수단으로서 현재 세계적으로 모색되는 것이 유도적 방식이다. 시장을 이용해 생산이나 소비를 조작하는 부드러운 방식으로 탄소 중립 실현을 지향하는 것이다.

그중에서도 무엇보다 기대를 모으는 것이 '배출권 거래'다. 1997년에 채택된 교토 의정서에 의해 선진국에 이산화탄소 배출 삭감 목표가 할당되었고, 그것을 실현하기 위해 이산화탄소 배출권을 거래하는 시스템이 만들어졌다. 이 경우 획기적이었던 것은 시장을 억제하는 것이 아니라 오히려 새로운 시장을 만들어냄으로써 지구 온난화에 대한 대응이 시도되었다는 점이다. 예컨대 선진국이 후진국의 에너지 절약 기술에 투자함으로써 이산화탄소 배출이 억제된다면 그만큼의 배출권이 선진국으로 양도된다. 그렇게 배출권을 '상품'처럼 거래함으로써 선진국은 무리한 이산화탄소 삭감을 실현하지 않더라도 선진국도 일정한 경제 성장을 실현하면서 지구 총체로서 봤을 때 이산화탄소 배출을 억제할 수 있는 길이 우회적으로나마 준비된 것이다.

다만 현재까지는 국제적 환경 보전의 틀로서 배출권 거래가 제대로 작동하고 있다고는 적어도 말하기 힘들다. 근본적 문제는 애초에 배출권을 거래 가능한 '상품'으로 만들기 위해서는 누가 얼마만큼의 권리를 가지는지를 미리 결정해야만 한다는 데 있다. 그러나 각각의 국가 이외에 그것을 결정할 수 있는 주체는 여전히 현실적으로는 존재하지 않고, 그 때문에 할당은 여러 국가의 내부적인 이해관계에 좌우되고 만다. 예컨대 교토 의정서의 경우도 중국에 삭감 목표가 할당되지 않았고, 미국이 협정서 비준을 거부함으로써 배출권 거래의 전제 그 자체가 애시당초에 유명무실해지고 말았다. 이러한 실패를 반면교사로 삼아 2015년에 파리 협정이 채택되어 각국에 목표 설정이 의무화되었지만, 이 경우에 그 준수는 어디까지나 노력 목표에 머물러 있다.

엄격한 룰을 만들면 그 안에 애초에 참가하지 않는 나라가 많아지는 한편, 약한 룰로는 환경 보전 기능은 충분하게 수행할 수 없다고 하는 딜레마가 여기에 있다.[22] 이러한 딜레마가 생기는 것은 결국 국가를 넘는 규제를 유효하게 움직이는 것이 어렵기 때문이다. 바로 그 때문에 지금은 좀더 부드러운 방식으로 이산화탄소 배출을 컨트롤하는 것에 기대가 모아지고 있다. 그 대표적 예가 '탄소세'의 도입이다. 상품의 생산이나 유통에 사용된 탄소를 계산하여 소비자에게 세금으로서 징수하는 시스템을 나라마다 시행함으로써 친환경적인 상품이 자연스럽게 선택되도록 기대되고 있다.[23]

탄소세가 요구되는 배경 중 하나는 이제까지 생산자와 소비자에게 이산화탄소 배출이라는 '사회적 비용'이 충분히 받아들여지지 않은 것에 대한 반성이 있다. 예컨대 이산화탄소 배출 비용은 충분히 생산도 소비도 하지 않는 이른바 후진국 사람들에게 지구 온난화라는 형태로 전가되어왔다.

탄소세에 의해 이 '사회적 비용'을 내부화해 개개의 소비자에게 좀더 '현명'한 선택을 촉구하는 것이 기대되고 있다. 자의적이며 엄격한 규제에 기대지 않고, 어디까지나 부드러운 형태로 환경 부하가 높은 상품으로부터 낮은 상품으로 생산 또는 소비가 유도된다고 상정되고 있기 때문이며, 예컨대 가솔린 차의 판매를 금지하지 않더라도 환경 부담에 걸맞는 탄소세를 자동차 본체나 기름값에 부가하면 판매 대수는 줄 것으로 기대된다. 그래도 여전히 가솔린 자동차에 고집하는 사람도 있을지도 모른다. 단 규제에 의한 경우와는 다르고, 이 경우는 그러한 취향 자체는 부정되지 않는다. 대신 그에 부합하는 만큼의 탄소세를 내야 하고 이상적으로는 그것이 다른 환경 대책을 위해 쓰이면 좋다고 하는 것이다.

소비자 개개의 자유를 이렇게 유지한다고 하는 장점에 더해 탄소세에는 미리 글로벌한 조정을 할 필요가 없다고 하는 이점도 있다. 탄소세는 어디까지나 일국의 제도로서 법제화되기 때문이다. 다만 그것은 국내만으로 그 영향이 한정되지 않는다. 탄소세를 도입한 어떤 나라가 다른 나라로부터 상품을 수입하는 경우, 공평성의 관점에서 수출국에도 동등한 탄소세가 부과될 것이 요구된다. 그렇지 않다면 세관에서 동등한 세금을 추가로 낼 것이 요구되며, 이를 위해 수출하는 측은 그 나라에 살고 있지 않더라도 탄소세를 내든가, 그것이 싫다면 자국에 탄소세 도입을 요구하도록 유도된다.[24]

나라를 넘은 운용이 어려운 탄소권 거래와는 대조적으로 탄

---

22 小西雅子, 『地球温暖化は解決できるのか : パリ協定から未来へ！』, 岩波書店, 2016.

23 단 배출권 거래와 탄소세는 완전히 대립하지는 않는다. 기업에 배출 범위의 상한을 할당하고 그것을 넘는 배출권의 매입을 구한다면 제도로서는 탄소세에 가까워지고, 다른 한편 탄소세의 지급을 회피하기 위해 탄소권 거래를 인정하는 쪽이 총체로서는 효율적인 제도가 된다. 그러한 의미에서 배출권 거래와 탄소세는 서로 겹치는 부분이 있다.

24 EU는 이러한 국제 탄소세의 도입에 긍정적이지만, 다른 한편으로 중국이 반발하는 등 반드시 국제적 협조가 순조롭게 진행되는 것은 아니다. 堅達京子, NHK取材班, 『脱炭素革命への挑戦 世界の潮流と日本の課題』, 山と渓谷社, 2021, pp.58~59.

소세에는 이렇게 그 자체로서 글로벌 성격을 가지는 것이 기대된다. 국제적 협정에 의해 기획되었음에도 내셔널한 사정에 구속되는 배출권 거래와는 반대로, 탄소세는 한 나라에서 시작되었음에도 그 자체가 글로벌한 영향력을 가지고 있다. 물론 작은 나라의 경우에는 임팩트가 적지만, EU 또는 미국, 중국 등에서 탄소세가 좀더 일반화된다면 세계 각국도 도미노가 연이어 쓰러지듯 탄소세를 도입할 수 밖에 없다고 생각된다.[25]

탄소세 문제

탄소세는 이렇게 효율적인 기후 변동 대책을 가능케 했지만, 거기에 문제가 없지는 않다. 먼저 어떤 나라가 충분한 탄소세를 도입하기 위해서는 국내적 조정이 여전히 필요하기 때문이다. 예컨대 일본에서도 2012년부터 '지구 온난화 대책을 위한 세금'으로서 이산화탄소 배출 1톤 당 289엔의 세금이 생산자에게 부과되고 있다. 그러나 그것만으로는 충분하지 않고 현실적인 효과를 낳기 위해서는 1톤 당 30달러라는, 거의 10배 이상의 부과가 필요하다고 여겨지고 있다.[26] 하지만 일본에서는 전력 회사나 자동차 산업을 중심으로 한 경단련経団連과 그 이익만을 신경 쓰는 경제산업성이 저지함으로써 탄소세의 실질화는 암초에 걸렸다.

이러한 정치적 사정에 더해 이 책의 문제의식에서 더욱 무시할 수 없는 것이 탄소세가 소비에 대한 참가를 더욱 '불평등'

한 것으로 만든다는 위험성이다. 우선 애초에 대부분의 지구 온난화 대책은 경제 성장에 제약을 가함으로써 특히 빈곤층으로부터의 성장 과실을 빼앗는 경향이 있다. 그것은 장래, 남북 간의 국가 사이의 격차가 개선된다고 하는 전망을 수포로 돌릴 우려가 있는 것이다.

나아가 그것만이 아니라 탄소세에는 사람들이 가지는 선택의 자유를 '불공평'한 것으로 만들 우려가 크다. 부유한 사람들은 다소의 세금 지급은 신경 쓰지 않아도 좋다는 의미에서 탄소세 도입 후에도 비교적 자유롭게 선택할 수 있다. 예컨대 탄소세가 비행기 탑승에 부과되면 여행은 지금 이상으로 비싼 가격이 되겠지만, 부유층은 그럴 마음만 있다면 가격의 상승을 받아들이고 변함없이 여행을 계속할 것이다. 반면 빈곤층은 그것이 어려워 그 결과 국내와 해외를 이동하는 자유를 빼앗겨버리게 될 가능성도 없지 않다.

탄소세만이 아니다. 이외에도 이산화탄소 배출에 징벌적인 세금을 부과하는 온난화 대책의 시도—예컨대 이산화탄소 저장

25 예를 들면 EU는 온실 효과 가스의 실질 배출양을 2030년까지 55퍼센트 삭감하는 것을 목적으로 한 '탄소국경조정 메커니즘(CBAM)'이라는 관세부가 입법을 계획하고 있다. 『로이터』 2021년 7월 11일자 기사 「앵글 : EU '국경탄소세', 무역상대국의 동의를 얻을 수 있을까」 https://jp.reuters.com/article/climate-change-eu-trade-idJPKCN2ED0KN.

26 ウィリアム・ノードハウス, 藤﨑香里訳, 『気候カジノ』, 日経BP, 2015, p.286.

CCS의 비용 인수의 의무화—는 빙돌아서 최종적으로 소비자에게 비용을 전가함으로써 소비와 관련된 '불공평'을 더욱 증대할 우려가 크다. 영국 환경보호론자 조지 몽비오는 '화석 연료로부터의 받은 선물 중 하나는 "자유"였다[27]'고 말했다. 이동하고 쾌적한 방에서 생활하고 맛있는 것을 먹을 자유의 대부분을, 탄소세 등의 대책은 빈곤층으로부터 빼앗을 위험이 있다. 그것들은 환경에 악영향을 미치는 상품을 살 자유를 이제까지 이상으로 비싼 것으로 만들어버림으로써 크게 보면 가난한 사람으로부터 풍요로운 사람에게 구매할 자유를 양도하게 되는 구조로서 작동할 가능성이 높다.

그렇다면 지구 온난화 대책은 앞으로 나아갈 수 없다. 자신의 생활을 위협하는 대책에 빈곤층이 찬성할 거라고는 생각하기 어렵기 때문이다.

두 가지 한계

이제까지 이 장에서 우리는 소비 사회가 현재, 치명적인 것으로서 직면하는 두 문제에 대해 검토해왔다. ① 소비 게임에 참가하는 자의 경제적 '불평등'과 ② 기후 변동이라는 위험이다. 자본주의는 이윤 추구를 목적으로 하는 생산 증진에 매진함으로써 소비 기회의 '불평등' 확대와 환경 파괴라는 문제를 불러일으켜 왔다.

이에 대한 대처가 행해지지 않은 것은 아니다. 하지만 이제까지의 대응은 불충분하든가, 경우에 따라서는 소비 참가를 더욱 '불공평'한 것으로도 만들었다.

어느 쪽도 문제는 궁극적으로는 국가 힘의 확대다. 자본주 의가 일으키는 문제는 경제적 위기이든 환경적 과제이든 결국 국 가가 뒤처리를 할 수밖에 없다. 자본주의에 대항하는 주체는 달 리 생각하기 힘들기 때문이다. 그 결과 위기는 국가의 힘을 더욱 강하게 만들고 그 탓에 지금보다 자유롭지 못한 사회를 낳을 리 스크가 증대한다. 국가가 자의적인 규제를 실시하고 사적인 소비 를 집합적인 소비로 바꾸는 장치인 이상, 그 힘의 증대에 의해 소 비의 '불공평'을 더욱 확대해버리기 쉽기 때문이다.

그렇다면 어떻게 하면 좋을 것인가. 소비 사회를 그대로 방 치한다면 경제적 격차나 지구 환경 문제가 더욱 나빠질 가능성이 높다. 그것에 대처하려면 지금은 국가의 확장이라는 다른 문제가 발생한다. 그것들을 조정해서 소비 사회가 자멸해버리는 것을 막 을 길은 없을까. 우리는 여기서 도약하지 않으면 안 된다.

27 ジョージ・モンビオ,(柴田譲治訳), 『地球を冷ませ! : 私たちの世界が燃え つきる前に』, 日本教文社, 2007, p.26. (George Monbiot, *Heat: How to Stop the Planet From Burning*, Anchor Canada, 2007.), (조지 몽비오, 정 주연 옮김, 『CO2와의 위험한 동거』, 홍익, 2008.)

제5장

소비 사회를 살아갈
권리

1. 소비 사회의 한계

불공평이라는 문제

다시 한번 문제를 정리해두자. 이 책은 이제까지 ① 이 사회는 여전히 소비 사회로서 존재하는가, 만약 그렇다면 ② 소비 사회를 우리는 받아들여야 하는 것일까, ③ 그 경우 문제는 무엇인가에 대해 검토했다.

①에 대해서는 바로 그렇다는 답이 확인되었다. 소비 사회화는 적어도 수백 년에 달하는 긴 역사적 과정으로서 존재하며 단기간의 경제 불황으로 금방 흔들리는 것은 아니었다. 예컨대 일본의 디플레이션 하에서도 '똑똑한' 소비나 사적 소비가 추구됨으로써 구매 활동은 더욱 활성화된 것이며, 앞으로도 설령 물가가 오르는 국면에 빠진다 해도 축적된 소비 경험이나 저가 정보 상품의 범람은 쉽사리 소비의 즐거움을 감퇴할 수 없을 것으로 생각한다.

그것을 근거로 ②에 대해서도 긍정적으로 대답할 수 있다.

소비 사회가 단순히 '풍요로운' 사회를 실현하기 때문은 아니다. 풍요로움은 소비 사회의 전매특허가 아니다. 공산주의 국가든, 근세 일본 같은 봉건제를 기반으로 한 사회든 시대의 기술 수준 범위에서 일정한 풍요로움은 많은 이에게 허용되어왔다. 오히려 소비 사회의 이점은 그것이 사적 선택을 허용하고 각각의 취향을 존중하며, 결과로서 다양성을 촉진하는 데 있다. 사람이 무엇을 좋아하고 선택할 것인지에 대해서는 국가나 공동체의 결정이나 지도에 맡겨서는 안 된다. 해야 할 것과 하지 말아야 할 것의 판단에 대해 아무래도 누군가의 자의적 선택이 끼어들어 결과적으로 소수자의 자유가 빼앗길 우려가 있기 때문이다.

이에 대해 소비 사회는 단적으로 선택의 자유를 사람들에게 맡긴다. 소비 사회에서 우리는 타자와의 커뮤니케이션 게임이나 자기 몸과 관련된 사적 소비 등 다양한 구매 활동을 마음 내키는 대로 실행하라고 재촉 받는다. 그 대부분은 자기 만족을 채우기 위한 허무한 쾌락으로 끝날 테지만, 그것들이 오랜 시간 복수의 사람에 의해 거듭되어온 '효과'는 무시할 수 없다. 사적私的이려고 했던 무수한 사람의 시도에 힘을 받아 예컨대 현대 사회에서는 자기 몸에 좀더 개별적으로 관여하기를 종용하는 의약품이나 기호품 시장이 만개하고 있다. 권력은 그것들과 약물을 자의적으로 구별해 규제해왔지만, 그것을 용케 빠져나와 예컨대 의료용으로 여겨지는 대마의 새로운 시장조차 생기고 있다.

이렇게 우행권愚行權이라는 형태이긴 해도 우리의 가능성

을 확대해왔다는 의미에서, 이 책은 소비의 또는 소비 사회의 '권리'를 옹호한다. 물론 모든 사적 선택이 칭찬 받아야 한다고 말하고 싶지는 않다. 사적 선택이 서로 대립하는 경우도 있고, 그러한 경우 기존의 공적 시스템 하에서 어떤 식으로든 조정이 필요해진다. 다만 그래도 여전히 주의하고 싶은 것은 사적 자유와 그 결과로서 다양성을 적어도 지금과 같은 수준으로 실현하는 사회는 현시점에서는 소비 사회 외에는 상정하기 힘들다는 점이다. 사적 선택의 확대는 분명 사람 사이의 분쟁을 증대할지도 모른다. 그러나 그러한 충돌 가능성을 포함해 사람들이 다른 사람들과 다르다는 것을 구체적으로 허용하는 힘으로서 이 책에서는 소비 사회가 긍정되는 것이다.

그렇지만 소비 사회는 ③ 치명적이라고 할 만한 문제를 안고 있다. 빈곤을 증대함으로써 소비 참가를 곤란하게 만드는 것에 더해 사회 존속조차 위태롭게 하는 기후 변동을 일으키기도 한다. 그에 대한 대응도 거듭되어왔지만, 그것들은 반드시 유효하게 작동하지는 않았다.

문제의 중심에는 소비 사회 매력의 핵심에 있을 터인 사적 욕망이 충분히 '공평fair'하게 추구될 수 없게 되었다는 점이 자리 잡고 있다.[1] 경제적 격차의 확대 그 자체가 비난 받아야 한다고 말하고 싶은 것은 아니다. 디플레이션 경제 하에서 격차가 확대되는 가운데 예컨대 오타쿠 문화에서 보이는 것처럼 그런대로 자유롭고 다양한 상품 문화가 번영해온 것도 사실이기 때문이다.

그러나 격차가 일정 한도를 넘어 확대된다면 그것은 역시 문제다. 원래 소비 사회에서 인간의 존엄은 물건을 살 수 있는 소비자가 됨으로써 구체적으로 지켜졌다. 반대로 소비 게임에 참여할 수 없게 된다면 소비 사회에서는 자신의 바람이나 희망을 지키며 살 가능성을 상당히 빼앗겨버리는 것이다.

이러한 경제적 격차의 확대만이 아니라 기후 변동, 나아가 그것을 막으려는 대책에서조차 소비와 관련된 '불공평'을 줄이기는커녕 반대로 확대해버리는 부작용이 보인다. 기후 변동이 가난한 자들에게 피해를 주기 때문만이 아니라 그것에 대한 대책도 경제를 정체하게 하고, 나아가서는 탄소세처럼 부자에 유리한 시스템을 만듦으로써 가난한 자의 판매 활동을 제한해버리고 말 우려가 있기 때문이다.

이러한 의미에서 소비로부터의 배제는 지금으로서는 해결하기 어려운 문제다. 분명 일본 같은 선진국에서는 만족스럽게 소비할 수 없는 자는 일부에 한한다고 생각하는 사람도 있을지

---

1 '공평'에 대해 이 책에서는 존 롤스가 정의의 중심에 놓은 공평(fair) 개념을 참조하고 있다. 정의의 제1원리에서 롤스는 "각자는 다른 사람들의 유사한 자유의 체계와 양립할 수 있는 평등한 기본적 자유의 가장 광범위한 체계에 대해서 평등한 권리를 가져야 한다."(ジョン・ロールズ(川本隆史, 福間聡, 神島裕子 訳), 『正義論 改訂版』, 紀伊國屋書店, 2010, 84頁. → 한국어판: 존 롤스, 황경식 옮김, 『정의론』, 이학사, 2003, p.105)고 주장한다. 소비 사회에서 이 자유의 중심은 소비에 달려 있는데, 그러한 기본적 소비 권리가 침해 받는 사태가 분명 일어나고 있다.

도 모른다. 그러한 주장을 일단은 받아들인다 해도 격차의 확대
가 남은 사람들의 생활도 곤란하게 만들 위험성을 무시할 수 없
다. 소비 사회에서는 많은 사람은 소비를 계속하기 위해 일에 자
신의 자유를 팔아넘기고 있다. 그러한 상황에서 빈곤이 확대되면
소비 사회로부터의 탈락을 무서워해 한층 더 노동에 힘을 쓰지
않으면 안 되게 되는 것이다.

국가라는 난문

이제까지 봤듯이 소비 사회가 옹호되어야 함과 동시에 피하기 힘
든 문제를 낳는다고 한다면, 그렇다면 어떻게 하면 좋을까. 중요
한 것은 자유와 다양성을 실현하는 것으로서 '소비 사회의 권리'
를 옹호할 뿐 아니라 소비 사회에 대해 무엇을 요구할 수 있고, 어
떤 양보를 이끌어낼 수 있는가에 대해, 즉 '소비 사회에 대한 권
리'를 생각하는 것이다.

그렇지만 소비 사회에 무엇인가를 요구하는 데에 있어 국
가의 힘에 지나치게 의존해서는 안 된다는 것은 이미 확인한 대
로다. 분명 소비의 불공평을 시정하기 위해서는 어떠한 형태로든
재배분이 필요하고, 오늘날 국가는 그러한 재배분을 행하는 유일
한 공인된 주체다. 사상이나 신앙에 의해 맺어진 유토피아적 공
동체에서 재배분은 '자연'스럽게 이루어지는 듯이 보일지도 모른
다. 공간적이고 제도적으로 한정된 공동체에서는 징세를 납득하

지 못하면 적어도 원리적으로는 그 바깥으로 나갈 여지가 남겨져 있었다. 그러한 의견이 맞지 않는 자를 미리 배제함으로써 공동체에서는 적어도 표면적으로는 '자별적'으로 재배분이 행해질 가능성이 유지되고 있었다.

그러나 사회에서는 그렇지 않다. 공동체 외부에 있는 것이야말로 사회이기 때문이며, 그 때문에 사회는 이단적인 자를 배제하는 외부를 갖고 있지 않다. 다른 주의나 주장을 가진 타자들이 모이는 것을 전제로 한 이러한 사회에서 재배분을 실행하기 위해서는, 바로 그러한 이유로 '폭력의 독점기구'(막스 베버)로서 국가가 필요하다.

그러한 의미에서 이 책은 최근 계속해서 유행하는 아나키즘이 종종 그렇게 간주하고 있듯이 국가 그 자체를 무턱대고 부정하는 것은 아니다. 소비 사회에서 소비의 공평성을 유지하기 위해서는 재배분이 행해져야 하고, 그것이 가능한 주체는 본질적으로는 국가밖에 존재하지 않는다. 단 국가 힘의 증대에는 어디까지나 폐해가 뒤따른다. 복지 국가든, 신자유주의적 국가든 '폭력의 독섬기구'로서 존재하는 국가는 사람들의 사적 자유를 많든 적든 제약함으로써 성립한다. 탈상품화된 서비스를 증가하거나 규제를 강화함으로써 국가는 소비에 대한 자의적인 제약을 강화해온 것이다.

소비 사회를 보정하기 위해 국가의 힘이 필요하지만, 그 힘의 증대는 동시에 위험을 내포한다. 그렇다면 어떻게 하면 좋을까. 중요한 것은 국가의 힘을 제한하는 원리나 시스템을 만드는 것이다. 구체적으로는 국가의 '수탈'과 '배분'의 기능을 분리해 각각 다른 원리에 의해 작동하는 시스템이 요구된다. 부자로부터 세금을 징수해 그것을 사회에 환원하는 장치로서 국가는 분명 필요하다. 단 그것이 사람로부터 소비의 자유를 되도록 **빼앗지** 않도록 감독하고 제한하는 어떤 시스템이나 제도를 만들어내야만 한다.

2. 기본 소득이라는 '이상'

기본 소득의 여러 가지 형태

그러한 제도로서 이 책이 주목하는 것이 기본 소득[1]이다. 20세기 말 이래로 기본 소득이 세계적으로 주목 받아 현실적인 정치 프로젝트로서 많은 실험이 거듭되어왔다.

기본 소득의 정의는 다양하지만, 여기서는 그것을 '어떠한 조건 없이 사회의 구성원에게 정기적으로 부여되는 정액 지급의 제도'로 해두자. 일정액이 사람들에게 무조건적으로 부여된다는 점에서 기본 소득은 자산조사(민즈 테스트)를 조건으로 지급 여부가 정해지는 생활보호나 또는 수입 파악을 전제로 수입이 적은 자에게 지급금이 보전되는 '부負의 소득세nagative income'와는 구별된다. 나아가 노동이나 자원봉사 등의 사회 참가를 조건

1　(역주) 원문에는 영문 그대로인 베이직 인컴(basic income)으로 표기되어 있다.

으로 지급금이 부여되는 '워크페어workfare' 등의 제도와도 달리 기본 소득에서는 조건없이 지급금을 받을 수 있기 때문에 노동의 유무나 일하는 방식을 포함해 어떠한 라이프스타일을 선택할 것 인지를 스스로 정하도록 되어 있는 것이다.

물론 이것은 기본 소득의 대략적인 정의며, 논자에 따라서 는 상정하는 세부 사항이나 그것에 담는 의미는 상당히 다르다. 예를 들면 한편으로는 기본 소득을 주로 재정 삭감의 수단으로 간주하는 자가 있다. 생활보호 등 선택적 지급에는 자력조사나 그 후의 관리를 위해 막대한 행정 비용이 든다. 그것을 절약하는 수단으로서 기본 소득이 기대된다. 이러한 논의는 행정 낭비(로 간주되는 것)를 줄여 효율화한다는 의미에서 신자유주의적 주장 과 연결되기 쉽다.

그것과는 반대로 이제까지의 복지 국가를 보완하고 생활 서 비스를 좀더 확충하는 수단으로서 기본 소득에 기대를 거는 경우 도 있다. 그 경우에는 우선 현재 복지가 충분하게 이루어지고 있 지 않다는 점이 강조된다. 생활보호가 가진 오명 때문에 또는 지 급 총액을 줄이려고 하는 행정의 봉쇄 정책 탓에 생활보호 수급 자는 한정되어 있다. 예컨대 2016년에는 소득이 적은 빈곤 세대 중에서 생활보호를 받는 비율은 22.6퍼센트, 그중 예탁금 자산이 기준을 넘은 자를 빼더라도 43.3퍼센트에 그치고 있다.[2] 포착율 의 이러한 벽을 넘어 복지를 한층 충실하게 만들기 위해 무조건 지급으로서 기본 소득에 기대가 모아지는 것이다.

여러 가지 주장

이러한 견해를 양극으로, 페미니스트 또는 노동으로부터의 자유를 외치는 자 등 여러 가지 입장의 사람들이 이제는 기본 소득을 주장하고 있다. 그 목적에 응해 얼마만큼의 기본 소득을, 누구에게 줄 것인가에 대한 구상도 달라진다. 얼마만큼을 누구에게 지급할 것인지는 세제나 이제까지의 사회보장 시스템을 어떻게 바꾸고 어떻게 유지해갈 것인지에 따라 반쯤 정해지기 때문으로, 예컨대 오자와 슈지小沢修司는 일본에서는 기본 소득으로 현금 8만 엔을 전 국민에게 매달 지급할 수 있다고 추산했다.[3] 그것을 위한 재원으로 오자와는 사회보장의 현금 지급 부분을 유지하면서 노동재해지급, 질병지급, 출산지급, 주택 부조를 제외한 생활보호 지급이나 사회보험, 소득공제를 폐지하고, 나아가 소득세율을 50퍼센트까지 끌어올리는 것을 계획한다. 이 경우 세금 부담은 상당히 높아지지만, 지급을 고려하면 급여 소득 700만 엔의 부부로 아이들이 둘 있는 경우나 소득이 500만 엔에 아이들이 하나인 싱글맘의 경우 등에서는 지금까지 이상이나 동등한 실수령액을 확보할 수 있다고 한다.

2　吉永純,「『半福祉·半就労』と生活保障、生活保護」,『社会政策』11(1), 2019.

3　小沢修司,『福祉社会と社会保障改革：ベーシック·インカム構想の新地平』, 高菅出版, 2002, p.169.

오자와는 이러한 기본 소득을 기업에 의한 복지가 흔들리는 가운데 기존 재배분을 유지하는 수단으로서 주로 상정한다. 이에 대해 하라다 유타카原田泰는 재정을 개혁하기보다 적극적인 수단으로서 기본 소득에 기대를 걸고 있다. 하라다는 소득공제나 사회보장의 세금 지출분 등을 폐지하고, 나아가 공공사업비, 중소기업, 농업대책비를 삭감함으로써 소득세율 30퍼센트로 통상 월 7만 엔, 20세 미만의 아이에게는 3만 엔의 기본 소득을 보장할 수 있다고 시산試算했다.⁴ 그것들의 보조는 특정 사람들에 대한 생계 보장이라는 의미가 강하고, 이중으로 지급될 필요는 없다고 여겨지는 것이다. 이렇게 행정을 슬림하게 만드는 수단으로서 구상되고 있다는 의미에서는, 하라다의 기본 소득안은 신자유주의적인 사조에 좀더 친화적인 것이라고 말할 수 있다.

재원의 상정이나 지급 예정 금액이 다른 것만이 아니다. 누구에게 기본 소득을 주는가에 대해서도 논자에 따라 상당히 견해가 갈린다. 예컨대 하라다는 아이에 대한 기본 소득을 3만 엔 혹은 성인의 반액 이하로 한정하고 있다. 미성년자가 부모에게 보호 받는 것을 당연하게 본다는 의미에서는 여기에는 가족주의적인 경향이 전제로 깔려 있는데, 급진적으로 미성년자에게도 일률적으로 기본 소득을 부여하는 개인주의적 방식도 상정할 수 있을 것이다.

국적 미보유자에게 어디까지 기본 소득을 인정할지는 더욱 어려운 문제를 내포한다. 되도록 많은 사람에게 무조건적으로 지급되지 않는다면 기본 소득은 의미를 잃어버린다. 다만 이민이나 단기 체재자 등 어디까지 지급 대상을 확대할 것인지에 대해서는 일정 부분 논의가 가능하다. 기본 소득을 국가를 넘은 시민의 권리로 간주한다면 국적에 관계없이 그것이 부여되어야 할 것이다. 그러나 세금을 내고 또는 장래 낼 것을 전제로 한 사회 참여에 상응하는 리턴으로 간주한다면 지급에 국적 또는 체재 이력에 따라 제한을 두자는 주장에도 일정의 합리성을 인정할 수 있다. 또한 현실적으로는 애초에 그러한 제약이 없다면 국제 이동의 대폭적인 증가를 불러일으킬 우려도 없지 않은 것이다.

소비 사회를 보완하기

기본 소득은 이렇게 여러 가지 방식으로 구상되고 있다. 그렇다면 그중 어느 것이 바람직한지에 대해서는 실시하기에 앞서 진중하게 비교하고 검토해야 한다. 단 현시점에서 긴급 과제는 국가 재정을 꼼꼼하게 체크하는 것이나 누구에게 얼마만큼 지급할 시를 구체적으로 결정하는 것이 아니다. 우선 기본 소득이 무엇을 위해 부여되어야 하는가 하는 목적이나 이념에 대해 논의해야만 하며, 그후 그것에 응해 구체적인 지급의 세부 사항이 결정

---

4   原田泰, 『ベーシック・インカム：国家は貧困問題を解決できるか』, 中央公論新社, 2015, p.118.

되면 된다.

실제로 앞서 언급했듯이 재정 재건이나 복지 국가의 보완 등 지향하는 목표에 따라 기본 소득에는 다른 목적이 할당되어 왔다. 그중에서 이 책이 기본 소득을 필요하다고 생각하는 것은 어디까지나 소비 사회의 지속 가능성이라는 문제를 염두에 두기 때문이다.

반복하자면 이 책은 많은 사람에게 사적 욕망의 추구를 인정하는 소비 사회에 특별한 가치를 인정해왔다. 그러나 바로 그 때문에 그러한 추구에 참여할 수 없는 사람들이 있음이 큰 문제가 되었다. 예를 들면 저소득자는 현행 시스템에서는 복지 국가가 부여하는 탈상품화된 서비스에 자주 의존할 수밖에 없고, 그 결과 선택의 자유가 제한된다. 또한 환경 악화 때문에 탄소세 등의 부과가 필요하다면 그 반작용으로서 빈곤한 자는 소비의 자유를 부유층보다 많이 빼앗길 우려가 있는 것이다.

이러한 사태가 일어나는 이유는 결국 이 사회에서 소비할 권리가 충분히 부여되지 않기 때문이다. 현대 사회에서는 사실상 소비가 사람들이 존엄을 갖고 살수 있는지 어떤지를 좌우한다. 그런데도 소비의 권리 그 자체는 만인에게 보장되고 있지 않다. 확실히 현재에도 '건강하고 문화적으로 살 수 있는 권리'는 국가에 의해 인정되고 있다. 하지만 그것은 형식적인 보장에 그치고 소비 사회 속에서 사는 것을 구체적으로 배려하지는 않는다. 예컨대 앞서 봤듯이 탈상품화된 공공 서비스에서는 소비자의 자유는 충분하게 보장되지 않고, 생활보호 수급자에 대해 무엇을 소유하고 무엇에 소비하고 있는지가 공식, 비공식적으로 문제시되는 것처럼 국가는 소비의 자유 그 자체를 단적으로 인정하고 있지 않다.

소비의 '불공평'을 해결할 수 있을까?

저소득자만은 아니다. 이 사회에는 아이들, 주부, 노동으로부터 배제된 이민자, 학생 혹은 장해 등으로 움직일 수 없는 자 등 예컨대 물질적으로는 풍요롭더라도 타자에 의존해 생활하기 때문에 소비를 자유롭게 행할 수 없는 수많은 자가 생활하고 있다. 원래 2021년 일본의 노동력 인구는 6,860만 명이며, 거기에 포함된 206만 명의 휴업자, 193만 명의 완전 실업자를 빼면 이 사회에서는 거의 반수가 자신의 돈벌이 수단을 갖고 있지 않고 그 때문에 누군가에 의존해서 살고 있다고 말할 수 있다.[5]

사회학자 지그문트 바우만은 현대 사회에서는 "가난한 사람들은 무엇보다도 먼저 '비소비자'[6]"로서 나타난다고 지적했다. 일본 사회에서도 이렇게 자율적인 소비자가 되기 힘든 사람이 다

---

5   総務省統計局, 「労働力調査(基本集計)2021年(令和3年)平均結果の概要.
https://www.stat.go.jp/data/roudou/sokuhou/nen/ft/pdf/index.pdf.

수 살고 있다. 그들은 단순히 구매력만 적은 것은 아니다. 현대에는 신용카드를 비롯해 적은 구매력을 보완하는 신용 창조 기회도 많지만, 아이들이나 주부, 학생이나 이민자들의 상당수는 그러한 '신용'을 획득할 수조차 없다. 그 결과 부모와 자식, 배우자와의 관계가 그러하듯이 소비 사회 속의 우위와 열세가 이 사회에서는 지배와 피지배 관계를 정하는 기본적인 틀이 되고 마는 것이다.

이에 대해 기본 소득은 이러한 기존의 권력 구조를 뒤흔든다. 사람이 누가 어디서든 몇 살이든, 부모나 배우자의 수입이 있든 없든 남편이나 부모, 지역 사회에 의존하지 않고 소비자로서 살도록 권한을 부여하는 것empowerment이 기본 소득의 기본적 사명이기 때문이다.

물론 빈부의 차 전부를 기본 소득은 해결할 수 없다. 기본 소득은 어디까지나 생활의 기초가 되는 소득을 보장하는 데 지나지 않고, 실현되더라도 부자와 가난한 자의 차이는 계속해서 남는다. 많은 소득을 원하는 자는 계속해서 일하고, 그렇지 않은 자는 노동으로부터 멀어질 가능성이 높다는 의미에서 빈부의 차는 오히려 확대될 우려도 있다.

단 빈부의 차 자체가 소비 사회에 있어 악이라고 말할 수 없음은 이미 반복해서 확인한 대로다. 적어도 그것과 유사하게 큰 문제는 애초에 소비 게임 참여조차 허용되지 않고 그 때문에 부모나 남편 등의 타자에게 종속되든가 또는 탈상품화된 서비스에 의존하는 등 소비 사회에서 만족할 만큼의 존엄을 인정 받지 못했던 사람들의 존재다. 기본 소득은 그러한 사람들의 '권리'를 우회적으로 회복하게 한다. 기본 소득은 이제까지 소비 게임으로부터 배제되어 소비 사회에서 '2등 시민'으로서 살아야 했던 주부, 미성년자, 고령자 등에게 선택의 자유를 최저한이지만 보장한다. 그럼으로써 소비 사회에 살면서 소비 게임에 참여조차 할 수 없었던 자들의 '불공평unfair'을 적어도 완화하는 것이다.

또한 기본 소득은 현시점에서는 일정의 돈을 벌면서 소비 게임에 참여하는 사람들에게도 이점이 없지 않다. 이제까지 소비 사회는 일하지 않으면 소비를 계속할 수 없다고 위협함으로써 우리를 임금 노동에 속박해왔다. 일자리를 잃어버리고, 그 때문에 소비자로서 자유와 존엄을 상실할 것을 두려워해 많은 사람은 경우에 따라서는 그 '필요'조차 넘어 노동에 전념해왔다.

하지만 기본 소득은 소비와 '노동'의 긴밀한 관계를 일정 부분 완화한다. 분명 현재 상정되는 기본 소득 수준에서는 일을 그만두고 같은 생활을 유지하는 것은 어려울지도 모른다. 그래도 최소한의 소비를 할 수 있고, 또 그것에 의존한 생활에 사회적 낙인이 찍히지 않는 것이 중요하다. 신청 기준이 엄격해 수급자가

6   ジグムント·バウマン, 伊藤茂(訳), 『新しい貧困: 労働消費主義ニュープア』, 青土社, 2008, p.212. 또한 현대 사회에서 만족할 만큼 일할 수가 없고 그 때문에 완전 고용 정책에 의해서는 구제할 수 없는 자가 다수 있음에 대해서는 다음 문헌을 참고함. Claus Offe, *Basic Income and the Labor Contract*, Basic Income Studies, vol. 3(1), 2008.

한정되어 있어 질투나 시기를 받기 쉬운 생활보호와는 달리 기본 소득은 소비에 참여할 권리를 무차별적으로 누구에게나 보장한다. 덕분에 그것은 일하는 자가 미래를 걱정하거나 필사적으로 저축할 필요성도 줄여주는 것이다.

정리하자면 기본 소득은 소비와 노동의 연결을 일정 부분 단절한다decupling. 소비 사회에서도 이제까지의 많은 사회와 마찬가지로 '노동'이 사람의 존엄을 보장하는 근거가 되어왔다. 자유롭게 소비하기 위해서는 노동하고 돈을 벌든지, 그러한 사람의 말을 들어야 하기 때문이다. 기본 소득은 이러한 구조를 뒤흔든다. 기본 소득은 설사 충분히 돈을 버는 노동에 종사하지 않더라도 소비 사회에 살아갈 권리를 보장함으로써 사람들의 존엄의 근거를 '노동'에서 '소비'로 실질적으로 교체하는 것이다.

바로 그 때문에 기본 소득은 '임금 노동'으로부터 '노동'을 해방하는 힘이 된다. 우리는 회사에 근무하거나 스스로 장사를 하는 것 이외에도 가사나 자원봉사 혹은 취미에 기반한 창작을 통해 어떤 즐거움을 사람들에게 가져다줄 수 있는 여러 가지 활동을 매일 행하고 있다. 그러나 이 사회에서는 충분한 돈을 벌지 않으면 이러한 활동은 '노동'으로서 인정 받지 않는다. 이에 대해 기본 소득은 '노동'의 의미를 바꾼다. 그것은 소비를 포함해 잠재적으로는 모든 사람이 행하는 온갖 활동에 대한 대가로서의 면을 가지는 것이다.

환경 보호에 대한 기대

기본 소득은 '노동'의 유무나 많고 적음에 의해 소비 게임 참여를 제한하는 사회의 존재 양식을 이렇게 바꿀 뿐 아니라 기후 변동이라는 똑같이 큰 문제를 완화하는 힘도 가지고 있다. 앞서 봤듯이 기후 변동 대책에서도 빈부의 차는 넘기 힘든 벽이 되어 있다. 기후 변동 대책이 많든 적든 불러일으키는 경제 정체가 가난한 사람들에게 특히 가혹하다는 데에 더해 기후 변동에 대한 시장적 대응으로서 탄소세를 대표로 하는 벌금적 세금의 부과는 가난한 사람들에게는 무엇보다 먼저 선택의 자유를 빼앗아 가기 때문이다.

바로 그 때문에 기후 변동 대책을 행한다면 그 때문에 피해를 받을 가능성이 높은 자에게 대가를 지급할 필요가 있다. 이러한 의미에서는 기본 소득은 바람직하다기보다 당연시되어야 하는 정책이라 할 수 있다. 기본 소득은 기후 변동 대책 때문에 피해를 받기 쉬운 빈곤층에 상대적으로 의의가 큰 대가를 건네는 것이며, 이 경우 탄소세 등 환경 보호를 위해 거둔 세금이야말로 그 수요한 재원이 되어야 한다고 말할 수 있겠다. 실제로 제임스 로버트슨은 지구 환경을 지키기 위해 에너지나 토지 사용에 대한 세금 부과와 그것을 재원으로 한 시민소득Citizen's Income의 실현을 빠른 시기부터 주장해왔다.[7] 환경 보호에 대한 시책은 가난한 자의 자유를 강하게 제한할 가능성이 있기에 미리 적극적이고 광범위한 소득 이전이 필요하다는 것이다.

이러한 권리상의 문제에 덧붙여 기본 소득에 의해 환경 보호 활동이 활발해질 가능성도 기대된다. 현재 대부분의 사람이 환경 보호 활동을 착실하게 행하기 어려운 이유로서 바쁘다는 점이 크게 작용한다. 살기 위해 겨우겨우 일하는 자가 시간을 들여 친환경 상품을 선택하거나 좀더 고가의 상품을 살 것이라고 기대하는 것은 말도 되지 않는다. 하지만 가이 스탠딩에 따르면 기본 소득은 이러한 상황을 바꿀 가능성을 갖는다.[8] 앞서 기본 소득은 노동의 의미를 해체한다고 지적했지만, 그 한 가지 예로서 기본적 소득이 보장된다면 우리는 일을 줄이고 생활 개선을 위해 좀더 많은 시간을 할애하게 되지 않을까? 예컨대 환경 보호 운동에 직접 참여할 뿐 아니라 자가용을 사용하지 않고 조금 시간이 드는 공공 교통망을 이용하는 등 광범위하게 생활을 개선하는 것이 적어도 쉬워질 것이다.

마지막으로 기후 변동 대책이 불러일으킬지도 모르는 개인의 생활 기반의 변동을, 기본 소득이 보상할 가능성에 대해서도 확인해두자. 재생 가능한 에너지로의 전환이 추진되면 가치를 잃어버리는 이른바 '좌초자산坐礁資産'이나 비대한 실업자가 특정 분야에서 나올 것으로 예상되고 있다. 그것은 리스크 회피가 가능한 부유한 자 이상으로, 중간층과 하위층 사람들의 생활에 심각한 영향을 불러일으킬 우려가 있다. 예컨대 자동차 산업에 관련된 방대한 수의 노동자는 탄소 중립 정책에 의해 그 생활 기반이 뒤흔들리게 될 위험성이 강하다. 바로 그 때문에 대담한 변혁도 어렵다. 기본 소득은 이러한 위험을 대상代償한다. 그것은 경제적인 보장이 될 뿐 아니라 사람들에게 새로운 경제적 풍토 속에서 도전하기를 촉구하는 것이다.

7   ジェイムズ・ロバートソン, 『21世紀の経済システム展望：市民所得・地域貨幣・資源・金融システムの総合構想』, 日本経済評論社, 1999.

8   ガイ・スタンディング, 池村千秋(訳), 『ベーシックインカムへの道：正義・自由・安全の社会インフラを実現させるには』, プレジデント社, 2018.

3. 기본 소득이 가져올 가능성

보편적 보장이 왜 기대되는가?

이제까지 봤듯이 소비 사회의 한계를 보정하고 그 '불공평'을 완화하는 수단으로서 기본 소득은 기대된다. 소비 사회의 난문 중하나는 소비 게임으로부터 배제된 사람들이 있다는 것이며, 나아가 그러한 '불공평'이 기후 변동이나 그것에 대한 대처에 의해 확대되는 것이었다. 형식적인 사고의 자유나 기회의 평등도 분명소중하다. 하지만 그것만으로는 사람들이 소비 사회 속에서 그기대나 희망을 구체적으로 이룰 수 있는 기회는 보장되지 않는다. 이에 대해 기본 소득은 소비 사회 속에서 사람들이 자유롭게행동하고 그것을 전제로 타인으로부터 존중 받을 기회를 되도록보편적으로 보장하는 것이다.[1]

분명 빈곤을 해소할 뿐이라면 저소득자에게 일정의 지급금을 주면 충분하다고 생각하는 사람도 있을지도 모른다. 하지만그러한 선택적 지급의 경우, ① 수입 파악에 막대한 행정적, 재무적 비용이 든다는 것에 더해 ② 지급을 회피해야 하는 것(=낙인)으로 간주함으로써 단점이 클 뿐 아니라 ③ 받는 사람과 받지 못하는 사람의 분단을 쓸데없이 초래할 우려가 있다.

그에 대해 모든 사람에게 일률적으로 돈을 나눠주는 기본 소득 편이 행정적, 재무적으로 쓸데없는 비용이 들지 않을 뿐 아니라 풍요로운 자와 그렇지 않은 자 사이의 부담의 공평화公平化로 이어질 가능성이 크다. 기본 소득을 실현하기 위해서는 현재 상황에서는 고소득자의 세금 부담을 누진적으로 크게 부과할 수밖에 없고[2], 그것이 재분배를 진행한다. 수만 엔에 머무를 기본 소득으로는 부유층에게는 증대할 세금의 부담을 보완해줄 수 없다는 의미에서 그것은 금전적으로는 저소득자가 좀더 이익을 얻는 제도가 된다.

그것으로 부유층이 납득할지 어떨지는 분명 문제지만, 다만 자산을 일정 정도 보유한 채 조기 은퇴나 재도전의 기회를 보증한다는 의미에서는 기본 소득은 부유층에게도 그런대로 매력

---

1   이러한 구체적 자유의 근거로서 기본 소득에 대해서는 다음 책을 참조함. 필리프·반·파리스, 後藤玲子、齊藤拓(訳), 『ベーシック・インカムの哲学 : すべての人にリアルな自由を』, 勁草書房, 2009.

2   화폐 발행을 무전제로 국가가 확대하는 MMT를 기본 소득의 재원으로 기대하는 자도 있지만, 여기서는 이를 따르지 않는다. 재정 지출의 확대가 장래 인플레이션으로 연결되지 않는다는 것은 여전히 실증되지 않았고, 덧붙여 자의적인 지출 확대가 국가 힘의 확대로 이어지는 것을 반대하기 때문이다.

이 있다고 생각된다. 현재의 생활보호는 일정 정도의 자산을 가지고 있으면 받을 수 없다는 의미에서 중간층 이상의 사람들에게 매력적인 것은 아니다. 그러나 일을 그만둬도 자산의 감소를 그렇게 걱정하지 않고 생활할 수 있으며 재도전할 수도 있다는 의미에서는 기본 소득은 부유층에게도 라이프스타일을 바꿀 선택지를 제공할 것이다.

기본 소득의 경제적 가능성

이제까지 봤듯이 이 책은 기본 소득을 소비 사회의 한계를 보정하고 그 '불공평'을 완화하기 위해 필요한 권리라고 주장한다. 단 기본 소득은 소비 사회를 살아가는 데 빼놓을 수 없는 '권리'이므로 부여 받아야 된다고 하는 것만은 아니다. 나아가 그것이 사람들의 집단적 생활을 바꾸는 역동적인 가능성을 가지고 있다는 점도 중요하다.

예컨대 기본 소득이 사람들의 경제 생활에 가져올 효과에 대해서는 이미 이제까지 수많은 실험이나 분석이 축적되었다. 런던이나 케냐, 브라질 등 세계 각지에 크고 작은 집단에 프리 머니를 배부해 어떤 영향이 보이는지가 조사되어온 것이다.[3] 그 결과 통상 우려되고 있듯이 기본 소득에 의해 일하지 않는 사람들이 대폭 증가하는 현상은 일반적으로는 보이지 않았다.

무엇보다도 기본 소득만으로는 만족할 수 있는 생활을 보내기가 어렵기 때문이다. 부여되는 액수에 따라 달라지기도 하겠지만, 생활보호나 부의 소득세와는 달리 기본 소득은 많이 일했다고 감소되는 것은 아니다. 그 때문에 특별한 경우를 빼면 그것을 받게 되는 것만으로 많은 사람이 일하는 것을 그만둔다고는 생각하기 어렵다. 오히려 이제까지 이뤄진 실험에서는 저소득자가 그날 벌어 그날 사는 생활을 그만두고, 지급금을 자금으로 삼아 자기 계발을 지향하는 경우가 많이 보였다. 기본 소득이 가져다주는 생활의 여유는 일을 위해 바이크를 사거나 자격 취득을 위해 공부하는 등 좀더 많은 돈을 벌 '투자' 목적으로 사용되는 경우가 자주 있었던 것이다.

이러한 의미에서 기본 소득에는 빈곤에 고통스러워하는 노동자 상황을 바꿔 생활을 개선할 힘이 있다. 물론 임금이 낮고 조건이 가혹한 일을 그만두려는 사람들도 그중에는 있을지도 모른다. 하지만 총체로 본다면 그것이 나쁘다고만은 말할 수 없다. 노동자를 유지하기 위해 경영자에게는 처우의 개선이나 그것을 가능하게 만드는 생산성 향상을 위한 노력이 요구되었다. 그 때문에 AI의 활용이라는 기술 혁신도 진행되있다고 생각된다. 그러한 여유조차 없이 저임금 노동으로 이제까지 유지되어온 회사로

---

3   다음 책을 참조함. ルトガー・ブレグマン, 野中香方子(訳), 『隷従なき道 AIとの競争に勝つ ベーシックインカムと一日三時間労働』, 文藝春秋, 2017, pp.31~44.

부터 사람이 빠져나가는 것은, 사회 총체로서 본다면 오히려 플러스 부분이 큰 것이다.

물론 높은 급여를 얻을 수 있는 일은 한정되어 있고, 반드시 모든 사람이 좀더 좋은 일을 손에 넣을 수 있다는 보장은 없다. 그 때문에 기본 소득이 노동으로부터 이탈을 초래하고, 경제 정체를 불러일으킬 위험성도 분명 고려해야 하리라.

다만 만일 그렇다면 강조해두고 싶은 것은 이 책이 경제 발전에 유리한 수단이니까 기본 소득을 주장하는 것은 아니라는 점이다. 애초에 기본 소득은 소비 사회를 살 권리로서 부여되는 것으로, 경제 정체를 불러일으킬 가능성이 있다고 해도 그것을 부정할 이유는 없다. 물론 경제 정체를 불러일으킬 위험은 되도록 제거해야 하며, 이를 위해 반복된 실험과 그것을 근거로 한 치밀한 계획은 불가결하다. 그러나 그러한 경제적 이익과 불이익과는 다른 차원에서, 기본 소득이 가져오는 효과에 대해서도 정당하게 평가해야 한다.

문화를 만들어낸다

이 경우에 중요해지는 것이 앞서 언급했듯이 기본 소득이 이제까지 일하지 않았던 자 또는 일할 수 없었던 자까지 소비 사회의 '거주자'로 포섭해가는 힘을 가지는 점이다. 이 사회에서는 저소득자에 더해 아이나 주부, 학생이나 일부 고령자 등 설령 생활은 풍요롭더라도 자신의 수입이 없기에 자유롭게 돈을 쓸 수 없는 자가 전체 인구의 반 가까이 살고 있다. 종래의 사회는 그러한 사람들을 가족이나 생활보호라는 틀 속에 가뒀고, 그래서 그 때문에 그들은 종종 종속적인 입장에 처해졌다. 그러나 기본 소득이 그 사람들에게 일정한 구매의 자유를 보장한다면 경제적으로 해방될 뿐 아니라 그것을 근거로 새로운 문화가 태어날 가능성이 커진다.

그것에 대해 생각함에 있어 참고가 되는 것이 아이들과 관련된 서브컬처의 성장이다. 최근 아이들에 대한 학대나 젊은이의 노인 간병 같은, 돈을 지급하지 않는 아이의 노동이 문제가 되고 있다. 경제적 침체 때문에 그것들이 클로즈업되고 있는 것도 사실이지만, 그 이전에 근저에 있는 것은 아이가 소비 사회에 살면서도 소비자임을 충분히 허락 받아오지 못했다고 하는 문제다. 1920, 1930년대 이후 특히 도시 아이들은 충분히 돈을 벌기 어려워졌고, 그 탓에 한 사람의 주체로서 소비 사회를 자유롭게 살 권리를 빼앗겨왔다. 그 결과 아이들이 스스로 만족할 수 있는 교육을 선택하거나 생활을 위한 서비스를 구입할 수 없어졌을 뿐 아니라 그것이 아이가 줄어든 큰 원인도 되고 있다. 아이들은 이 사회에서는 돈이 드는 '소비재'로서 누군가의 비호 하에 살아갈 수밖에 없고, 그 때문에 부모는 많은 아이를 기를 여유가 없다. 그래도 여전히 사회가 아이의 노동으로부터의 '배제'를 교육적 배려라는 명목으로 계속해서 정당화한다면 어떤 대상代償을 아이들이나 가족에 대해 지급하는 것은 당연하다.[4]

기본 소득은 그 역할을 제대로 해낸다. 물론 현실적으로는 아이들이 식비나 주거비, 교육비 등을 자율적으로 지급하는 주체가 되기 어렵다는 것도 사실이다. 그러한 의미에서 실제로는 지급금이 아이들을 양육하는 부모들에 대한 원조가 되는 것은 피하기 어렵지만, 그래도 아이들의 권리를 되도록 보장하기 위해서는 학교 교육 등의 비용을 바우처로 만들어 지급금으로부터 빼는 등의 시책도 분명 검토할 가치가 있다.[5] 단 그러한 세부 조정이 필요하더라도 본질적으로 중요한 것은 아이에게도 소비 사회를 살 권리가 인정되어야 하는 점이다. 기본 소득은 그것을 보장하는 것이다. 그렇다면 그것이 실현된다면 어떤 문화의 성장이 보일까?

예컨대 흥미 깊은 것은 1950년대부터 1960년대에 걸쳐 용돈의 권리가 일반화되어 아이들에게 우회적이나마 구매력이 부여되어가는 분위기 속에서 새로운 청소년 문화가 발달한 점이다. 청소년들이 자유로운 구매력으로 자신이 보고 싶은 것을 볼 권리를 처음으로 손에 넣은 것을 전제로, 연장자가 만든 전후 질서에 도전하는 특유의 만화나 애니메이션 문화가 탄생한 것이다.[6]

물론 이것은 용돈이라는 부모로부터 받은 '은혜'에 기댄, 어디까지나 부분적인 해방의 결과에 지나지 않았다. 그렇다면 그것을 넘어 아이들이 좀더 일반적으로 소비자가 될 때, 교육이나 정치에 무슨 일이 생길까. 나아가 그것과는 별도로 주부나 고령자, 학생이나 이민자 등이 주체적으로 시장에 참여한다면 얼마나 새로운 문화가 생길지를 생각하는 것은 충분히 가치가 있다. 앞서 기본 소득에 의해 환경 보호 운동이 활발하게 전개될 가능성을 확인했는데, 그것을 포함해 이제까지 소비로부터 상대적으로 배제되어온 사람들을 중심에 놓는, 한층 다양한 문화가 성장할 가능성이 있다고 생각된다.

지방의 새로운 문화

그 한 가지 버전으로 지방에 새로운 문화가 만들어지는 것을 기대할 수 있다. 현재 도시에 사람이 모이는 것은 궁극적으로는 도시가 급여 수준이 높기 때문이다. 미국에서는 텔레워크 telework의 보급을 통해 IT 엔지니어의 도시와 지방의 임금 격차가 줄어드는 조짐이 보인다고도 일컬어지고 있지만,[7] 그것은 여

---

4   그것은 소자화 대책에도 상당히 유효하다고 생각된다.

5   대학 교육을 버추얼화하는 아이디어에 대해서는 다음 책을 참조함. ミルトン・フリードマン, 村井章子(訳), 『資本主義と自由』, 日経BP, 2008.

6   貞包英之, 『サブカルチャーを消費する:20世紀日本における漫画・アニメの歴史社会学』, 玉川大学出版局, 2021.

7   Ryan Deffenbaugh, Remote work is helping smaller cities catch up to New York's tech salaries, https://www.crainsnewyork.com/technology/remote-work-helping-smaller-cities-catch-new-yorks-tech-salaries?fbclid=IwAR2l000Q_daXDZzW0mBYzAQ1cFDyzolGEMw3sL03tuRngePD0QrgrdlgjMY.

전히 충분하지 않아서 높은 임금을 전제로 도시에는 오락이 모이고, 그 결과 많은 소비가 축적되고 있다. 기본 소득에는 이러한 현실을 바꾸는 힘이 있다. 기본 소득은 상대적으로 낮은 급여를 보완할 뿐 아니라 주거비를 중심으로 생활비가 싼 지방에서는 실질적으로 큰 도움이 되어 예컨대 매월 8만 엔, 3인 24만 엔의 지급금을 받는다 치면 도쿄에서 집을 빌려 사는 것은 힘들지도 모르지만, 지방에서는 여유 있는 생활을 보낼 가능성이 높다.[8]

이러한 의미에서 기본 소득은 지자체별로 지급액이 다른 생활보호와는 달리 지방과 대도시의 관계성을 바꾸는 힘을 갖는다. 도시 생활은 종종 높은 급여를 보장하는 한편, 많은 시간이나 활력을 우리에게서 빼앗아버린다. 한편 기본 소득에 의해 노동으로부터 단절된 돈이 돌기 시작하면 지방에서 자유롭고 여유 있는 문화가 자랄 수 있을 것으로 기대할 수 있다. 그 결과 그 장소는 대도시에 사는 것 이상으로 매력적이라고 많은 사람이 느끼게 될지도 모른다.

국가의 제한

새로운 문화 형성을 이렇게 촉발하는 것에 더해 그 가능성으로서 가장 중요한 것은 기본 소득이 우리와 국가의 관계를 근본적으로 바꾸는 힘이 된다는 점이다.

이제까지 봐왔듯이 소비 사회의 확대는 역설적으로 국가의 힘을 강화하는 듯이 작동되어왔다. 소비 사회가 낳은 격차 확대나 환경 파괴 등의 문제를 시정하는 것이 국가에게 기대되었고, 그만큼 국가에 큰 힘이 할당되어온 것이다.

하지만 기본 소득은 그러한 국가에 일정의 제한을 가해 권력 행사를 제약하는 힘을 갖는다. 최근에는 기본 소득이 아니라 보육이나 간병에 힘을 넣는 기본 서비스 또는 기본 자산(베이직 어셋)의 충실함을 목표로 하는 주장도 나오고 있다.[9] 그렇다면 왜 그러한 복지 국가적 서비스의 확충이 아니라 기본 소득에 방점을 찍어야 할까. 그 최대 이유는 국가에 의한 서비스의 확대가 우리에게 선택지를 빼앗을 우려가 없지 않기 때문이다.

---

8 생활보호에서는 이렇게 되지 않는다. 현재 생활보호는 주거에 의해 그 지급 수준이 정해지기 때문이다. 예컨대 엄마와 아이 하나의 경우, 도시에서는 19.1만 엔, 지방에서는 13.3만 엔이 된다고 한다. 原田泰, 『ベーシック・インカム：国家は貧困問題を解決できるか』, 中央公論新社, 2015, p.141.

9 기본 서비스나 기본 자산(베이직 어셋)에 관해서는 다음 책을 참조함. 井手英策, 『幸福の増税論 財政はだれのために』, 岩波書店, 2018. 宮本太郎, 『貧困·介護·育児の政治：ベーシックアセットの福祉国家へ』, 朝日新聞社, 2021. 우리는 여기서 말하는 육아나 교육, 노인 간병의 충실, 빈곤의 축소라는 이념에 반대하는 것은 아니다. (현재 누가 그것에 반대할 수 있을까?). 하지만 문제는 그것을 어떻게 실현할 것인가다. 현상의 연장선상에서 국가가 제공하는 서비스를 단지 증대한다면 국가에 대한 복종을 강화해 그 외의 다른 길이 막혀버린다. 예컨대 육아와 교육의 경우 '학교화', 의료나 노인 간병의 경우 '병원화'가 추진되고 말 것이다. 근대 사회에서 우리를 속박해온 그러한 권력을 강화하는 것을 회피하기 위해 어떻게 좀더 바람직한 사회를 실현해갈 것인가가 지금 생각해야 할 과제다.

복지 국가는 세수로서 소득의 일부를 빨아들여 그것을 가능한 재배분하는 것을 목표로 삼는다. 단 복지 국가는 주로 탈상품화된 서비스나 시설을 확충해가는 것으로 그 재배분을 실현하며, 그것이 소비자로부터 서비스를 선택할 기회를 거둬들여 종종 국가에 의한 집단적 선택에 복종하게 하는 계기가 되고 만다는 점에 대해서는 이제까지 지적해온 대로다. 예컨대 교육을 보면 학교 교육만이 아니라 현재에는 학원, 교재에 의한 학습, 유튜브에 의한 학습 등 여러 방법이 잠재적으로는 선택 가능하다. 그러나 국가는 학교 교육이라는 형태로 탈상품화된 서비스를 배타적으로 공급함으로써 시장의 다양성을 줄였고, 그 결과 충분한 구매력을 가진 부유층을 제외하면 적절한 교육 방법을 부모나 자식이 선택하기 어렵게 만들어버린 것이다.

다른 한편 생활보호 등의 수급자로 한정된 직접지급의 경우도 마찬가지다. 그것은 자산조사를 전제로 수급자와 그렇지 않은 자 사이에 선을 그음으로써 때때로 편향된 배분을 국가 주도로 초래해버리는 것이다.

구매력과 선택권을 되찾기

그에 대해 기본 소득을, 국가로부터 구매력과 선택권을 되찾는 시도로 위치할 수도 있겠다. 국가는 징세라는 형태로 사람들로부터 사적 소비의 권리를 빼앗는다. 기본 소득은 그 빼앗은 선택권을 지급이라는 형태로 사람들에게 되돌려주고, 그럼으로써 시장에서 스스로 선택할 수 있는 주체로 엠파워먼트empowerment 한다.

이것이 앞서 예고해뒀던 국가에 의한 '수탈'과 '배분'을 끊어내는 것의 내용이다. '폭력의 독점기관'으로서 국가는 사람들을 속박하고 사적 소비도 제약한다. 그러나 기본 소득은 그러한 국가의 선택을 미리 제약하고, 자기 멋대로 결정하기 힘들게 못을 박는다. 분명 그래도 여전히 기본 소득의 재원은 증세에 의할 수밖에 없다는 의미에서는 이전보다 훨씬 국가는 세금을 징수하는 주체로서 유지된다. 그러나 징수한 세금의 적지 않은 부분을, 사람들의 사적 소비를 원조하기 위해 지출하도록 의무화한다면 국가의 자의성을 적어도 일정 정도 제한할 수 있을 것이다.

물론 이제까지 받아왔던 공공적 서비스의 가치는 되도록 존중되어야 한다. 국가가 '집합적 소비'의 대상으로서 이제까지 공급해온 서비스 전부를 폐지할 수 있는 건 아니다. 예컨대 일찍이 타산성이 없는 미술관을 폐쇄하려고 한 지자체가 있었지만, 경영이 어려운 미술관을 보호하는 것이야말로 오히려 행정의 사명이라고 할 수 있다. 유행하는 애니메이션이나 서브컬처만을 전시하며 이익을 내는 미술관이라면 민간에게 맡기는 편이 좋기 때문이다.

나아가 공원이나 체육관 등 일정한 규모가 필요한 시설을 민간 경영에 완전히 위탁하는 것은 어렵고, 또한 학교나 도서관

등 완전히 시장화해서는 그 의미가 손상되는 시설도 있다. 예컨 대 학교에서 무엇을 가르쳐야 하는지는 완전히 자유로운 선택에 맡겨서 좋은 것은 아니다. 국가, 그리고 무엇보다도 사회의 지속 을 담당하는 주체를 육성하기 위해 무엇을 가르쳐야 할지에 대해 서는 일정한 집단적 토론이 있어도 좋을 것이다.

그렇지만 한편으로는 자본주의가 거대화하고 그 반작용으 로서 공적 주체의 힘이 증대해 사람들의 선택이 좁아지는 현 상 황에 대해서는 늘 경계할 필요가 있다. 민주주의적 시스템 하에 서는 선거에 의해 공적 주체의 선택을 간접적으로 결정하는 것 이 분명 형식이 되어 있다. 그러나 그것은 형식적 조건에 머물고, 대부분의 사람은 국가 결정 하나하나에 의견을 낼 수는 없다. 현 상황의 소비 사회에서 살기 위해서는 많은 시간을 임금 노동 혹 은 그것을 떠받치는 가사나 육아, 간병 등의 재생산 노동을 위해 써야 하고, 그 결과 결정의 대부분은 정치가나 관료 기구 또는 그 것에 간섭할 여유를 가진 상당히 편향된 사람들의 손에 맡겨져 버리는 것이다.

그 탓에 어떤 부류의 사람이 어떤 공공 서비스를 이용하기 쉽고, 다른 부류의 사람들은 그렇지 않다는 편향도 발생한다. 이 러한 현실을 어떻게 납득할 수 있을까. 예컨대 도서관이나 체육 관 등이 새롭게 만들어지더라도 가까운 곳에 살고 있는 사람 이 외에는 이용하기 어렵다. 이러한 상황은 '불공평'이라고 할 수 있 다. 공공 서비스에 크게 의존하는 현 상황에서는 이러한 문제를 근본부터 해결하기는 어려울 것이다.

그렇다면 만약 서비스가 무료 시설에 의한 것이 아니라 일정 금액을 사람들에게 직접 환원한다면 어떻게 될까. 지급된 돈으로 자유롭게 책을 사거나 민간 스포츠 클럽에 가입하는 형태로 문제의 적어도 일부는 해결되는 것은 아닐까.

물론 반복하자면 무엇을 어디까지 현금 직접지급이라는 형태로 바꿀지는 진중하게 검토되어야 할 문제다. 신자유주의적 국가가 그렇게 하듯이 필요한 서비스를 축소하기 위한 변명으로 삼아서는 안 된다.

반대로 기본 소득의 사명은 그러한 국가를 견제하고 제멋대로 내리는 결정을 줄이는 데에 있다. 애초에 현 상황의 공공 서비스에는 정부에 의해 간단히 변경하기 쉽다는 결함이 있다. 실제로 신자유주의적 정책이 주류가 되는 가운데 정부는 재정난을 알리바이로 삼아 많은 교육적, 문화적 서비스 예산을 깎거나 그렇게 될 거라고 협박함으로써 그것을 자기 마음대로 컨트롤할 수 있도록 변경해왔다. 예를 들어 국립대학를 위해 사용해온 운영비 교부금이 매년 1퍼센트 줄어듦으로써 대학 연구 능력은 약화되었고, 그 때문에 경쟁적 자금이라는 수단을 써서 정부가 대학이나 연구자를 컨트롤하기도 쉬워진 것이다.

이러한 상황을 조금이라도 피하기 위해 기본 소득을 우리의 권리로서 명확하게 규정하고, 확고하게 사회에 뿌리내려갈 필요가 있다. 그렇게 하면 정부 예산의 상당량을 미리 구속할 수 있다는 의미에서 정치가나 관료의 자의적인 결정의 폭을 줄일 수 있지 않을까. 물론 기본 소득 실시 여부나 얼마만큼 지급되어야 하는지를 최종적으로 결정하는 것은 여전히 정부라는 점에는 변함이 없다. 단 하한을 일정액으로 정하고, 상한은 물가나 세수, GNP 등에 연동하여 변할 수 있음을 법이나 헌법으로 미리 규정해두면 정치가나 관료가 기본 소득을 쉽게 조작하기 어려워진다. 즉 기본 소득을 우리의 '권리'로서 기정사실화할 수 있다면 국가가 집합적 소비에 대해 자의적으로 결정할 수 없도록 일정 틀을 정해놓을 수 있다.

그러면 문화란 무엇인가, 교육이란 무엇인가를 구매력을 부여 받은 개개인이 좀더 능동적으로 결정할 수 있게 되지 않을까. 개개인이 매일 시장에서 내리는 결정 모두를, 권력이 적어도 단기적으로 조작하기는 어려워지기 때문이다.

민주주의를 업데이트하기

단 집요하게 반복하자면 모든 공공 서비스를 곧바로 철폐할 수는 없다. 현 상황의 '성숙'의 정도에서 봤을 때 시장에 맡겨서는 안 되는 서비스가 있음을 인정할 수밖에 없고, 또 일률적으로 기본 소득을 지급하는 것만으로는 해결할 수 없는 개별 상황도 있다. 고정적 생활비가 들 수밖에 없는 장애인이나 의료비가 고액이 되기 쉬운 고령자가 다른 사람과 마찬가지로 소비 게임에 참여하기 위해서는 같은 액수의 지급금으로는 부족하며, 일정의 추가적 지급이나 경우에 따라서는 수요가 너무 적어 시장화되기 어려운 서비스를 공공 영역으로 준비할 필요도 생길 것이다.

그래도 여전히 주의해야 할 것은 무엇을 공공 서비스에 맡기고, 무엇을 개인의 자유에 맡길지는 늘 토론을 통해 타협점을 발견해야 할 우리 자신의 과제라는 점이다. 근대 사회에서 국가는 거대화하면서 선택의 기회를 우리로부터 빼앗아왔다. '민주주의'라는 말은 이러한 사태를 애매하게 추인할 수밖에 없었다고 생각된다. 선거에서 선택된 자 혹은 그들을 따르는 학력 엘리트로서 관료가 우수하며 우리 이상으로 뛰어난 선택을 할 수 있다는 '픽션'을 받아들임으로써 국가는 기본적으로 유지되어온 것이다.

그러나 기본 소득은 이러한 '픽션'을 다시 한번, 그리고 끊임없이 되묻는 힘이 있다. 우선은 소액이더라도 기본 소득이 일반적인 것으로 받아들여진다면 정부가 결정한 결정이 정말로 옳은지 늘 문제시될 것이다. 관료나 정치가가 아니라 우리 쪽이 좀 더 좋고, 또한 절실히 선택할 수 있지 않을까 하는 질문에 대해 정부는 언제라도 설명할 책임을 질 필요가 있기 때문이다.

그러한 의미에서 기본 소득은 '민주주의'를 단순히 간접 선거에 머물지 않는 것으로 업데이트하는 좋은 기회가 된다. 그것은 소비가 실현하는 사적 선택이 모순되거나 충돌할 경우, 그렇다면 어떻게 할 것인가라는 즉 공공성에 대한 물음에, 매일매일의 실천 속에서 사람들이 구체적으로 직면하도록 요청하는 것이다.

일찍이 근대성이 시작되던 시대, 에마뉴엘 칸트는 리버럴 국가를 '마음껏 무엇인가에 대해서라도 토론해라, 단 복종해라'라고 명령하는 것으로 상정하고 있었다.[10] 우리도 이를 따라 어떤 종류의 서비스에 대해서는 여전히 국가에 맡기고 그 결정에 복종할 필요가 있음을 인정하자. 단 그것은 어디까지나 일시적이고 또한 잠정적인 인정에 머문다. 그것을 '납득할 때까지 토론'할 기회가 늘, 그리고 개개인에게 매일매일의 생활 속에서 구체적으로 열리지 않는다면 국가는 그 결정의 힘을 금방 팽창해버린다. 기본 소득은 그러한 토론을 단지 말에 의해서만이 아니라 반복되는 일상의, 구매라는 형태로 실질화하는 장치가 될 것이다.

기본 소득을 지탱하는 것

이상의 이유로부터 우리는 기본 소득을 소비 사회가 여전히 계속되기 위해서는 불가피하고 생활을 좀더 좋게 만들기 위해 유효한 수단이라고 생각한다. 이 책에서 우리는 소비 사회 이상으로 자유롭고 다양성을 실현하는 수단이 있는지를 묻고, 현 상황에서는 생각하기 어렵다고 결론을 내렸다. 그러나 한편으로 소비 사회에는 격차 확대와 환경 파괴를 초래한다는 근본적 한계가 있었다. 그것을 시정하고 나아가 확장되어가는 국가 권력을 제한할 수단으로서 지금은 기본 소득의 도입 이외에는 상정하기 힘들고, 따라서 그것이 필요하다는 것이 이 책의 생각이다.

물론 기본 소득은 마법 지팡이처럼 현대 사회가 안고 있는 온갖 문제를 일거에 해결하지 못한다. 예컨대 페미니스트 중에는 기본 소득은 남녀의 임금 격차나 역할 분담을 훨씬 고정해버릴 것이라고 비판하는 사람도 있다.[11] 그것이 도입된다면 현 상황에서는 임금이 싼 사람부터 먼저 노동에서 이탈할 가능성이 높고, 그 결과 고수입 남성이 일을 계속하는 한편, 저임금 여성은 가정 내 미지급 노동 세계로 되돌아갈 우려가 있다는 것이다.

그러한 위험이 있음은 분명하지만, 다른 한편으로는 기본 소득은 남성 임금에 의존하지 않고 여성이 존엄을 가지고 사는 것을 가능하게 만드는 힘이 될 수가 있음도 똑같은 비율로 평가할 필요가 있다. 그럼으로써 여성들은 고수입 남성들에게 의존하지 않더라도 혼자서 또는 친구와 살 수 있게 될 수 있지 않을까. 그러한 예로 봤을 때 기본 소득은 현대 사회의 질서를 확실하게 전제로 깔고 작동하지만, 언제까지나 그 질서를 지금과 마찬가지로 유지해가는 것은 아니다. 반대로 그것은 노동과 소비, 국가와

---

10 イマヌエル·カント, 中山元(訳), 『永遠の平和のために/啓蒙とは何か 他3篇』, 光文社, 2006, p.25.

11 トニー·フィッツパトリック, 武川正吾,菊地英明(訳), 『自由と保障：ベーシック·インカム論争』, 勁草書房, 2005, p.189.

소비 사회를 살아갈 권리 279

가족 등의 관계를 근본부터 되묻는다. 그 결과 파생하는 변동을, 그렇다면 좀더 자유로운 사회를 만들기 위해 어떻게 이용해갈 것인가 하는 과제가 이제부터의 운동이나 개개의 실천에 있어서는 중요해질 것이다.

그렇다면 구체적으로 기본 소득을 어떻게 활용해갈 것인가에 대해서는 이제부터 모두 생각해야 할 문제지만, 그 이전에 기본 소득이 사적 자유를 확대하는 데 얼마만큼 유효한 힘이 될 수 있는지를 정하는 중요한 조건이 역사적으로 만들어진 시장의 두터움임을 확인해두자. 사적 선택이 사회를 움직인다고 기대할 수 있는 것은, 시장에 충분히 다양한 상품이 존재하고 그것이 어쨌든 선택 가능한 상황에 있는 경우로 한정된다. 예컨대 기본 소득이 도입될 때 여성 또는 남성이 얼마만큼 사적 영역에 갇히게 되는지는 보육 서비스나 가사 대행 서비스가 얼마만큼 리즈너블한 형태로 전개되고, 또 그것이 얼마만큼 자유롭게 선택될 수 있는지에 좌우된다. 시장이 충분히 풍요롭고 여전히 일정 구매력이 보증된다면 독신, 기혼, 남녀 차이에 관계없이 가사나 육아를 위해 다양한 선택지를 활용할 수 있을 것이다.

소비 사회(로)의 권리

그러한 의미에서 현재 기본 소득이 유효한 선택지로서 어찌됐건 부상하는 것은 어디까지나 사회를 지금 있는 형태로 형성해온 무수한 소비의 역사적 실천을 배경으로 삼고 있기 때문이라고 할 수 있다. 과거 사람들이 한편으로는 주저하면서도 다른 한편으로는 결연하게 해왔던 소비의 반복을 불가결한 깊이로 삼아 현대 사회에서는 다양한 선택이 가능하다. 몸을 마음대로 변형하거나 사적 쾌락을 얻는 등 경우에 따라서는 '우행'으로 보이기도 하는 소비조차 허용하는 시장의 역사적 두터움에 지탱되어 우리는 국가를 제약할 수도 있는 힘을 지금 기본 소득이라는 형태로 어쨌든 상상할 수 있게 된 것이다.

그렇다면 두려워할 것은 없으리라. 자신에게 또는 타자에게 무엇이 '바른' 선택인지를 고민하고 실패가 두려워 겁먹기 전에 선인들이 그렇게 해왔듯이 나는 어떤 존재인지를 시장 속에서 찾고, 또 새로운 쾌락을 탐구할 용기를 가지면 된다.

이러한 선택은 타인에게는 어리석거나 비참한 실패로 끝날지도 모른다. 하지만 그러한 실천이야말로 다음의 소비 사회를 좀더 다양한 것으로 만들고, 새로운 사회를 구상하기 위한 토대가 된다. 실제로 이제까지 무수한 타자의 사적 소비의 도전은 경우에 따라서는 반면교사가 되면서도 다음 세대들의 좀더 자유로운 선택의 근거가 되어왔다. 그러한 소비의 축적 속에 우리의 소비 실천이 다시 겹쳐짐으로써 언젠가 국가에 작별을 고하고 혹은 적어도 국가에 의존하지 않더라도 우리 자신이 지금보다 한층 더 많은 것을 결단할 수 있는 사회가 실현될 거라고 기대해도 좋다.

앞으로 사회는 어떠한 것이 되어야 할까. 이러한 '이상'에 대해 생각하기가 이 시대에는 상당히 어려운 모양이다. 대학 수업에서도 때때로 어떠한 사회가 이상적인지 학생들에게 물어왔다. 그러나 그 경우 '사람과 환경에 친화적인 사회'나 '누구나 활약할 수 있는 사회' 등 어딘가에서 들은 추상적인 대답이 나올 뿐, 그렇다면 그것이 구체적으로는 무엇을 가리키고, 또 그것을 어떻게 실현할지를 물어보면 많은 학생이 곤혹스러워한다. 그래서 공산주의 국가나 복지 국가, 신자유주의적 국가 등 20세기 이후에 출현한 온갖 국가의 가능성과 그것과 사회의 관계를 설명한 후에 다시 물어보면 이번에는 끝없는 침묵이 강의실을 뒤덮을 뿐이다.

물론 이러한 상황은 반드시 나쁘다고는 할 수 없다. 답이 나오기 힘든 것은 무엇보다도 현대가 '풍요로운' 사회라는 이유가 있다고 생각된다. 대학에 오는 학생이라면 그런대로 만족스러운 생활을 보내온 계급 출신이 많다. 그러한 학생들에게 소비 사회의 풍요로움이나 평온은 이미 침투되어 있다. 따라서 학생들은 딱히 새로운 사회의 이상에 대해 생각하지 않더라도 지금도, 이제부터도 그런대로 충실한 생활을 보낼 수 있다고 믿을 수 있기 때문이다.

정도의 차는 있지만, 그것은 내 경우도 마찬가지다. 학생 때에는 개인적인 장래에 대해 고민하는 쪽이 먼저였고, 미래 사회에 기대하는 것은 적었다. 연구자가 되어서도 이상에 대해 생각하기보다도 현재 사회에 대해 구조적으로 분석하거나 그것의 토대가 되는 역사의 깊이에 대해 조사하는 것에 확실히 많은 시간을 써온 것이다.

그것도 역시 중요하며 바로 그 때문에 많은 대가를 치르면서 계속해왔지만, 한편으로는 현대 사회가 결단을 요구하는 중요한 국면에 직면하고 있음도 부정할 수 없다. '격차'나 나아가 '기후 변동'의 문제에 관해 현대 사회에서는 근본적으로, 되도록 민첩한 고찰이 요구된다. 다른 한편으로 그러한 문제에 대처하는 힘으로서 자칫하면 국가의 무류성無謬性이 천진난만하게 믿기고, 그 연상선상에는 소비 사회적 자유를 두려워하고 무력에 의해 그것을 억제하려고 하는 나라조차 자신의 힘을 자랑하고 있다.

이러한 상황 속에서 소비 사회를 부정하거나 적어도 그것에 브레이크 걸기를 바라는 사람들의 목소리가 커진다. 환경 보호를 위해 공산주의적 사회를 실현하거나 격차를 시정하기 위해 탈상품화된 서비스를 제공하는 복지 국가를 확충하는 것이 요구된다.

나아가 최근에는 단적으로 국가를 필요로 하지 않는 아나키즘에도 기대가 모아지고 있다.

그러한 이상은 현재를 확실히 부정한다는 의미에서 분명 알기 쉬울지 모르겠다. 하지만 이 책의 입장에서는 그러한 것들이 목표로 삼는 사회에 문제가 없다고는 할 수 없다. 그것을 어떻게 실현할까 하는 구체적인 프로세스가 보이지 않을 뿐 아니라 애초에 그것이 나에게는 매력적으로는 보이지 않기 때문이다. 내가 바라는 것은 개인의 가능성 추구를 허용함과 동시에 재촉하는, 단적으로 내가 나로서 존재하는 것이 설령 '어리석'게 보일지라도 허용되는 사회다.

그것을 실현하는 시스템으로서 현재 소비 사회밖에 떠오르지 않는다. 그렇다면 ① 이 소비 사회가 체현하는 가치를 구체적으로 분명하게 밝힘과 동시에 ② 그것이 가져오는 문제를 가능한 해결하는 길을 생각하는 것이 급선무다.

이를 위해 이 책은 소비 사회가 실현해온 사적 자유의 구체적이며 역사적인 존재 양식을 밝힘과 동시에 그것이 직면하는 위기에 대해 고찰하는 것을 목표로 삼았다. 그것을 보완하는 장치로서 필요하다고 생각된 것이 기본 소득이라는 장치다. 이러한 검토는 여전히 조잡한 스케치에 지나지 않고, 이제부터 많은 검토가 필요하리라. 그렇지만 우리에게 그다지 시간이 남아 있지 않다는 것도 사실이다. 소비 사회를 보완하는 새로운 길을 발견하든가 혹은 애초에 소비 사회를 그만둘 것인가의 결단이 분명 앞으로 20, 30년 사이에 육박해올 것이다.

따라서 성급하다는 것을 잘 알면서 이 책을 썼다. 그것은 고통스러운 작업이기도 했지만, 아직 분명하지 않은 미래에 대해 가능한 상식적인 틀로부터 점프해 생각하는 기회가 되었다는 의미에서는 즐거운 작업이기도 했다. 적어도 이러한 자세에 공감하고 고찰의 새로운 한 걸음을 내딛어줄 독자가 있어 준다면 그만큼의 즐거움은 없겠다.

이 책의 배후에는 내가 행해왔던 소비 사회에 대한 역사적 분석(『消費は誘惑する　遊廓·白米·変化朝顔:18、19世紀日本の消費の歴史社会学』, 青土社, 2015, 『サブカルチャーを消費する:20世紀日本における漫画·アニメの歴史社会学』, 玉川大学出版局, 2021)과 현재의 분석(『地方都市を考える：消費社会の先端から』, 花伝社, 2015)이 있다. 제시한 데이터의 디테일에 관해서는 그것들을 참조했으면 하지만, 이 책들을 쓸 때 많은 스승과 벗, 그리고 많은 책의 도움을 빌렸다. 이에 최대한의 감사 말씀을 올림과 동시에 여기서는 이 책를 쓸 때 특별히 의식하고 있있던 몇 개의 문헌을 소개하고 싶다.

첫 번째로 미타 무네스케의 『현대 사회의 이론—정보화·소비화 사회의 현재와 미래』(見田宗介, 『現代社会の理論—情報化·消費化社会の現在と未来』, 岩波新書, 1996)는 현대 사회의 미래를 정면에서 심플하면서도 근본적으로 생각했다는 의미에

서 여전히 이에 필적할 서적이 없다고 할 수 있다. 거기서 제시되는 것은 현대 소비 사회를 성급하게 부정하지 않고 그 가능성을 되도록 진지하게 고려하려는 자세다. 그러한 태도에 이 책은 큰 영향을 받고 있지만, 한편으로 그 책이 집필되던 시대 이상으로 환경이나 격차가 더욱 크고 긴급한 과제가 되고 있다. 그렇다면 그것들을 어떻게 대처할 것인가라는 과제에 이 책은 응답하려는 성격을 가지고 있다.

덧붙여 개개의 분석 내용에 관해서는 다니엘 밀러의 『소비는 무엇을 바꾸는가―환경주의와 정치주의를 넘어서』(ダニエル・ミラー, 貞包英之(訳), 『消費は何を変えるのか―環境主義と政治主義を越えて』, 法政大学出版局, 2022)가 큰 참조가 되었다. 기후 변동에 대처하기 위해 생산 규제를 강화하고 또 그것이 받아들여질 수 있도록 사회민주주의적으로 빈곤이나 불공평을 해소해야 한다고 하는 그 책의 주장을 이 책이 모두 받아들이고 있지는 않지만, 소비가 초래하는 여러 문제에 대해 생각해야 한다는 그 책의 문제의식에 큰 자극을 받았다. 그러한 의미에서 이 책은 내가 그 책을 번역하는 가운데 그에 대한 하나의 응답으로서 태어난 측면을 가지고 있다.

마지막으로 사카구치 안고阪口安吾의 「타락론」, 「속타락론」 등의 에세이도 손꼽고 싶다. 사람들을 속박했던 국가의 거짓말과 미망이 분명해진 전쟁 직후에 그것들은 무엇을 지침으로 살아야 할 것인가를 둘러싸고 써졌다. 이 책을 준비해온 코로나19 팬데믹 3년 사이에 국가, 그리고 사회가 임기응변 식의 대응을 거듭함에 따라 나는 사카구치의 '거짓말쟁이! 거짓말쟁이! 거짓말쟁이!'라는 말을 떠올리게 되었다. 단 사카구치는 패전에 대해 표면적으로 반성해 보일 뿐인 국가나 사회를 비판한 것만은 아니었다. 그 말은 전쟁을 향했던 국가를 받아들였음에도 전후 들어 국가에 의해 속았다고 책임을 전가한 우리를 향하기도 하는 것이다.

그 대신 사카구치는 국가에 의지하지 않고 우리가 우리일 수밖에 없는, 경우에 따라서는 어리석은 인생을 살고 타락해갈 것을 사람들에게 설파했다. 20세기의 그러한 과제는 여전히 21세기에도 통용된다. 국가나 사회에 어떠한 환상도 보지 말고, 자신이 자신의 길을 어떻게 발견해갈 것인지는 지금 우리의 과제기도 하며, 그것은 예컨대 이 책의 집필과 병행하여 확장되는 러시아의 우크라이나 침공의 가슴 아픔에 대해 생각할 때도 날마다 통감하는 것이다.

이러한 문제에 이끌리면서도 소비 사회에 대해 생각하는 것은 힘들었지만, 동시에 즐거운 도전이기도 했다. 소비 사회의 가능성과 한계를 묻는 것은 동시에 우리 자신의 한계와 가능성을 묻는 것을 의미하고, 요컨대 우리가 무엇을 할 수 있는지를 알아간다는 칸트적으로 말하자면 비판적인 '자유'의 모험이었기 때문이다. 바로 그 때문에 그것도 사회학적으로 중요한 행위라고 나는 믿는다. 예컨대 피에르 브루디외가 그렇게 봤듯이 자유는 우리의 한계를 알고, 다시 말해 자유의 영역을 확정하려고 하는 칸트적 시도를 날마다 생활의 영역까지 확대함으로써 탄생된다는 면을 사회학은 가지고 있기 때문이다.

이 책은 그러한 사회학적 질문을 소비 사회에 적용해 그 고유의 가능성과 한계, 그리고 자유를 물으려고 한 것이다. 우리가 살아가는 현실을 어디까지나 구체적인 전제로 생각한다는 의미에서는 반드시 모양새가 좋을 리 없는 이 '수수한'한 시도를 도와준 지쿠마쇼보筑摩書房, 실제 편집 작업을 해주셨던 가토 슌加藤峻 씨, 시바야마 히로키柴山浩紀 씨에게는 크게 감사한다. 대학원 이래 연구자 인생도 사반세기를 넘겼다. 그동안에 많은 것을 배울 수 있었던 지쿠마 신서의 한 권에 이 책가 들어간다는 것은 큰 기쁨이다. 바라건대 이 책도 독자 누군가가 자신의 새로운 생각을 전개해갈 때 하나의 디딤돌이 될 수 있기를. 그러면 참으로 행복할 것이다.

2022년 11월
사다카네 히데유키貞包英之

지금 왜 소비 사회인가?

이 책은 1980년대 이후 일본 사회를 '소비'라는 키워드로 조망한다. 왜 오늘날 일본의 소비일까.

마르크스주의의 영향력이 여전히 강한 동아시아의 인문학에서 '소비'를 논한다는 것 자체는 큰 도전이다. 소비가 '자본주의'라는 시스템을 유지하게 하는 이데올로기 장치로서 기능한다는 인식이 여전히 허물어지지 않고 있기 때문이다. 이는 일본에서도 마찬가지인 것은 이 책의 원제가 『소비 사회를 재고한다』로 되어 있음을 봐도 알 수 있다.

하지만 현실은 어떤가. 자본주의를 비판하는 책조차도 실은 소비 사회 속에서 '상품'으로 유통되고 있지 않은가. 『혁명을 팝니다』(조지프 히스·앤드류 포터, 윤미경 옮김, 마티, 2006)라는 책 제목이 시사하듯 현대 사회에서는 '혁명'조차도 소비되고 있다. 나아가 여전히 사회주의 국가 시스템을 유지하는 중국인들도 활발한 소비 활동을 전개한다. 이러한 상황에서 이제는 소비를 남의 일처럼 생각하는 것은 불가능하지 않을까. 정말로 소비가 무엇이며 그것이 오늘날 어떻게 작동하는지에 대한 제대로 된 성찰이 이뤄지지 않는다면 자본주의의 대안을 마련하는 것도 불가능하지 않을까. 이러한 의문이 문학을 기반으로 한 문화연구자인 역자가, 굳이 분류하자면 사회학으로 분류되는 이 책을 번역하게 된 가장 중요한 동기다.

이 책은 소비 사회가 서구적 자본주의 시스템에서 생겨난 것이 아니라 화폐의 출현과 함께 도래한 사회의 양식임을 보여줌으로써 '소비 사회=자본주의'로 퉁 치며 '소비'에 대한 궁금증을 차단하는 사고에 동의하지 않길 요청한다. 나아가 무엇인가를 살 수 있도록 만드는 화폐가 인간을 억압하는 것만이 아니라 자유롭게도 만든다는 점에도 주목하도록 요청한다. 물론 후자와 관련해서는 받아들이기 힘든 부분도 없지 않다. 현대 한국인들은 돈을 통해 자유로워지기 위해 상당한 희생을 하면서 살고 있다고 느끼고 있기 때문이다.

그것은 비단 명품이나 럭셔리 자동차 등의 과시적 소비만으로 한정되지 않는다. 생애 최대의 소비로 불리는 집을 사는 데 상당한 노력이 필요한데, 이를 위해 대출을 받는 순간 순식간에 하우스푸어가 된다. 집을 포기하는 대신 차를 사면 카푸어가 된다. 이렇게 현대 한국인들에게 소비는 자칫하면 '푸어'로 이어지는 통로로서 인식되고 있다고 해도 과언은 아니다. 그런 의미에서 '소비 사회', 그리고 자본주의를 긍정하는 이 책에 대한 저항

감도 없지 않을 것이다.

　사실 일본에서도 소비하기 시작하는 순간부터 빚을 지게 되는 어두운 일면이 엄연히, 그리고 다양하게 존재한다. 특히 이른바 소비자 금융은 소비 사회의 발달과 함께 성장하면서 적지 않은 사람을 사회의 바깥으로 내몰아가는 데 결정적인 역할을 했다. 미야베 미유키의 『화차』는 소비 사회의 어두운 면을 잘 드러낸 소설인데, 한국에서도 이를 원작으로 한 영화가 만들어져 큰 주목을 받은 적이 있다.

　그러나 소비 사회에 문제가 있다고 우리가 모두 산으로 들어가 자급자족하는 '자연인'으로 살 수는 없다. 그렇다면 우리가 돈으로 무엇을 하고 있으며 그 의미는 무엇인지 진지하게 생각하면서 소비할 필요가 있지 않을까. 그런 의미에서 이른바 '잃어버린 30년'으로 일컬어지는 현대 일본에서 소비가 어떻게 지속되었고, 그것이 지니는 의미에 대해 분석한 이 책은 충분히 참조할 가치가 있다.

…

이 책에서 무엇보다도 놓쳐서는 곤란한 포인트는 디플레이션 상황에서도 소비는 계속된다는 점이다. 수입이 적더라도 사람들은 계속해서 무엇인가를 사려고 했으며, 기업들은 이러한 사람들의 요구에 응하기 위해 노력했음을 이 책은 강조한다. 편의점과 벡엔샵, 유니클로 등으로 대표되는 이 시대의 일본 브랜드는 1980년대 세계를 재패했던 소니와 도요타를 대체해 오늘날 한국인들에게 가장 익숙한 '일제'로서 인식되고 있다. 디플레이션 상황에 적응하기 위해 출시된 상품들로 구성되는 새로운 일본식 생활 양식이 어느 틈에 동아시아 전반으로 확산되고 있음은 두말할 나위가 없다. 현대인들은 돈이 없더라도 소비 활동을 계속하고 싶어하는데, 그 이면에는 소비를 통해 자신의 아이덴티티를 구성하는 것을 당연시하는 현대인의 욕망과 인식이 깔려 있다. 예컨대 비건 혹은 '바른 소비'로 일컬어지는 행위가 이를 대표한다.

물론 인문학에서는 이러한 소비 행위에 내재된 이데올로기적 측면을 결코 간과하지 않는다. 소비를 통해서만 자신의 아이덴티티를 구성하는 것은 현대인이 왜소화된 증거로서 종종 비판받고 있다. 또한 이 책에서도 지적하듯이 소비의 확대는 격차와 지구 환경 파괴라는 부작용을 낳는다. 한국에서 최근 문제가 된 교육자에 대한 학부형의 '갑질'은, 오로지 소비자로서 자신의 아이덴티티를 구성했기 때문이라고 할 수 있다. 박권일은 SNS에서 이를 '소비자주의'로 규정하며 비판한 바 있다.

하지만 이 책에서 강조한 소비의 기능 중에 흥미로운 것은 '우행권(어리석은 일을 할 권리)'이다. 도박과 약물을 하고 자신의 몸에 상처를 낼 수 있는 권리야말로 이른바 '가성비'라는 미명하에 확산된 신자유주의를 넘어 우리가 자유로운 인간으로서 존재하기 위해 필요한 것 아닐까. 그런 의미에서 '자유'를 강조하면서도 마약 단속에 공권력을 투입하는 이번 정권이 과연 얼마나 인간 자유의 의미를 알고 있고, 또한 이를 넓ㅋ힐 수 있는지, 역자로서는 의문이 들 수밖에 없다.

마지막으로 이 책의 가장 큰 장점은 소비 사회를 단순히 찬양하는 데 그치지 않고, 소비 사회의 문제점을 정면에서 다룬다는 점이다. 저자는 소비가 격차 확대와 지구 환경 파괴의 원인이 됨을 부정하지 않을 뿐 아니라 이를 무겁게 받아들이고 그 대안으로서 기본 소득을 제안한다. 기본 소득에 대해서는 한국과 일본에서 모두 논란이 있었고, 현재까지는 부정적인 인식이 우세하지만, 인구 감소와 AI 발달에 따른 일자리 감소 등을 감안할 때 멀지 않은 장래에 가장 큰 정치적 이슈로 부상할 가능성도 배제할 수 없다. 그때 '기본 소득은 무엇을 위해 있어야 하는가'라는, 그 이념에 대해 묻는 이 책은 적지 않은 도움이 될 것으로 기대된다. 특히 국가와 정치인의 힘을 강화하기 위해서가 아니라 오히려 제한하기 위해 기본 소득이 필요하다는 저자의 제안에 대해서는 진중하게 검토할 필요가 있겠다.

...

이 책의 저자인 사다카네 히데유키 씨를 알게 된 것은 1999년 10월이었다. 도쿄대 미타카 기숙사 공용동에서 우연히 알게 된 그는 자신을 '푸코주의자'로 소개했다. 그 이래로 나는 그를 통해 수업을 통해서는 전혀 접할 수 없었던 문학 텍스트뿐 아니라 현대 일본의 여러 단면에 대해 알게 되었다. 특히 개인적으로 힘들었던 시기였던 2000년대 중반 그의 도움이 없었더라면 지금 이 책을 번역하는 일도 없었을 것이다.

생각해보면 그때는 그에게도 힘들었던 시기로, 내 기억이 맞다면 그는 파트타임으로 파견 사원 일을 하면서도 밤에는 도서관에서 에도 시대의 문헌을 읽고 있었다. 그리고 주말에는 함께 도쿄의 공원 테니스코트를 전전하면서 그야말로 풋내기 테니스를 친 후 돌아가는 길에 카페에서 이런저런 얘기를 나눴다. 그때 그가 얘기한 모든 것이 자양滋養이 되어 이 책에 고스란히 반영됐음을 확인했을 때의 감동은 누구와도 쉽게 공유할 수 없는, 오롯이 나만의 것이다.

그로부터 꽤 많은 시간이 흘러 서로 대학 교원이 된 이래로 한국과 중국, 일본, 온라인에서 종종 얼굴을 보게 되었지만, 이 책을 번역할 때만큼 농밀한 대화를 나눈 기억은 없다. 글을 통해 이제까지 걸어온 길을 확인하고 앞으로 걸어갈 길을 예감하는 농밀한 대화의 시간을 가질 기회를 제공해준, 친애히는 yeondoo의 김유정 님께 그저 감사할 따름이다.

2023년 9월
남상욱

현대 일본의 소비 사회
일본인들은 어떻게 소비 사회를 살고 있는가

초판 1쇄 발행 2023년 9월 25일

지은이　사다카네 히데유키
옮긴이　남상욱

편집　김유정
디자인　피크픽

펴낸이　김유정
펴낸곳　yeondoo
등록　2017년 5월 22일 제300-2017-69호
주소　서울시 종로구 부암동 208-13
팩스　02-6338-7580
메일　11lily@daum.net
ISBN　979-11-91840-40-7 03330